Carl-Auer

Vom Sein zum Tun

Humberto R. Maturana/Bernhard Pörksen

Die Ursprünge der Biologie des Erkennens

Fünfte Auflage, 2024

Mitglieder des wissenschaftlichen Beirats des Carl-Auer Verlags:

Prof. Dr. Rolf Arnold (Kaiserslautern)
Prof. Dr. Dirk Baecker (Witten/Herdecke)
Prof. Dr. Ulrich Clement (Heidelberg)
Prof. Dr. Jörg Fengler (Köln)
Dr. Barbara Heitger (Wien)
Prof. Dr. Johannes Herwig-Lempp
(Merseburg)
Prof. Dr. Bruno Hildenbrand (Jena)
Prof. Dr. Karl L. Holtz (Heidelberg)
Prof. Dr. Heiko Kleve (Witten/Herdecke)
Dr. Roswita Königswieser (Wien)
Prof. Dr. Jürgen Kriz (Osnabrück)
Prof. Dr. Friedebert Kröger (Heidelberg)
Tom Levold (Köln)
Dr. Kurt Ludewig (Münster)
Dr. Burkhard Peter (München)
Prof. Dr. Bernhard Pörksen (Tübingen)
Prof. Dr. Kersten Reich (Köln)
Dr. Rüdiger Retzlaff (Heidelberg)

Prof. Dr. Wolf Ritscher (Esslingen)
Dr. Wilhelm Rotthaus (Bergheim bei Köln)
Prof. Dr. Arist von Schlippe (Witten/Herdecke)
Dr. Gunther Schmidt (Heidelberg)
Prof. Dr. Siegfried J. Schmidt (Münster)
Jakob R. Schneider (München)
Prof. Dr. Jochen Schweitzer † (Heidelberg)
Prof. Dr. Fritz B. Simon (Berlin)
Dr. Therese Steiner (Embrach)
Prof. Dr. Dr. Helm Stierlin † (Heidelberg)
Karsten Trebesch (Berlin)
Bernhard Trenkle (Rottweil)
Prof. Dr. Sigrid Tschöpe-Schefer (Köln)
Prof. Dr. Reinhard Voß (Koblenz)
Dr. Gunthard Weber (Wiesloch)
Prof. Dr. Rudolf Wimmer (Wien)
Prof. Dr. Michael Wirsching (Freiburg)
Prof. Dr. Jan V. Wirth (Meerbusch)

Reihengestaltung: Uwe Göbel
Satz: Verlagsservice Hegele, Heiligkreuzsteinach
Printed in Germany
Druck und Bindung: CPI books GmbH, Leck

Fünfte Auflage, 2024
ISBN 978-3-8497-0249-6
© 2002, 2024 Carl-Auer-Systeme Verlag
und Verlagsbuchhandlung GmbH, Heidelberg
Alle Rechte vorbehalten

Bibliografische Information Der Deutschen Nationalbibliothek:
Die Deutsche Nationalbibliothek verzeichnet diese Publikation
in der Deutschen Nationalbibliografie; detaillierte bibliografische
Daten sind im Internet über http://dnb.d-nb.de abrufbar.

Informationen zu unserem gesamten Programm, unseren Autoren
und zum Verlag finden Sie unter: **https://www.carl-auer.de/**.
Dort können Sie auch unseren Newsletter abonnieren.

Carl-Auer Verlag GmbH
Vangerowstraße 14 • 69115 Heidelberg
Tel. +49 6221 6438-0 • Fax +49 6221 6438-22
info@carl-auer.de

Inhalt

Geleitwort ... 9
Dankwort ... 10
Vorwort ... 12

I. KOSMOS EINER THEORIE ... 23

1. Ohne den Beobachter gibt es nichts ... 24
Alles Gesagte ist gesagt ... 24
Am Anfang war der Unterschied ... 27
Erklärung der Erfahrung ... 30
Das Zeitalter der Selbstbeobachtung ... 33

2. Spielformen der Objektivität ... 37
Leben im Multiversum ... 37
Vielzahl der Welten ... 42
Toleranz und Respekt ... 46
Die ästhetische Verführung ... 50

3. Biologie des Erkennens ... 53
Das Wahrheitserlebnis ... 53
Epistemologie eines Experiments ... 54
Warum das Nervensystem geschlossen ist ... 58
Der doppelte Blick ... 62
Erkennen ist Leben ... 67

4. Von der Autonomie der Systeme ... 69
Grenzen der externen Determinierung ... 69
Organisation und Struktur ... 72
Verantwortung verstehen ... 77
Ein Wunder wäre nötig ... 82

5. Wie sich geschlossene Systeme begegnen ... 85
Unwahrscheinliche Interaktionen ... 85
Strukturelle Kopplung ... 88
Der Mythos gelingender Kommunikation ... 91
Die Welt entsteht in der Sprache ... 94

6. Autopoiesis des Lebendigen ... 97
Konfrontation mit dem Tod ... 97
Eine Fabrik, die sich selbst produziert ... 100
Autopoietische und allopoietische Systeme ... 104
Die zweite Schöpfung ... 107

7. Karriere einer Idee ... 109
Ein Begriff kommt in Mode ... 109
Kniefall vor Erich Jantsch ... 111
Der Mensch ist unverzichtbar ... 114
Systemtheorie als Weltanschauung ... 115

II. ANWENDUNG EINER THEORIE ... 119
1. Psychotherapie ... 120
Der Blick des Systemikers ... 120
Varianten des Wandels ... 123
Individuum und Gesellschaft ... 127
Konstruktion der Krankheit ... 129

2. Pädagogik ... 134
Die Paradoxie der Erziehung ... 134
Dem Zuhören zuhören ... 136
Wahrnehmung und Illusion ... 139
Alle Menschen sind in gleicher Weise intelligent ... 143

III. GESCHICHTE EINER THEORIE ... 147
1. Anfänge und Inspirationen ... 148
Erkenntnisse eines Kindes ... 148
Der warmblütige Dinosaurier ... 151
Was das Auge des Frosches dem Gehirn des Frosches erzählt ... 154

2. Rückkehr nach Chile ... 159
Konkurrenz bedeutet Abhängigkeit ... 159
Einsichten eines Outsiders ... 162
Der Tractatus biologico-philosophicus ... 167
Systemische Weisheit ... 170
Das Gehirn eines Landes ... 175

3. Erfahrung der Diktatur ... 177
Die Entstehung von blinden Flecken ... 177
Ideologie und Militär ... 179
Die Ohnmacht der Macht ... 182
Die Selbstachtung erhalten ... 185
Begegnung mit Pinochet ... 189

4. Welten der Wissenschaft ... 195
Das Paradogma ... 195
Zwischen Philosophie und Naturwissenschaft ... 198
Bemerkungen eines Beobachters ... 201
Pforten der Wahrnehmung ... 203

IV. Ethik einer Theorie ... 207
1. Biologie der Liebe ... 208
Die zwei Identitäten des Wissenschaftlers ... 208
Vertrauen in die Existenz ... 211
Soziale Systeme ... 215
Ethik ohne Moral ... 219

Über die Autoren ... 223

Geleitwort

Seit ich Humberto Maturana kenne, das ist jetzt knapp ein halbes Jahrhundert, eröffnet er seine Vorträge, sei es zu Philosophen, zu Physikern, zu Familientherapeuten, zu Managern und anderen, mit den Worten: „Zu wem auch immer ich spreche, spreche ich als Biologe." In den faszinierenden Gesprächen mit dem feinfühligen und gescheiten Bernhard Pörksen hat er diese Haltung beibehalten. Das Resultat ist eine groß angelegte Übersicht, die von den kniffligen Problemen der Philosophie und der Logik zu den fundamentalen Fragen der Ethik im täglichen Leben führt. Gewählt wird dabei ein zentraler Blickpunkt, der Blickpunkt des Lebens selbst. An welcher Stelle auch immer man dieses so gelungene Buch aufschlägt, man wird es bereichert und angeregt wieder schließen.

Heinz von Foerster
Prof. h. c. der Universität Wien
Prof. em. der Universität Illinois
Rattlesnake Hill, im Februar 2002

Dankwort

Zuerst getroffen haben sich Humberto R. Maturana und ich im Mai 2000 in den Räumen der Universität von Chile im Zentrum von Santiago. Hier, in seinem Labor, entstand der Plan, gemeinsam ein Buch zu schreiben, das seine *Neurosophie,* jene besondere Mischung aus strengem und wildem Denken an der Grenze von Naturwissenschaft und Philosophie, in dialogischer Form präsentiert. Bei dieser ersten Begegnung verständigten wir uns über die Schlüsselthemen und sprachen noch vorsichtig, tastend und nach der richtigen Form suchend über die Entdeckung des Beobachters und die Biologie des Erkennens. Ein orkanartiger Regen, der halb Santiago unter Wasser setzte und das Schlauchboot zum zentralen Fortbewegungsmittel werden ließ, verhinderte zu dieser Zeit jedoch, dass wir uns häufiger sehen konnten. Im März des Jahres 2001 fanden dann schließlich, erneut in Santiago de Chile, die entscheidenden Treffen statt, aus denen dieses Buch hervorgegangen ist. Stets ging es bei diesen inhaltlich sehr unterschiedlichen Diskussionen und Debatten um eine entscheidende Veränderung, eine Umorientierung *vom Sein zum Tun,* vom Wesen eines Objekts zum Prozess seiner Entstehung. Humberto R. Maturana setzt – ganz gleich, ob es um die Zeit der chilenischen Diktatur, die Erziehung von Kindern oder aber um die Theorie der Autopoiesis geht – mit Begeisterung und intellektueller Strenge immer fundamental an: Es sind die Bedingungen, die eine Wirklichkeit erzeugen und sie überhaupt erst hervorbringen, die ihn faszinieren und die er erforschen möchte. Nichts gilt aus einer solchen Perspektive als unveränderlich und gegeben; alles kann auf seine besondere Entstehungsgeschichte zurückbezogen und aus ihr heraus erklärt werden. Beim Schreiben dieses Buches habe ich mich darum bemüht, noch etwas von dem Geist und der Dynamik dieses von Veränderungen und Verwandlungen faszinierten Denkens zu erhalten. Zu seinem Zustandekommen hat der Carl-Auer-Systeme Verlag entscheidend beigetragen; Ralf Holtzmann und Klaus W. Müller haben mich auch bei diesem Projekt zuversichtlich und mit einem anregenden Optimismus unterstützt. Wolfram K. Köck, der das Vorwort ins Deutsche übertragen und mit mir abgestimmt hat, half immer dann aus, wenn es Übersetzungsschwierigkeiten gab; Matthias Eckoldt, Julia Raabe und Friederike Stock haben die ersten Transkriptionen durchgesehen und auch ihre kritischen Bemerkungen so charmant formuliert, dass sie den Charakter von Inspirationen bekamen. Ohne Humberto R. Maturana selbst und ohne seine schier unermüdliche Gesprächsbereitschaft wäre dieses Buch – in seinem nun vorliegenden Sosein – niemals entstanden; ohne sein Engagement und sein Vertrauen hätte es nicht geschrieben werden können. Insofern sei ihm herzlich und in besonderer Weise gedankt.

Bernhard Pörksen
Hamburg, im Februar 2002

Vorwort

Das Dasein der Menschen vollzieht sich im alltäglichen Leben. Diese Feststellung klingt banal, und sie ist in der Tat banal. Wenn ich sie dennoch treffe, dann, um herauszustellen, dass alle unsere Tätigkeiten, ob schlicht oder kunstfertig, akademisch oder handwerklich, lediglich als Ausprägungen unseres alltäglichen Lebens erscheinen, d. h. *nur insofern* verschieden sind von unseren häuslichen Verrichtungen, als die relationalen und operationalen Räume, in denen sie ablaufen, besondere Merkmale haben und wir damit besondere Ziele, Zwecke und Wünsche verfolgen. Dieses Buch ist eine Reflexion darüber, wie wir tun, was immer wir tun, und wie die verschiedenen darin beschriebenen Ideen im Zuge meines eigenen Lebens von Tag zu Tag entstanden sind, wenn ich versuchte zu verstehen, wie wir sehen, wie wir hören ... und ganz generell, wie wir erkennen können, was wir zu erkennen beanspruchen.

Ich war ein normales Kind und lebte ein normales Leben, und vielleicht bin ich nur insoweit etwas anders als andere, als gewisse Fragen, die sich mir bereits als Kind stellten, bis heute für meine alltäglichen Aufgaben bestimmend geblieben sind. Indem ich also an diesen Fragen festhielt, lebte ich sie als Aspekte meines Alltagslebens, die ich mit den Mitteln meines Alltagslebens beantworten wollte. Das war nicht trivial. Irgendwie war ich nicht an Wesensfragen interessiert, wollte nicht wissen, wie die Dinge an sich sind, sondern wollte vielmehr herausfinden, wie sie zustande kamen. Ich liebte es, meine eigenen Spielsachen zu basteln, auf die Bäume zu klettern und auf die vielen Laute der verschiedenen Insekten zu hören. Ich liebte Insekten, Krabben, Pflanzen, Tiere überhaupt, und ich sammelte mit Begeisterung die harten Überbleibsel ihrer Körper, um herauszufinden, wie sie miteinander verwandt und auf ihre unterschiedlichen Lebensweisen abgestimmt waren.

Ich mochte es, mich zu bewegen, herumzuspringen, zu gehen und zu laufen, und so lernte ich meinen Körper ebenso kennen wie die verschiedenen Welten, in denen ich existierte, wie sie durch meine Bewegungen entstanden und wie ich sie voller Freude lebte in allem, was ich tat. Ich fühlte mich wie die Insekten und Krabben, die ich so gerne betrachtete und deren Skelette ich untersuchte, um zu verstehen, wie sie sich aufgrund ihrer Lebensweise bewegten. Ich lebte im Tun, sah im Tun, dachte im Tun. Das widerfuhr mir einfach. Als Kind meiner Kultur lebte ich aber gleichzeitig in einer Welt, die um mich herum geschah und unabhängig von mir selbstständig existierte.

Dieses Buch zeigt die Geschichte eines metaphysischen Wandels in meinem Denken und Fühlen und meiner Auffassung des Lebens und der Welten, die ich lebe. Dieses Buch enthält aber nicht die Geschichte der Reflexionen eines Philosophen oder auch die Geschichte der Unternehmungen eines Naturwissenschaftlers, es enthält vielmehr die Geschichte einiger Aspekte der experimentellen Forschung sowie der philosophischen Reflexionen eines Biologen, der sich dafür interessiert, Leben, Wahrnehmung und Erkennen als Merkmale des ungebrochenen Lebensstroms der lebenden Systeme im Allgemeinen und des Menschen im Besonderen zu verstehen. Auch wenn dieses Buch also nicht die Geschichte einer naturwissenschaftlichen Suche enthält, erzählt es doch die Geschichte der Erweiterung des Verstehens des Lebens und des Menschseins, die sich ergibt, wenn ein Biologe als Tatsache seiner alltäglichen Erfahrung akzeptiert, dass alles, was lebende Systeme im Allgemeinen und Menschen im Besonderen tun und erfahren, im Prozess der Verwirklichung ihres Lebens als lebende Systeme stattfindet. Und das bedeutet, dass dieser Biologe folglich zur Auffassung kommt, dass Leben, Erkennen und Bewusstsein biologische Phänomene sind, die als solche durch die Merkmale der Kohärenzen des Lebendigen –, und ohne irgendwelche zusätzliche Annahmen – erklärt werden können. Unsere gegenwärtige patriarchalisch-matriarchalische Kultur lebt aus einer impliziten, gelegentlich auch expliziten metaphysischen Auffassung, gemäß der alle Existenz notwendig ein Sein und Wesenheiten voraussetzt, die unabhängig sind von dem, was wir Menschen tun. Ich nenne diese metaphysische Einstellung oder diesen fundamentalen Standpunkt der Reflexion unserer patriarchalisch-matriarchalischen Kultur *die Metaphysik der transzendentalen Realität*.[1]

Zentral für unsere patriarchalisch-matriarchalische Kultur ist die Trennung von Schein und Sein, und die sie beherrschende Frage zielt auf das, was ist, was wirklich ist, und nicht auf das, was wir tun, wenn wir behaupten, dass etwas der Fall ist. Unser Leben in dieser Kultur besteht in der Suche nach unserem eigentlichen Sein, nach unserem wahren Ich, in einer Suche, die sich ständig als aussichtslos erweist, weil wir ja gleichzeitig *a priori* akzeptiert haben, dass diese Frage im Bereich unseres alltäglichen Lebens, wo wir all das tun, was wir eben tun, unbeantwortbar bleiben muss. Und so sind wir folglich gezwungen, entweder in einen totalen Skeptizismus zu verfallen, der sich auf die Möglichkeit bezieht, uns selbst als ichbewusste, in der Sprache handelnde lebende Systeme zu verstehen. Oder aber wir fühlen uns gezwungen, in eine Art des theologischen Denkens zu verfallen, um unsere biologisch unerklärbare Existenz als menschliche Wesen zu rechtfertigen.

Dieses Buch zeigt, wie ich diese metaphysische Einstellung unserer Kultur, die Existenz einer von uns unabhängigen Realität als das transzendentale Fundament allen Geschehens selbstverständlich vorauszusetzen, aufgegeben habe, und zwar aufgrund der Einsicht, dass diese Einstellung nicht aufrechterhalten werden kann, weil sie durch unsere alltägliche Erfahrung keinerlei operationale Unterstützung erfährt. Statt also Fragen zu stellen wie „Was ist Erkennen?" oder „Was ist Bewusstsein?" und dabei vorauszusetzen, dass die Antwort darauf nur gefunden werden kann, wenn wir im Ansatz und in der Entwicklung unserer Überlegungen nach geeigneter Unterstützung in der Außenwelt suchen, begann ich Fragen anderer Art zu stellen, etwa „Wie können wir tun, was wir tun, wenn wir tun, was wir als Menschen tun?" oder „Wie erkennen wir, was wir zu erkennen beanspruchen?" oder „Wie operieren wir als Beobachter, wenn wir in irgendeinem Bereich die Unterscheidungen machen, die wir machen?".

1 Transzendental nennt Humberto R. Maturana Theorien des Erkennens und alltägliche Auffassungen, die eine beobachterunabhängige Existenz der Welt – der Dinge und Objekte, der Prozesse und Beziehungen – als möglich voraussetzen. Die Vertreter einer solchen Position meinen, sie selbst wären zumindest prinzipiell in der Lage, die objektiven Gegebenheiten zu erkennen. (B. P.)

Solche Fragen gingen von vornherein davon aus, dass die zulässigen Antworten darauf in der Form des tatsächlichen Operierens der lebenden Systeme gegeben werden mussten. Damit akzeptierte ich explizit, dass alle die Ideen und Begriffe, die ich für die Beantwortung dieser Fragen einsetzte, aus den Kohärenzen meines Lebens als eines lebenden Systems abgeleitet worden waren, ohne dass ich irgendwelche transzendentalen Annahmen in den Prozess eingebracht hätte. Die Fragen in der Tat so zu stellen bedeutet die faktische Aufgabe der impliziten metaphysischen Einstellung oder der apriorischen Überzeugungen einer Kultur, die die Existenz einer transzendentalen Realität als das notwendige Fundament aller Existenz und somit auch als Quelle der Validierung all dessen annimmt, was wir tun oder tun können. Außerdem bedeutet eben die Tatsache, dass ich meine Fragen (z. B. „Wie können wir tun, was wir tun?") im Rahmen meiner besonderen Einstellung formuliere, dass diese Fragen beantwortet werden können, weil sie innerhalb des Bereichs gestellt werden, in dem menschliche Wesen als lebende Systeme tun, was sie tun. Eine metaphysische Einstellung, die das Wesen des Seins für transzendental erklärt, zieht notwendig eine Haltung nach sich, die den Körper als das Fundament menschlichen Wissens, menschlichen Verstehens und menschlichen Bewusstseins ablehnt und eine Erkenntnistheorie entstehen lässt, in der der Körper die Suche nach wahrer Erkenntnis stört und behindert. Eine metaphysische Haltung dagegen, die nicht auf der apriorischen Annahme der Existenz einer transzendentalen Realität beruht, befasst sich nicht mit Wesenheiten, sondern akzeptiert, dass alles, was ein menschliches Wesen tut, aus der Dynamik seines Körpers im Prozess der Selbsterhaltung durch die Interaktion mit einem geeigneten Milieu entsteht. Aus einer solchen metaphysischen Haltung heraus werden Körper und Körperdynamik vom Beobachter als das Fundament allen menschlichen Tuns erkannt, und der Beobachter stellt die oben angeführten Fragen nach dem generellen Schema „Wie tun wir, was wir tun?" im vollen Bewusstsein der Tatsache, dass unsere Existenz als menschliche Wesen sich in unserem relationalen Raum in der Verwirklichung unserer Körperdynamik vollzieht. Und in der Tat ist diese implizite oder explizite Annahme der Tatsache, dass wir als menschliche Wesen in der fortwährenden Erhaltung unseres menschlichen Lebens durch unsere Körperdynamik existieren, die Grundeinsicht, die zur Aufgabe der Metaphysik der transzendentalen Realität und zur

Übernahme einer neuen führt, deren Ausgangspunkt für jede Erklärung oder rationale Argumentation die Erkenntnis ist, dass wir lebende Systeme sind und alles, was wir tun, in der Verwirklichung unseres Lebens tun. *Aus der Sicht dieser Metaphysik ist unsere Biologie die Bedingung unserer Möglichkeit.* Und das kann in der Tat gar nicht anders sein, denn der Beobachter verschwindet, wenn seine Körperlichkeit zerstört wird.

Ein Beispiel: Die Metaphysik der transzendentalen Realität
Was ist das? – Ein Tisch. – Wie weißt du, dass es ein Tisch ist? – Ich weiß es, weil ich ihn sehe. – Und wie kannst du ihn sehen? – Ich kann ihn sehen, weil er da ist und weil ich die Fähigkeit besitze zu sehen, was da ist.

Dieser Gedankengang beruht auf einem apriorischen Erklärungsprinzip, das besagt, dass etwas unterschieden werden kann, weil es unabhängig vom Beobachter ist, und dass es unabhängig vom Beobachter ist, weil es real ist. Darüber hinaus beruht dieser Gedankengang auf der impliziten Annahme, dass es außerhalb meiner selbst eine eigenständige Realität gibt, welche die Grundlage ist für alles, was ich tun kann, wozu auch die Logik gehört, die diese Behauptung validiert. Nach dieser metaphysischen Einstellung ist eine Behauptung allgemein gültig mit Bezug auf etwas, was unabhängig ist von dem, was der Beobachter tut. Eine metaphysische Einstellung entsteht ganz selbstverständlich implizit in der kulturellen Erziehung eines Kindes als unreflektierter Legitimationsrahmen, der als letztgültige Grundlage der Validierung gelebt wird für alles, was in der entsprechenden Kultur als unzweifelhafte Erfahrungstatsache oder logische Begründung gilt. Dieser Rahmen bleibt gewöhnlich auch unreflektiert, und wenn sich bezüglich seiner Validität Fragen ergeben, dann ist die Grundlage der Validität der Antworten darauf gewöhnlich genau das, was man kritisch prüfen wollte. Wenn man also die Validität einer metaphysischen Einstellung reflektieren will, muss man die implizite Gewissheit hinsichtlich der Frage „Was ist Erkennen?" und hinsichtlich der Art ihrer Beantwortung völlig aufgeben. Genau das habe ich festgestellt (und zwar in meinen neurophysiologischen Untersuchungen zur Sehwahrnehmung), ohne mir zunächst bewusst zu sein, was ich tat, als ich mir die Frage stellte: „Was ist Sehen?" Und ich habe es verstanden, als ich diese Frage zu beantworten suchte, indem ich den Bereich der biologischen Prozesse betrachtete, das Sehen als eine relationale Dynamik von Organismus und Milieu im Bereich des Operierens des Nervensystems des Beobachters im Akt der Beobachtung konstituiert. Dieses Vorgehen ließ mich bald erkennen, dass ich die Vorstellung aufgeben musste, der Beobachter existiere als ontisch bzw. ontologisch unabhängige Entität. Gleichzeitig wurde mir klar, dass die von mir gestellte Frage mein eigenes Operieren betraf („Wie tue ich, was ich im Bereich des Sehens tue?") und dass ich sowohl mein diesbezügliches Operieren erklären musste wie auch die für eine solche Erklärung benutzten Instrumente.

Ich musste den Beobachter (mich selbst) und das Beobachten (mein Beobachtungshandeln) als beobachtender Beobachter erklären, und ich musste das ohne jegliche ontologische Vorannahme über das Beobachten tun, und zwar unter der Voraussetzung, dass der Beobachter aus seinem Operieren als Beobachter hervorgeht und eben nicht vor seiner eigenen Unterscheidung existiert. Die Aufgabe, die ich in Angriff nahm, war eine zirkuläre Aufgabe, und ich wollte erklären, was in dieser merkwürdigen Zirkularität vor sich geht, ohne sie zu verlassen (ich wollte Erkennen durch Erkennen erklären). Ich musste folglich all das, was wir Menschen tun, durch das erklären, was wir tun, und nicht durch irgendeine Bezugnahme auf einen von uns unabhängigen Existenzbereich. *Und all das veranlasste mich, Leben, Erklären, Sprache, Emotionen und den Ursprung unseres Menschseins zu ergründen.* Ich vollzog eine metaphysische Wende, ich wechselte von der traditionellen Metaphysik, die annimmt, dass die von uns gelebte Welt bereits existiert, bevor wir sie leben, zu einer Metaphysik, in der die Welt, die wir leben, erst dadurch zu existieren beginnt, dass wir sie durch unser Tun erschaffen.

Mit dieser metaphysischen Wende gab ich eine metaphysische Einstellung auf, für die *a priori* galt, dass der Beobachter als transzendentale Entität an sich existiere und entsprechende transzendentale Instrumente der Erklärung und des Denkens benutzen könne. Ich nahm dagegen die Position ein, dass der Beobachter erst im Augenblick der Unterscheidung seiner selbst zu existieren beginnt, sobald er nämlich den Bereich seines Tuns im alltäglichen Leben zur Ausgangsbasis seiner Reflexionen macht. Ich vollzog diese metaphysische Wende in der Tat bereits, als ich an der Erklärung der Operationsweise des Nervensystems arbeitete, ohne dass mir bewusst war, dass ich dabei für mein Handeln als selbstverständlich voraussetzte, dass ich als der an der Erklärung arbeitende Beobachter nicht unabhängig von der Unterscheidung meiner selbst als Beobachter im Vollzug meines Beobachtens existieren konnte.

Ein Beispiel: Die Metaphysik der entstehenden Realität

Das Tier, das du da drüben siehst, ist ein Pferd. – Und wie weißt du, dass es ein Pferd ist? – Ich weiß, dass es ein Pferd ist, weil ich an ihm alle Merkmale eines Pferdes feststellen kann. – Und wie weißt du, dass alle die Merkmale, die du erkennen kannst, die Merkmale eines Pferdes sind? – Ich weiß das, weil ich sie an anderen Pferden gesehen habe. – Und was ist ein Pferd? – Ein Tier, das alle die, die Pferde kennen, ein Pferd nennen, weil es die Merkmale jener Tiere aufweist, die sie Pferde nennen. – Aber das ist eine zirkuläre Argumentation. – Nein, es ist die Demonstration der zirkulären Operation, welche die Validierung einer Unterscheidung im Erfahrungsbereich eines Beobachters konstituiert, wenn er als menschliches Wesen operiert.

Diese metaphysische Einstellung enthält keine ontologische Annahme, und dem Beobachter steht es jederzeit frei, die Grundlagen seiner Erklärungsweisen und Validierungsverfahren kritisch zu reflektieren. Gemäß dieser metaphysischen Position ist eine Aussage in jedem Bereich universal gültig, dessen Validitätsbedingungen sie erfüllt. Das war eine fundamentale metaphysische Wende für mich, und ich wusste zunächst gar nicht so richtig, was da mit mir geschah. Ich war ein Biologe, ein Naturwissenschaftler, der Wahrnehmung und Erkennen als biologische Phänomene zu erklären suchte, und ich wollte nicht, dass in der Formulierung meiner Erklärungen die zu erklärenden biologischen Prozesse oder Phänomene verloren gingen. Ich befasste mich daher in meinem Operieren als ein menschliches lebendes System besonders mit den Kohärenzen in meinen Handlungen und Reflexionen. Es war mir zweifellos klar, dass ich damit gleichzeitig mit der Physiologie auch Philosophie betrieb, zumindest insofern, als wir alle Philosophie betreiben, wenn wir über die Grundlagen dessen nachdenken, was wir tun. Ich habe aber ungern von Philosophie gesprochen, weil ich bei meinen Kollegen keine Zweifel an der Qualität meiner naturwissenschaftlichen Arbeit entstehen lassen wollte. Erst als meine Kollegin Ximena Dávila Yañez, die Mitbegründerin meines *Matristic Institute* für das Studium der Biologie der Kognition und der Biologie der Liebe in Santiago, zu mir sagte, sie meinte, ich hätte eine neue Metaphysik geschaffen, wurde mir vollkommen bewusst, dass ich das in der Tat getan hatte. Und mir wurde klar, dass ich von nun an explizit eingestehen musste, dass ich nicht nur Biologie, sondern auch Philosophie betrieb. Ich bin Ximena Dávila Yañez nicht nur dafür dankbar, dass sie mir das verdeutlicht hat, sondern auch für die Erweiterung meines Verstehenshorizontes, den ihre Reflexionen bei mir bewirkt haben.

Die Trennung von Naturwissenschaft und Philosophie ist das Ergebnis einer künstlichen Klassifikation, und diese Trennung von Reflexion und Tun beeinträchtigt das Verstehen dessen, was wir als Menschen in unserem tatsächlichen Leben tun, und beschädigt unser Verständnis der verschiedenen Welten, die wir durch unser Leben hervorbringen, ebenso wie das Verständnis all dessen, was uns und in uns geschieht, wenn wir diese verschiedenen Welten leben. Und dies vollzieht sich deshalb, weil wir uns durch die Trennung von Naturwissenschaft und Philosophie die Möglichkeit nehmen, die Voraussetzungen dessen, was wir tun, angemessen zu reflektieren. Als Naturwissenschaftler glauben wir nämlich, dass jede solche Reflexion irrelevant ist, weil nur Fakten von Bedeutung sind, und als Philosophen glauben wir, dass wir letztgültige Wahrheiten brauchen und keine Pragmatik materieller Ereignisse. Der Ausdruck Naturphilosophie erfasst schon besser, was Naturwissenschaftler und Philosophen tun wollen, wenn sie einmal anfangen, aufeinander zu hören und einander zuzusehen, und zwar aus einem Geist gegenseitigen Respekts statt gegenseitiger Abwertung. Alles, was wir menschlichen Wesen tun, vollzieht sich in unserem alltäglichen Leben, und wenn wir nicht erkennen und akzeptieren, dass das so ist, können wir nicht richtig würdigen, wie unsere biologische Existenz als in Sprache handelnde lebende Systeme etwas hervorbringen kann, was keine Technik ohne die kreative Mitwirkung menschlicher Wesen hätte hervorbringen können, allein schon deshalb, weil jede Technik ein Produkt *menschlicher* biologischer Entitäten ist. Ein solches Verständnis wäre außerdem ohne die in diesem Buch dargestellte metaphysische Wende unmöglich, denn wir wären in einer endlosen Suche nach einer transzendentalen Realität gefangen, die wir *a priori* als ontologisches Fundament und somit als Ursprung all dessen betrachten, was uns in unserem Leben und Denken geschieht, die jedoch in unserem Leben nicht operational ist und sein kann.

Das Tun unseres alltäglichen Lebens ist in dem Sinne primär, als es, ob es uns gefällt oder nicht, den Ausgangspunkt für alles bildet, was wir tun und worüber wir nachdenken. Wir erklären unser Leben durch die Kohärenzen unseres Lebens. Damit entsteht jedoch keine zirkuläre Argumentation, denn eine Erklärung ersetzt nicht, was sie erklärt. Erklärungen stellen nur dar, was geschehen muss, damit das, was erklärt wird, entstehen kann. Die Erklärungen des Beobachters und des Beobachtens ersetzen daher weder den Beobachter noch das Beobachten, sie zeigen lediglich, welche Prozesse ablaufen müssen, damit ein Beobachter und sein Operieren im Beobachten entstehen können. Und sie zeigen ebenso, wie Beobachter und Beobachten entstehen, wenn die für ihr Entstehen und ihr Operieren notwendigen Bedingungen gegeben sind. Aufgrund der in diesem Buch dargestellten metaphysischen Wende, die uns im Bereich der operationalen Kohärenzen unseres Lebens verankert (und alles, was wir tun, was immer es auch sei, tun wir in unserem Operieren als lebende Systeme), ist es folglich möglich, dass wir alles das, was wir durch die Kohärenzen unseres Lebens tun, ohne jede ontologische Vorannahme erklären können. In einer naturwissenschaftlichen Erklärung erklärt der Beobachter seine Erfahrungen mit den Kohärenzen seiner Erfahrungen, meist ohne sich der metaphysischen Implikationen seines Tuns bewusst zu sein. Ja, Naturwissenschaftler behaupten häufig, ihre Erklärungen würden durch Gesetze gestützt, die die Kohärenzen der Natur als eines objektiven Bereichs von Prozessen widerspiegeln, der prinzipiell unabhängig ist von allem, was sie tun, und sie erkennen nicht, dass die Naturgesetze Abstraktionen der operationalen Kohärenzen ihres eigenen Lebens sind.

Ich hatte als Junge das Glück, allerdings ohne es zu wissen, als eine Art Naturphilosoph aufzuwachsen, der von der anatomischen Schönheit der Lebewesen fasziniert war und ihre spontane dynamische Architektur verstehen wollte. Und ich hatte das Glück, dies aus einem im Grunde genommen reflexionsfreien Gefühl des Mitwirkens an der dynamischen Architektur des Lebendigen tun zu können, weil ich mich selbst nie als verschieden empfand von den wunderbaren Wesen, die ich sah. Aber vielleicht war ich in dieser Hinsicht gar nicht verschieden von anderen Kindern, denn ich fand mich selbst genauso neugierig wie sie, was wiederum ein Geschenk war, das mir erlaubte, in meiner Entwicklung ganz ich selbst zu bleiben und voller Respekt zu akzeptieren, was immer ich wurde.

Zum Schluss möchte ich noch festhalten, dass meine metaphysische Wende zwar in mancher Hinsicht der orientalischen Philosophie ähneln mag, dass sie sich von dieser jedoch fundamental unterscheidet. Die orientalische Philosophie ruht auf der Unterscheidung zwischen dem Ewigen und dem Vergänglichen und lädt uns dazu ein, den Weg der Befreiung vom Vergänglichen einzuschlagen, um das ewig Göttliche wiederzugewinnen, das wir alle besitzen. In der orientalischen Philosophie ist das Vergängliche eine Illusion, die überwunden werden muss. Gemäß der von mir vollzogenen metaphysischen Wende, also der fundamentalen metaphysischen Position der Wirklichkeitserzeugung, entstehen wir lebenden Systeme im Allgemeinen und wir Menschen im Besonderen im Bereich des Vergänglichen, wo das Transzendentale eine Vorstellung ist, über die wir nichts sagen können, weil jeder entsprechende Versuch es negiert und uns im Bereich unseres alltäglichen Lebens belässt, wo das Transzendentale nicht existiert. Das ist aber nicht wichtig, weil alles, was im menschlichen Leben gut ist, dem Bereich des Vergänglichen angehört und weil in ebendiesem Bereich die Liebe als das Fundament unseres Menschseins und Quelle unseres Glücks existiert.

An dieser Stelle möchte ich meiner Frau, Beatriz Gensch, Dank und Anerkennung aussprechen für die vielen Gespräche, die wir über Fragen der Ästhetik, der Philosophie und des spirituellen Lebens geführt haben, Gespräche, die mein Verständnis erweitert, mein tägliches Leben in all seinen Dimensionen bereichert und mir Freude und Zufriedenheit geschenkt haben in allem, was ich tue. Vor allem möchte ich aber dankbar festhalten, dass es diese Gespräche mit Beatriz waren, die es mir ermöglichten, als Naturwissenschaftler vorbehaltlos über Liebe zu sprechen.

Humberto R. Maturana
Santiago de Chile, im Februar 2002

I. Kosmos einer Theorie

1. Ohne den Beobachter gibt es nichts

ALLES GESAGTE IST GESAGT

PÖRKSEN: In Ihrem berühmt gewordenen Aufsatz *Biology of Cognition* findet sich bereits nach wenigen Seiten ein unschuldig wirkender Satz, der mir für Ihr gesamtes Werk zentral erscheint. „Alles, was gesagt wird", so liest man hier, „wird von einem Beobachter gesagt." Wie ist das zu verstehen?

MATURANA: Das Gesagte lässt sich unter keinen Umständen von demjenigen trennen, der etwas sagt; es gibt keine überprüfbare Möglichkeit, die eigenen Behauptungen mit einem Bezug zu einer beobachterunabhängigen Realität zu versehen, deren Vorhandensein man womöglich als gegeben voraussetzt. Niemand vermag einen privilegierten Zugang zu einer externen Wirklichkeit oder Wahrheit zu beanspruchen.

PÖRKSEN: Nun gibt es allerdings zahllose Menschen, die behaupten, ihre jeweiligen Vorstellungen seien wahr und unbedingt gültig.

MATURANA: Stimmt. Wer jedoch meint, seine Annahmen seien in einem absoluten Sinne wahr, der begeht einen entscheidenden Fehler: Er verwechselt Glauben und Wissen, er schreibt sich Fähigkeiten zu, die er als ein lebendes Wesen einfach nicht besitzen kann. Natürlich ist es in unserer Kultur üblich geworden, zwischen dem Beobachter und dem Beobachteten oder dem Subjekt und dem Objekt zu trennen, ganz so, als gäbe es eine Differenz zwischen beiden, als seien beide voneinander getrennt. Wenn man dies annimmt und akzeptiert, dann geht es darum, die Beziehung zwischen diesen beiden unabhängig voneinander wahrgenommenen Entitäten genauer zu beschreiben. Ich behaupte dagegen, dass diese Trennung nicht weiterführt, und möchte zeigen, welchen Anteil der Beobachter an seinen Beobachtungen besitzt.

PÖRKSEN: Was bedeutet eine solche Auffassung für die alltägliche Vorstellung von Erkenntnis? Da draußen gibt es, so nimmt man gemeinhin an, eine Welt der Objekte, die bestimmt, was wir wahrnehmen und beschreiben. Was geschieht, wenn man Ihren Schlüsselsatz ernst nimmt, mit dieser äußeren Wirklichkeit?

MATURANA: Schon die Annahme, dass diese äußere und von uns unabhängige Wirklichkeit existiert, erscheint dann als eine fundamental unsinnige und nichts sagende Vorstellung: Man kann sie in keiner Weise validieren. Natürlich gibt es diverse Philosophen, die glauben, dass sich diese absolute Realität zwar nicht erkennen lässt, aber ihre Existenz gleichwohl als gegeben voraussetzen: Auf die Gewissheit eines beobachterunabhängigen Bezugspunktes, der sich irgendwo im Hintergrund befindet, wollen sie nicht verzichten.

PÖRKSEN: Bereits Kant unterscheidet zwischen einer absoluten Wirklichkeit, einem *Ding an sich,* und einer *Welt der Erscheinungen;* allein sie sei uns, so heißt es, zugänglich.

MATURANA: Woher will man wissen, dass diese absolute Wirklichkeit besteht, von deren Unerkennbarkeit man doch gleichzeitig ausgeht? Das ist ein sinnloses Gedankenspiel, weil man über die als unabhängig bezeichnete Realität eben doch nur in Abhängigkeit von der eigenen Person zu sprechen vermag. Wenn ich dagegen betone, dass alles Gesagte von einem Beobachter gesagt wird, dann rückt eine andere Schlüsselfrage ins Zentrum, die das gesamte traditionelle System der philosophischen Auseinandersetzung mit der Realität, der Wahrheit und dem Wesen des Seins verändert: Sie handelt nicht mehr von Erforschung einer äußeren Wirklichkeit, die man als extern und gegeben wahrnimmt und voraussetzt. Es ist der Beobachter, dessen Operationen ich – operierend als ein Beobachter – verstehen möchte; es ist die Sprache, die ich – in der Sprache lebend – erklären will; es ist das Sprechen, das ich – sprechend – genauer beschreiben möchte. Kurzum: Es gibt keine Außenansicht dessen, was es zu erklären gilt.

PÖRKSEN: Die unmittelbare Konsequenz ist, wenn ich Ihnen folge, dass die strikte Gegenüberstellung von einer äußeren Welt und einem erkennenden Subjekt kollabiert: Die Situation rutscht ins Zirkuläre.

MATURANA: Das ist der entscheidende Punkt. Der Beobachter ist das Forschungsthema, das ich habe, er ist das Forschungsziel und gleichzeitig unvermeidlich das Instrument der Erforschung; in der Tat handelt es sich hier um eine zirkuläre Situation, die die klassisch gewordene Unterscheidung zwischen dem Beobachter und dem Beobachteten aufhebt. Mein Interesse gilt nicht der Frage, ob tatsächlich eine vom Beobachter unabhängige und von mir oder einem anderen erkennbare Welt existiert, sondern ich benutze – ohne irgendeine ontologische Annahme zu machen – den Beobachter als den Ausgangspunkt meines eigenen Denkens: Diese Entscheidung beruht allein auf meiner Neugier, einem Interesse an den involvierten Fragen; es gibt für sie keinen höheren Grund, kein ontologisches Fundament, keine universal gültige Begründung. Der Beobachter beobachtet, er sieht etwas und bejaht oder verneint seine Existenz und tut, was er eben tut. Was unabhängig von ihm existiert, ist notwendig eine Sache des Glaubens, nicht des gesicherten Wissens, denn stets muss es jemand geben, der etwas sieht.

PÖRKSEN: Wenn ich über Ihren Schlüsselaphorismus genauer nachdenke, wird mir etwas unwohl: Eine solche Annahme hat etwas so Unbedingtes und Unwiderlegbares. Natürlich, so bemerkt man unmittelbar, wird alles Gesagte von einem Beobachter gesagt. Man kommt um diese Einsicht dann nicht mehr herum, sie erscheint unausweichlich. Deshalb: Unter welchen Bedingungen ließe sich dieser Satz widerlegen?

MATURANA: Gott wäre der Einzige, der dies tun könnte: Gott wäre in der Lage, über alles zu sprechen, ohne es zu beobachten, da er alles ist. Aber wir besitzen diese Fähigkeit Gottes nicht, da wir unvermeidlich als menschliche Wesen operieren müssen. Es lässt sich nichts sagen, ohne dass es eben eine Person ist, die etwas sagt.

PÖRKSEN: Das würde – frei nach Protagoras – bedeuten: Der Beobachter ist das Maß aller Dinge.

MATURANA: Ich möchte diese Aussage noch verstärken: Der Beobachter ist die Quelle von allem. Ohne ihn gibt es nichts. Er ist das Fundament des Erkennens, er ist die Basis jeder Annahme über sich selbst, die Welt und den Kosmos. Sein Verschwinden wäre das Ende und das Verschwinden der uns bekannten Welt; es gäbe niemanden mehr, der wahrnehmen, sprechen, beschreiben und erklären könnte.

Am Anfang war der Unterschied

PÖRKSEN: Wie können Sie so sicher sein, dass es ohne den Beobachter nichts gibt? Eine solche Behauptung ließe sich ja als die Präsentation einer neuen Wahrheit verstehen und interpretieren. Und dann würden Sie sich selbst widersprechen.

MATURANA: Es geht nicht um eine neue Wahrheit, sondern ich möchte mit der Konzentration auf den Beobachter und die Operation des Beobachtens ein Forschungsthema präsentieren und gleichzeitig einen Weg skizzieren, mit diesem Forschungsthema umzugehen. Man muss sich klar machen, dass die Vorstellung von etwas Gegebenem und Existentem, dass schon der Verweis auf eine Realität oder eine wie auch immer verstandene Wahrheit unvermeidlich Sprache benötigt. Was immer man über diese Wahrheit oder Wirklichkeit zu sagen vermag, ist stets auf die Verwendung von Sprache verwiesen; das von uns angeblich Unabhängige wird nur durch Sprache überhaupt beschreibbar, es taucht erst in einem Akt der Unterscheidung in der Sprache auf. Selbst wenn man meditiert und glaubt, man befinde sich in einem Zustand reinen Bewusstseins, dann muss man sich gleichwohl eingestehen: Auch das Nachdenken über diesen Zustand bedient sich der Sprache.

PÖRKSEN: Wollen Sie damit sagen, dass wir der Sprache nicht entfliehen können und nie aus dem Universum des Sprachlichen herauskommen?

MATURANA: Sprache ist kein Gefängnis, sondern eine Form der Existenz, eine Art und Weise des Zusammenlebens. Schon wenn man sagt, man könne der Sprache nicht *entfliehen*, denkt man gewöhnlich, dass da ein anderer Ort, ein Ort jenseits der Sprache existiert, den es

– obwohl er vielleicht dauerhaft unerreichbar sein mag – gleichwohl gibt. Bereits diese Voraussetzung mache ich nicht. Es ist sinnlos, wenn man in der Sprache lebt, über eine andere Welt nachzudenken, die sich jenseits der Sprache befindet. – Denken Sie nur an die vergleichbare Frage: Wenn alles Teil des Universums ist, kann ich dann aus dem Universum hinauskommen? Die Antwort muss lauten: Wo auch immer ich hingehe, befindet sich das Universum. Es wandert mit mir mit.

PÖRKSEN: Ist Ihr Schlüsselbegriff des Beobachters dann nicht etwas unglücklich gewählt? Alltagssprachlich betrachtet, handelt es sich doch um einen Begriff der Trennung: Man beobachtet, man hält Distanz und behauptet indirekt die eigene Neutralität. Wäre es da nicht besser, nicht mehr von einem Beobachter, sondern von einem Teilnehmer zu sprechen? Er ist untrennbar mit der ihn umgebenden Welt verbunden.

MATURANA: Mich macht der Begriff des Beobachters überhaupt nicht unglücklich, weil wir in unserem ganz alltäglichen Erleben auf eine Weise sprechen, die beständig nahe legt, dass die Dinge, mit denen wir umgehen und die wir wahrnehmen, eine von uns unabhängige Existenz besäßen. Auch über uns selbst sprechen wir so, als wären wir von uns getrennt, als könnten wir uns von einem externen Standpunkt aus beobachten. Das heißt: Der Beobachter ist jemand, der etwas – selbst die eigene Person – auf eine Weise unterscheidet, als ob es von ihm ablösbar wäre. Auch diese Erfahrung gilt es dann zu erklären.

PÖRKSEN: Verstehe ich richtig? Ziel ist es eben auch zu begreifen, warum wir überhaupt etwas als von uns getrennt erleben?

MATURANA: Genau, ebendeshalb gefällt mir der Vorschlag, von einem *Teilnehmer* zu sprechen, nicht. Er verwirrt eher, denn der Begriff der Teilnahme enthält bereits eine Erklärung und eine fertige Antwort, die dann nur noch die Frage zulässt, wie sich die schon vorausgesetzte Teilnahme gestaltet. Der Tisch und die Stühle in diesem Zimmer, meine Jacke, der Schal, den ich trage – all diese Dinge erscheinen mir doch so, als besäßen sie eine Existenz, die von mir unabhängig ist: Man steht vermeintlich außerhalb der gegebenen Situation, man ist vermeintlich von ihr getrennt. Das heißt: Beobachten ist eine Erfahrung, die auch von der scheinbar unabhängigen Existenz der Dinge handelt. Und das Problem, das sich stellt, lautet: Woher weiß ich, dass diese Dinge da sind? Welche Form der Behauptung mache ich, wenn ich sage, dass die Welt, die sich da vor meinen Augen entfaltet, unabhängig von mir besteht?

PÖRKSEN: Sie gehen also von der Erfahrung der Getrenntheit aus, um dann zu der Einsicht zu gelangen, dass wir an der Konstruktion unserer jeweiligen Wirklichkeit unvermeidlich unseren Anteil haben, dass wir mit ebendieser Wirklichkeit verbunden sind.

MATURANA: Am Anfang steht die Erfahrung der Getrenntheit, die sich in die Einsicht der Verbundenheit verwandelt. Aber natürlich bin ich nicht Teil des Objektes, das ich beschreibe; ich bin, wenn ich auf das Glas, das hier auf dem Tisch steht, zeige, nicht Teil des Glases. Aber die Unterscheidung des Glases hat mit mir zu tun; ich bin es, der es beschreibt und der diese Unterscheidung verwendet. Umgekehrt gesagt: Wenn ich oder ein anderer diese Unterscheidung nicht vornimmt, dann existiert die konkrete oder begriffliche Entität auch nicht, die durch ebendiese Unterscheidung eingegrenzt und von einer Umgebung abgehoben wird.

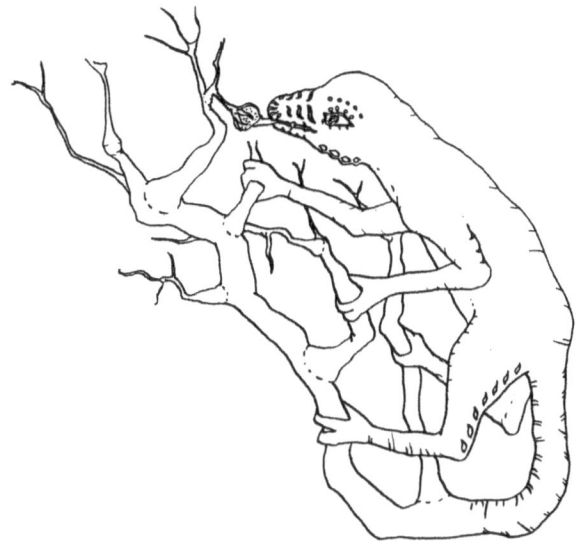

Abb. 1: Der Baum der Erkenntnis: Nichts, was ein Lebewesen erfährt, ist unabhängig von ihm. (Zeichnung von Marcelo M. Maturana)

PÖRKSEN: Die Unterscheidung, die man gebraucht, wäre demnach so etwas wie ein Urknall der Erkenntnis, der Startpunkt einer Realitätskonstruktion: Zuerst muss man etwas unterscheiden, um überhaupt etwas zu sehen.

MATURANA: So ist es. Nur was unterschieden wird, existiert. Es unterscheidet sich zwar von einem selbst, aber ist eben durch die Operation des Unterscheidens mit der eigenen Person verbunden. Wenn ich etwas unterscheide, dann taucht das Unterschiedene gemeinsam mit einem Hintergrund auf, in dem ebendiese Unterscheidung ihren Sinn hat. Sie bringt auch jenen Bereich hervor, in dem sie Präsenz besitzt.

PÖRKSEN: Können Sie dazu noch Genaueres sagen? Lässt sich ein Beispiel finden?

MATURANA: Denken Sie nur an die folgende Situation: Es ist Abend, und Sie besuchen eine Party, reden mit ein paar Bekannten – und plötzlich berührt jemand Ihre Schulter. Sie drehen sich um und erkennen einen Freund, den Sie viele Jahre nicht gesehen haben. Ihr Freund taucht scheinbar aus dem Nichts auf. „Oh", sagen Sie, „was machst du denn hier?" Sie fragen ihn, woher er kommt, wer ihn eingeladen hat, wie er jetzt lebt. Und so weiter. Das heißt: Sie etablieren eine Geschichte, einen Bereich der Zusammenhänge, einen Hintergrund, der seinem Erscheinen einen Sinn gibt. Das plötzliche Auftauchen aus dem Nichts verliert auf diese Weise seinen Schrecken.

ERKLÄRUNG DER ERFAHRUNG

PÖRKSEN: Wenn Sie jede Wahrnehmung auf die Unterscheidungen eines Beobachters zurückführen, dann wäre es immerhin denkbar, dass die von ihm konstruierte Welt überhaupt nicht existiert. Und vielleicht sind ja auch die anderen Menschen, so könnte man dann weiterdenken, nur Fantasieprodukte und Einbildungen, Schimären eines einsamen Bewusstseins. Die Verfechter des erkenntnistheoretischen Solipsismus vertreten genau diese Auffassung. Stimmen Sie den Solipsisten zu?

MATURANA: Nein, überhaupt nicht. Der Grund besteht darin, dass ich nicht die Erfahrung mache, allein zu sein, sondern gerade erlebe, dass wir hier beide in meinem Haus zusammensitzen und miteinander sprechen. Und von dieser Erfahrung, die ich oder ein anderer macht, gehe ich aus. Sie bildet den Startpunkt all meiner weiteren Überlegungen und Erklärungen. Insofern vertrete ich keine solipsistische Position; eine solche Klassifikation meines Denkens wäre vollkommen irreführend.

PÖRKSEN: Sie sind nicht allein. Wir machen ein Interview. Und es ist dieses Erlebnis des Interviews, das Sie vor dem Abgleiten in den Solipsismus bewahrt?

MATURANA: Genau. Wie erkläre ich aber, so kann man schließlich weiterfragen, die Erfahrung, dass ich mit einem anderen zusammen bin, wenn ich nichts zu unterscheiden vermag, was von mir unabhängig ist? Auf der Suche nach einer Antwort stoße ich darauf, dass Sprache eine Art und Weise des Zusammenlebens darstellt. – Wer lebt zusammen? Die Antwort: Menschen leben zusammen. Nächste Frage: Was sind Menschen? Ich sage: Menschen sind jene besonderen Entitäten, die im Prozess des menschlichen Zusammenlebens unterschieden werden. Erneut handelt es sich um eine zirkuläre Situation: Auch der Mensch ist für mich keine ontische bzw. ontologische Gegebenheit, keine a priori existierende Entität.

PÖRKSEN: Wenn Sie aber den anderen Menschen nicht als etwas Gegebenes begreifen, dann könnte dieser Interviewer, der da scheinbar gerade an Ihrem Tisch sitzt, doch genauso gut eine Illusion sein, eine bloße Vorspiegelung Ihres Geistes. Und dann wären Sie doch ein Solipsist.

MATURANA: Das muss nicht die Konsequenz sein; natürlich könnte ich zu der Auffassung gelangen, dass Sie eine Illusion sind, dass ich mir Ihr Vorhandensein nur vorstelle und einbilde, aber deswegen wäre ich noch nicht notwendig ein solipsistischer Denker. Sie wären dann zwar eine Illusion, aber ich wäre nicht unbedingt ein Solipsist, weil ich in meinem Alltag mit meiner Frau zusammenlebe. Und ihre Existenz hat für mich keineswegs den Status einer Illusion.

PÖRKSEN: Vorstellbar wäre aber auch, dass Ihre Frau und der gesamte Rest der Welt nicht wirklich existieren.

MATURANA: Wenn wir uns alle als eine Illusion verstehen, dann wäre es egal, ob wir uns als Illusion begreifen oder nicht. Unser Gespräch besäße dann keine Basis; wer eine Erfahrung als Illusion einordnen möchte, braucht notwendig den Bezug zu etwas anderem, das zum gegenwärtigen Zeitpunkt des Erlebens eben gerade nicht als illusionär erfahren wird. Ich kann es nur wiederholen: Mein Ausgangspunkt ist die Erfahrung, sie handelt von dem, was man zu einem bestimmten Zeitpunkt als wahrnehmbares Geschehen erfährt und genau in diesem Moment unterscheidet. Mir geht es nicht um das Vorhandensein oder um die Beschaffenheit einer äußeren Wirklichkeit, nicht um eine Verteidigung des Solipsismus oder irgendeiner anderen Spielform der Erkenntnistheorie, sondern ich möchte diejenigen Operationen verstehen und erklären, die unsere Erfahrung hervorbringen und entstehen lassen. Im Akt des Erklärens dieser Operationen – so wird dann offenbar – tauchen wir selbst als diejenigen Objekte und Entitäten auf, die wir beschreiben.

PÖRKSEN: Sie verstehen sich nicht als ein Solipsist, und Sie sind selbstverständlich auch kein Realist. Zumindest in Deutschland begreift man Sie in der Regel als einen Konstruktivisten, als den Vertreter einer mittleren Position, die sich zwischen den erkenntnistheoretischen Extremen befindet. Aber auch der klassische Konstruktivismus geht ja davon aus, dass es eine äußere, eine absolute Realität gibt, dass wir diese Realität jedoch in keinem Fall in ihrer ureigentlichen und wahren Gestalt erkennen können. Allein im Scheitern und im Zusammenbrechen unserer Konstruktionen offenbart sich, wie man meint, dass wir nicht im Recht waren, dass unsere Vorstellungen nicht zur Welt passen.

MATURANA: Auch eine solche Auffassung teile ich nicht. Wie will ich begründen, dass die Realitätsbegegnung, die zum Scheitern meiner Konstruktionen geführt haben soll, tatsächlich irgendwann stattgefunden hat? Welche Validität besitzt eine solche Annahme, wie will man sie belegen? Das Zusammenbrechen einer Hypothese erscheint mir als ein Ereignis, das unsere Erwartungen enttäuscht, das ist alles. Das heißt: Ich selbst begreife mich nicht als einen Vertreter des Konstruktivismus, auch wenn man mich noch so oft als einen solchen bezeichnet.

PÖRKSEN: Wie würden Sie sich selbst nennen? Welches Etikett trifft Ihre eigene Position?

MATURANA: Ich zögere etwas mit einer Antwort, da ein solches Etikett die Wahrnehmung und die Auseinandersetzung mit dem Gesagten womöglich eher stört; wer etikettiert wird, wird nicht gesehen. Wenn man mich jedoch nach einem passenden Label fragt, bezeichne ich mich manchmal – natürlich eher im Spaß – als einen *Superrealisten*, der von der Existenz zahlloser und für sich genommen gleichermaßen gültiger Realitätsbereiche ausgeht. Diese verschiedenen Realitäten sind eben gerade nicht relativ, weil die Behauptung ihrer Relativität immer noch den Bezugspunkt einer absoluten Wirklichkeit voraussetzen würde, an der man dann ihre Relativität bemisst.

DAS ZEITALTER DER SELBSTBEOBACHTUNG

PÖRKSEN: Meine These ist: Wir leben im Zeitalter der Selbstbeobachtung. Es ist Mode geworden, sich fortwährend mit den eigenen Gefühlen und Gedanken, den eigenen Stimmungen und Überzeugungen zu beschäftigen und über ihre Verwandelbarkeit nachzusinnen. Könnte diese Sehnsucht nach der lebenslangen Therapie ein Grund für die enorme Beliebtheit Ihrer Beobachtertheorie sein?

MATURANA: Das ist möglich, obgleich es natürlich ein völliges Missverständnis wäre, wenn man annehmen würde, dass ich die fortwährende Selbstbeobachtung vorschlage und in irgendeiner Weise als erstrebenswert empfehle, nur weil ich über die Operation des Beobachtens spreche. Dann wäre ich aufgrund einer irreführenden Interpretation meines Denkens bekannt geworden, aber natürlich ist das auch denkbar. Die eigentliche Weisheit eines Menschen besteht jedoch gerade nicht, wie ich sagen würde, in einer andauernden Selbstbeobachtung, sondern in der Befähigung zur Reflexion, in der Bereitschaft, sich von jenen Überzeugungen zu trennen, die eine genaue Wahrnehmung der besonderen Umstände verhindern. Der

Weise beobachtet sich nicht permanent, er haftet nicht an den Dingen, er lässt sich nicht von letzten Wahrheiten leiten, die ihm vorgeben, wie er selbst oder wie andere zu handeln haben.

PÖRKSEN: Vielleicht zur Terminologie: Was ist überhaupt ein Beobachter? Wie würden Sie den Begriff definieren?

MATURANA: Beobachten verstehe ich als eine menschliche Operation, die Sprache benötigt und ein Bewusstsein dafür voraussetzt, dass man gerade etwas beobachtet. Eine Katze, die einfach nur einen Vogel anschaut, erscheint mir nicht als ein Beobachter. Sie betrachtet einen Vogel und ist nach allem, was wir wissen, nicht dazu in der Lage, ihr eigenes Tun zu kommentieren und sich selbst die Frage vorzulegen, ob sie gerade in einer richtigen und angemessenen Weise agiert; diese Katze mag aus unserer Sicht adäquat oder inadäquat handeln, aber sie selbst reflektiert ihr eigenes Verhalten nicht. Nur wir Menschen tun dies.

PÖRKSEN: Wer beobachtet, betreibt Selbstreflexion.

MATURANA: Genau. Er macht sich bewusst, dass er eine Unterscheidung gebraucht, um etwas zu unterscheiden, und er ist sich darüber im Klaren, dass er etwas sieht und wahrnimmt. Wer also einfach nur aus dem Fenster schaut, den würde ich nicht als einen Beobachter bezeichnen. Und das bedeutet auch: Die meiste Zeit unseres Lebens operieren wir nicht als Beobachter; wir leben nur so dahin, ohne uns zu fragen, was wir gerade tun.

PÖRKSEN: Sie selbst sprechen in Ihren Büchern von einem *Standard-Beobachter* und einem *Super-Beobachter*. Das klingt nun aber doch so, als ließen sich verschiedene Grade der Einsicht ausmachen.

MATURANA: Nein, diese Unterscheidung ist anders zu verstehen. Als ich sie formulierte, habe ich womöglich ein bisschen damit gerungen, Operationen des Beobachtens zu beschreiben, die identisch und doch auch unterschiedlich sind. Ein Standard-Beobachter ist jeder von uns, der beobachtet. In dem Augenblick, indem man sich jedoch fragt, was man eigentlich selbst gerade tut, operiert man zwar immer noch als ein Beobachter, befindet sich aber gleichwohl in einer anderen Position und Situation: Man wird dann, so könnte man auch sagen, zu einem Meta-Beobachter. Dieser Meta- oder Super-Beobachter behandelt sich selbst als ein Objekt und beobachtet – als ein Beobachter operierend – die eigenen Beobachtungen.

PÖRKSEN: „Objektivität ist die Wahnvorstellung", schreibt der Biophysiker Heinz von Foerster in einer Erklärung der *American Society for Cybernetics*, „Beobachtungen könnten ohne Beobachter gemacht werden. Die Berufung auf Objektivität ist die Verweigerung von Verantwortung – daher auch ihre Beliebtheit." Sie selbst haben Ende der 60er-Jahre mit Heinz von Foerster zusammengearbeitet. Wie verstehen Sie diese Sätze?

MATURANA: Sie handeln von dem Glauben, dass sich Beobachtungen vom Beobachteten ablösen lassen; die eigene Person erscheint nicht als zentral, sie ließe sich, wie man offenbar meint, ersetzen, denn das Beobachten vollzieht sich einfach, man registriert nur, was geschieht; das eigene Tun gerät aus dem Blick. Es ist ein externer Grund, es ist die Realität oder die Wahrheit, die man dann zur Bestätigung irgendeiner Aussage benutzt. Das Fundament der eigenen Urteile liegt somit scheinbar außerhalb der eigenen Person. Niemand kann einen daher – so lautet die Schlussfolgerung – für diese Urteile verantwortlich machen, da sie vermeintlich nichts mit den eigenen Vorlieben und Interessen zu tun haben.

PÖRKSEN: Ihre Überlegungen weisen dagegen, wie mir scheint, eher in die umgekehrte Richtung: Man wird sich der Verantwortung für seine Aussagen und Wahrnehmungen bewusst.

MATURANA: Stimmt. Wenn man sich bewusst wird, dass man beobachtet, und sich bewusst macht, dass man sich bewusst ist, dass man derjenige ist, der die Unterscheidungen trifft, gelangt man in einen neuen Bereich der Erfahrung. Mit dem Bewusstsein des Bewusstseins und dem Erkennen des Erkennens entsteht die Verantwortung für das, was man tut und durch die eigenen Operationen des Unterscheidens erst hervorbringt. Eine derartige Einsicht hat etwas Unausweichliches: Man kann, wenn man dies einmal verstanden hat, nicht mehr so tun, als sei man sich des eigenen Erkennens nicht bewusst, wenn man sich seiner bewusst ist und ein Bewusstsein dieses

Bewusstseins besitzt. Mehr noch: Der Begriff des Beobachters inspiriert dazu, sich mit der Operation des Beobachtens zu beschäftigen und sich der zirkulären Situation des Erkennens des Erkennens zu stellen. Es ist ja ein Beobachter, der das Beobachten beobachtet und erklären möchte; ein Gehirn ist es, das das Gehirn erklären will. Häufig gelten reflexive Probleme dieser Art als unlösbar und inakzeptabel. Mein Vorschlag besteht jedoch darin, die zirkuläre Ausgangslage vollkommen zu akzeptieren und sich selbst zum Instrument zu machen, um die Frage nach der eigenen Erfahrung und dem eigenen Tun eben durch das eigene Tun zu beantworten. Es gilt, die Operationen zu beobachten, die die Erfahrung entstehen lässt, die man erklären will.

2. Spielformen der Objektivität

LEBEN IM MULTIVERSUM

PÖRKSEN: Ihr Plädoyer für ein zirkuläres Denken hat etwas zutiefst Bedrohliches. Die Welt zerrinnt; Anfang und Ende sind willkürlich gesetzte Punkte, die keinen Halt mehr geben; der feste Grund existiert nicht mehr. Man möchte am liebsten zur Tür und den Raum verlassen, kann sich aber auch nicht mehr absolut sicher sein, ob die Tür überhaupt noch da ist. Sie selbst haben einmal geschrieben, dass Sie, als Sie begannen, so zu denken, eine Zeit lang Angst hatten, verrückt zu werden. Warum hat sich diese Angst verflüchtigt?

MATURANA: In irgendeinem Moment habe ich realisiert, dass das zirkuläre Denken nicht meinen Verstand bedroht, sondern mein Verständnis erweitert. Auch die Überlegung, nicht mehr von einer externen Realität auszugehen, sondern von der eigenen Erfahrung, kann etwas zutiefst Befriedigendes und Beruhigendes besitzen. Die Erfahrungen, die man macht, werden nicht mehr angezweifelt, man tut sie nicht mehr als irreal und illusionär ab. Sie sind kein Problem mehr, sie erzeugen keinen emotionalen Konflikt, man nimmt sie einfach hin. – Angenommen, dass in der letzten Nacht die Stimme Jesu zu mir sprach. Was, glauben Sie, würde passieren, wenn ich anderen Menschen von einer solchen Erfahrung berichtete? Jemand würde mir vielleicht erklären, dass ich unter Halluzinationen leide und dass Jesus tot ist und deshalb nicht mehr sprechen kann. Ein anderer würde mich womöglich für sehr eitel halten und vermuten, dass ich mich als eine auserwählte Persönlichkeit hinstellen will: Immerhin ist es Jesus, der zu mir spricht. Vielleicht wird ein Dritter sagen, dass mich in jener Nacht der Teufel in Versuchung geführt hat. Alle diese Überlegungen haben eines gemeinsam: Sie weisen meine eigene Erklärung, mit der ich meine Erfahrung zu begründen versuche, zurück, aber sie negieren meine Erfahrung nicht: Dass ich eine Stimme gehört habe, wird nicht abgestritten.

PÖRKSEN: Was bedeutet dieses Beispiel für meine Frage nach der Furcht vor dem Verrücktwerden? Ich vermute, dass Ihre prinzipielle Überlegung, von der Erfahrung auszugehen, die Angst besänftigt und eine neue Ruhe und Gelassenheit schafft. Man akzeptiert, was man erlebt. Die Angst vor dem Verrücktwerden wäre demnach so etwas wie der heimliche Versuch, seine eigenen Erlebnisse doch noch abzuwehren.

MATURANA: Genau. Etwas als *verrückt* zu bezeichnen bedeutet, dass man seine Wahrnehmungen und Erlebnisse auf eine Art und Weise erklärt, die einen selbst abwertet. Mein Ziel ist es nicht, Erfahrungen zurückzuweisen oder abzuwerten. Erfahrungen sind niemals das Problem, sondern ich will erklären, durch welche Operationen sie zustande kommen.

PÖRKSEN: Glauben Sie, dass diese Sicht, die so entschieden für die Legitimität jeder Erfahrung argumentiert, ethische Vorteile besitzt?

MATURANA: Das glaube ich. Man muss sich vergegenwärtigen, dass es die Vorstellung von einer unabhängig von mir existierenden Wirklichkeit ist, die mit der Auffassung korrespondiert, dass allgemein gültige und verbindliche Aussagen möglich sind. Sie lassen sich zur Diskreditierung bestimmter Erfahrungen benutzen. Der Realitätsbezug ist es, der einer Behauptung universalen und objektiv gültigen Charakter verleihen soll; er liefert in einer Kultur, die auf Macht, Herrschaft und Kontrolle basiert, die Begründung dafür, dass ein anderer sich der eigenen Sicht der Dinge zu unterwerfen hat. Wenn man jedoch erkannt hat, dass man prinzipiell keinen privilegierten Zugang zur Realität besitzen kann und dass Wahrnehmung und Illusion im Moment der Erfahrung ununterscheidbar sind, dann taucht die Frage auf, welche Kriterien ein Mensch benutzt, um zu behaupten, dass etwas der Fall ist. Schon die Möglichkeit dieser Frage eröffnet einen Raum gemeinsamen Nachdenkens, eine Sphäre der Kooperation. Der andere wird zu einem legitimen Gegenüber, mit dem ich zu sprechen vermag. Freundschaft entsteht, wechselseitiger

Respekt, Zusammenarbeit. Es wird unmöglich, Unterwerfung zu fordern; das Universum verwandelt sich in ein Multiversum, in dem zahlreiche Realitäten – in Abhängigkeit von den jeweiligen Validitätskriterien – Gültigkeit besitzen. Man kann den anderen nur dazu einladen, über das nachzudenken, was man selbst meint und für gültig hält.

PÖRKSEN: Das heißt: Wir haben es mit zwei fundamental unterschiedlichen Positionen zu tun. Entweder behauptet man, dass alles Erkennen beobachterabhängig ist; oder man sagt, dass sich eine beobachterunabhängige Realität wahrnehmen lässt. Jede Position erzeugt auch unterschiedliche Konsequenzen, sie führt zu einem anderen Umgang mit den Mitmenschen, der gesamten Umwelt.

MATURANA: Es geht um zwei unterschiedliche Einstellungen, zwei Wege des Denkens und Erklärens. Die eine Einstellung nenne ich *Objektivität ohne Klammern*. Hier setzt man die beobachterunabhängige Existenz der Objekte voraus, die – so nimmt man an – erkannt werden können. Man glaubt an die Möglichkeit einer externen Validierung der eigenen Aussagen. Diese Validierung verleiht dem, was man sagt, Autorität und eine fraglose, auf Unterwerfung zielende Gültigkeit. Sie führt zur Negierung all derjenigen, die den „objektiven" Feststellungen nicht zustimmen. Man ist nicht bereit, ihnen zuzuhören, will sie nicht verstehen. Die fundamentale Emotion, die hier regiert, handelt von der Autorität des als universal geltenden Wissens. Man lebt im Bereich transzendentaler Ontologien, die einander ausschließen: Jede dieser Ontologien erfasst vermeintlich die objektive Realität; das Sein erscheint als unabhängig von der eigenen Person und dem eigenen Tun. Die andere Einstellung bezeichne ich als *Objektivität in Klammern*; die emotionale Basis besteht hier darin, dass man die Gesellschaft des anderen genießt. Die Frage nach dem Beobachter wird vollkommen akzeptiert, und man versucht, sie zu beantworten: Die Unterscheidung von Objekten und die Erfahrung des Seins werden gemäß diesem Erklärungsweg nicht geleugnet, aber der Verweis auf die Objekte bildet nicht die Basis von Erklärungen, sondern es ist die Kohärenz von Erfahrungen mit anderen Erfahrungen, die die Grundlage der Erklärungen darstellt. Der Beobachter wird aus dieser Sicht zur Quelle aller Realitäten, er bringt diese selbst durch seine Unterscheidungsoperationen hervor. Es ist der

Bereich der konstitutiven Ontologien, den man hier betritt: Das Sein konstituiert sich durch das Tun des Beobachters. Wenn man diesem Erklärungsweg folgt, dann wird einem bewusst, dass man sich keineswegs im Besitz *der Wahrheit* befindet und dass es zahlreiche mögliche Realitäten gibt. Sie sind für sich genommen alle legitim und gültig, aber natürlich nicht in gleichem Maße wünschenswert. Folgt man diesem Erklärungsweg, dann verlangt man nicht die Unterwerfung des anderen, sondern man hört ihm zu, man möchte die Zusammenarbeit, man sucht das Gespräch und will herausfinden, unter welchen Umständen, das, was der andere sagt, Gültigkeit besitzt. Als *wahr* erscheint eine Aussage dann, wenn sie den Validitätskriterien des jeweiligen Realitätsbereichs genügt.

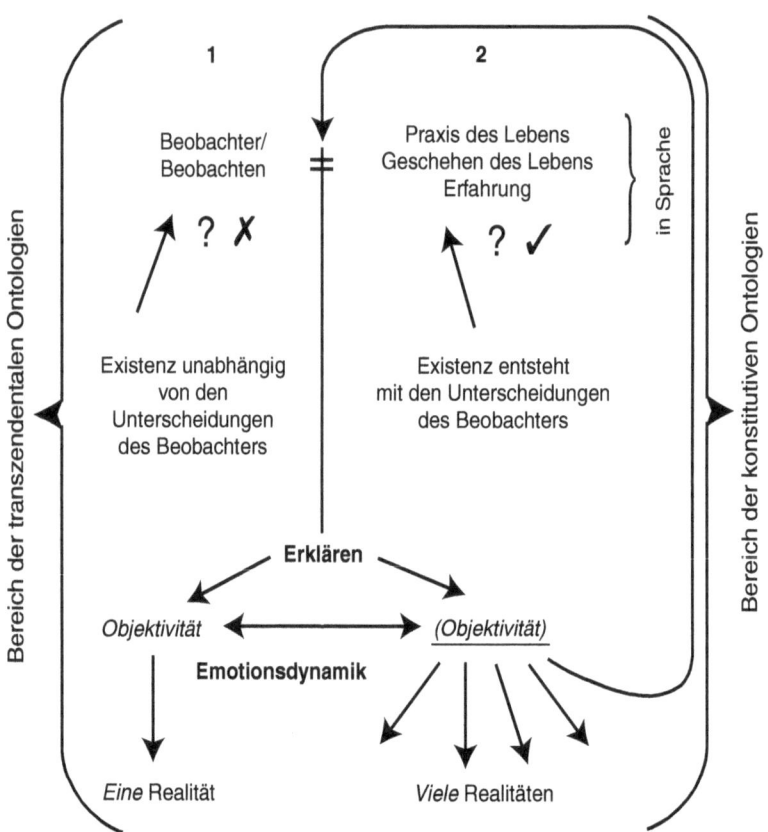

Abb. 2: Schema zur Ontologie des Beobachters: Diese Abbildung illustriert, was geschieht, wenn man von der Frage ausgeht: „Wie tun wir, was wir tun, wenn

wir als Beobachter beobachten?" (Siehe Erklärungsweg 2.) Und sie zeigt, was geschieht, wenn wir diese Frage nicht akzeptieren. (Siehe Erklärungsweg 1.) Wenn man dieses Schema richtig liest, wird deutlich, wie der Beobachter als eine biologische Entität entsteht: Er erscheint als eine Art des relationalen Operierens, die für ein menschliches Wesen als ein in Sprache lebendes Systems charakteristisch ist. Dieses Schema gehört zum Bereich der Kognition, so wie die Formal $E=mc^2$ zum Bereich der Physik gehört.

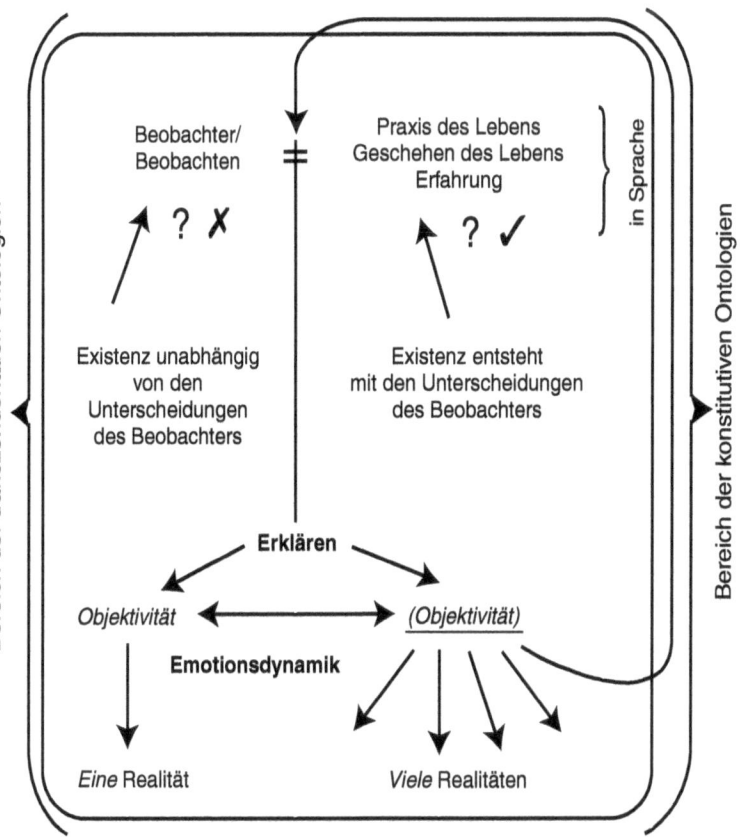

Abb. 3: Schema zur biologischen Matrix der menschlichen Existenz: Diese Abbildung zeigt, wie sich die relationale Dynamik ereignet, die zur Konstitution und zur Bewahrung unseres Menschseins führt: Sie ergibt sich aus dem historischen Zusammenspiel der Biologie der Kognition und der Biologie der Liebe, die Ximena Dávila Yañez und Humberto R. Maturana die biologische Matrix der menschlichen Existenz nennen. Dargestellt sind erneut die verschiedenen Wege der Bewusstmachung unserer relationalen menschlichen Existenz, die wir – gemäß dem Strom unserer Emotionsdynamik – leben können. Unser grundsätzlich veränderbares Leben gestattet, wie sich zeigt, den Wandel durch Reflexion.

PÖRKSEN: Diese begriffliche Differenzierung erscheint mir etwas zu kompliziert. Warum unterscheiden Sie nicht einfach, um diese beiden Positionen voneinander abzugrenzen, *Objektivität* und *Subjektivität*?

MATURANA: Subjektivität gehört zu jenen Ausdrücken, die wir gebrauchen, um eine Behauptung – ausgehend von dem Weg der *Objektivität ohne Klammern* – abzuwerten. Als allein subjektiv erscheint eine Annahme, die nicht auf einer Korrespondenz mit der externen Realität beruht. Wenn ich von *Objektivität in Klammern* spreche, möchte ich einerseits das Bewusstsein dafür wach halten, dass sich kein beobachterunabhängiger Bezugspunkt für die eigenen Annahmen ausmachen lässt. Gleichzeitig will ich auch die Erfahrung, es gebe von uns unabhängige Objekte, in einem Begriff ausdrücken. Die Einklammerung signalisiert einen bestimmten Bewusstseinszustand. Wie kann es sein, so meine Frage, dass wir die Objekte als getrennt von uns erleben und wir doch gleichzeitig wissen, dass alles Gesagte eben von uns gesagt wird und gerade nicht von uns zu trennen ist?

PÖRKSEN: Mir wird, wenn Sie auf diese Weise über begriffliche Unterscheidungen sprechen, ein Prinzip Ihrer Sprachverwendung deutlich: Auch in Ihrer Terminologie und in diesen neu gebildeten Ausdrücken gehen Sie von den Erfahrungen eines beliebigen Beobachters aus – und bieten doch gleichzeitig eine andere Sicht dieser Erfahrungen an.

MATURANA: Das ist die Idee, ganz genau. Gelegentlich hat man mich jedoch kritisiert, weil ich überhaupt noch von der Ontologie und dem Sein spreche; es gehe doch darum, so hielt man mir vor, Prozesse des Werdens zu betonen und die ontologische Betrachtung durch die ontogenetische Perspektive zu ersetzen. Natürlich erscheint mir eine solche Forderung sympathisch, aber die mit ihr verbundene Leugnung des Seins und der Objekte, die ihr Vorhandensein eben auch im Tun des Beobachters offenbaren, negiert die ganz alltägliche Erfahrung, die wir Menschen nun einmal machen. Sie bildet daher keinen tragfähigen Ausgangspunkt der eigenen Argumentation.

PÖRKSEN: Wenn wir uns vergegenwärtigen, dass jede Aussage unvermeidlich auf einen Beobachter zurückverweist, dann zerfällt die eine, die universal gültige Wirklichkeit in zahllose Wirklichkeiten. Gegenwärtig leben über sechs Milliarden Menschen auf diesem Planeten. Würden Sie sagen, dass es dementsprechend auch sechs Milliarden verschiedene Realitäten gibt?

MATURANA: Theoretisch wäre dies denkbar, aber faktisch hochgradig unwahrscheinlich. Wenn wir annehmen, dass von diesen sechs Milliarden Menschen etwa fünf Milliarden dem Weg der Objektivität ohne Klammern folgen, dann leben sie letztlich in ein und demselben Realitätsbereich: Manche glauben an Allah, andere an Jehova oder Jesus, wieder andere verstehen sich als Agnostiker. Einige bezeichnen das Bewusstsein als die unbedingt gültige Realität, andere die Materie oder die Energie, wieder andere favorisieren Ideen und Vorstellungen als die ultimativen Bezugspunkte ihrer jeweiligen Aussagen. Alle verbindet jedoch eine einzige fundamentale Gewissheit: *Sie glauben nicht, dass sie glauben, sondern sie glauben zu wissen, denn sie wissen nicht, dass sie glauben.*

PÖRKSEN: Was ist mit der verbleibenden Milliarde Menschen? Wie lässt sich Ihre Haltung charakterisieren?

MATURANA: Sie fühlen sich – womöglich – dem Weg der Objektivität in Klammern verpflichtet und besitzen damit die Fähigkeit zur Reflexion: Sie respektieren Differenzen, sie behaupten nicht im Alleinbesitz der Wahrheit zu sein, sie genießen die Gemeinschaft des anderen. Im Prozess des gemeinsamen Lebens erzeugen sie verschiedene Kulturen. Das heißt: Die Anzahl der möglichen Realitäten erscheint potenziell unendlich, aber ihre Diversität wird durch das gemeinschaftliche Leben, durch die gemeinsam hervorgebrachte Kultur und Geschichte, durch die gemeinsamen Interessen und Vorlieben begrenzt. Natürlich ist jeder Mensch anders, aber eben nicht vollkommen anders.

PÖRKSEN: Kann man in dem Bewusstsein leben, dass es potenziell unendlich verschiedene Wirklichkeiten gibt? Meine Vermutung ist: Wer sich tatsächlich die Fülle des Möglichen vergegenwärtigt, der kollabiert irgendwann und verliert vollkommen den Überblick.

MATURANA: Natürlich sind Komplexitätsreduktionen notwendig: Man verengt seinen Blick und geht von bestimmten Erwartungen aus, um überhaupt handlungsfähig zu bleiben. Das Problem besteht jedoch nicht in der Tatsache, dass man überhaupt irgendwelche Erwartungen hat, dass man Komplexität reduziert und eine Vielzahl von Phänomenen auf einen und vielleicht auch nur einen einzigen Begriff bringt, sondern als die zentrale Frage erscheint mir, ob man bereit ist, wenn etwas Unerwartetes geschieht, die eigenen Sicherheiten wieder aufzugeben: Die Enttäuschungen, die man erlebt, müssen dann nicht notwendig in eine tiefe Frustration und Verärgerung münden, sie können auch ganz undramatisch eine neue Sicht begründen. Man erkennt ohne große Aufregung, dass sich die eigenen Erwartungen nicht erfüllen – und orientiert sich um.

PÖRKSEN: Wie lernt man, sich auf diese Weise in der Welt zu bewegen? Wie kommt man zu dem Bewusstsein, dass es – obwohl man in seiner eigenen Existenz längst eine bestimmte Variante aus der Fülle möglicher Lebensformen gewählt hat – doch immer auch anders sein könnte?

MATURANA: Es sind Ereignisse im eigenen Leben, die Einsichten dieser Art hervorbringen. Immer wieder kommt es beispielsweise vor, dass man eine bestimmte Überzeugung besitzt und einem dann ein Mensch begegnet, den man, genau genommen, bleibt man ebendieser Überzeugung treu, ablehnen müsste. Man dürfte ihn eigentlich gar nicht mögen, aber man mag ihn eben und realisiert, dass die eigenen Auffassungen und die Sympathie für diesen Menschen nicht zusammenpassen und dass sie sich nicht gleichzeitig aufrechterhalten lassen. Wenn man seine Überzeugungen vorzieht, verschwindet dieser Mensch als ein liebenswerter anderer aus dem Blickfeld. Wenn man jedoch zu seiner besonderen Sympathie steht, dann beginnt man, über die eigenen Urteile und ihre Wirkung nachzudenken, und verabschiedet sich von ihnen. Auf diese Weise lernt man, dass Überzeugungen und Gewissheiten in jeder Form und Gestalt hemmend wirken können, sie verpflichten, so zeigt sich im Prozess der Reflexion, zu einer Wahrnehmung, die einem selbst unangemessen erscheint.

PÖRKSEN: Gewissheiten enthalten demnach, wenn man ihre Konsequenzen betrachtet, eine ganz grundsätzliche Gefahr: Sie machen

Alternativen des Fühlens, des Denkens und des Handelns unsichtbar.

MATURANA: Wenn sie nicht als momentane und nur an den Augenblick gebundene Sicherheiten auftreten, dann sind sie etwas sehr Mächtiges. Sie machen blind, sie lassen ein weiteres Nachdenken als bloße Zeitverschwendung erscheinen: Man kennt ja das einzig mögliche Ergebnis jeder erneuten Reflexionsanstrengung. Was meint man eigentlich, wenn man behauptet, man sei sich einer Sache ganz sicher? Man sagt: Zweifel sind unnötig; die eigenen Überzeugungen haben eine derartige Präsenz, dass es vollkommen sinnlos wirken muss, über die Bedingungen ihrer Entstehung nachzudenken. Ein unmittelbares Handeln scheint angebracht. Wer dann noch die anderen von ihrer vermeintlichen Ignoranz und ihrer falschen Wahrnehmung der Welt befreien will, der wird gefährlich: Die Realitätsgewissheit dient dann dazu, Ausbeutung und Unterwerfung, Kriege und Kreuzzüge zu rechtfertigen.

PÖRKSEN: Würden Sie sagen, dass Gewissheiten und ein absoluter Wahrheitsglaube notwendig zur Unterdrückung der Andersdenkenden verführen?

MATURANA: Manchmal denke ich, dass wir in einer Kultur leben, in der die Auffassung, man sei im Besitz der Wahrheit, als Einladung zum Imperialismus verstanden wird. Warum soll man, wenn man doch so genau weiß, was richtig ist, die anderen in ihrer Ignoranz dahinleben lassen? Wäre es nicht besser, wäre es nicht angemessen und geboten, fragt man sich in dieser Kultur, die angeblich ignorante Weltsicht endlich zugunsten der wahren und richtigen Auffassung zu korrigieren? Irgendwann erscheint dann das Andersartige und Unterschiedliche als eine inakzeptable und unerträgliche Bedrohung, dessen Korrektur und Beseitigung man für angebracht hält. Man weiß ja, was der Fall ist; man kennt die korrekten Antworten, die richtige Lebensweise, den wahren Gott. Die mögliche Folge einer solchen Auffassung besteht darin, dass Menschen anderen Menschen Gewalt antun. Sie rechtfertigen sich, indem sie behaupten, sie besäßen einen privilegierten Zugang zu *der Wahrheit* oder kämpften für ein bestimmtes Ideal. Und diese Vorstellung legitimiert, so glauben sie, ihr Verhalten und unterscheidet sie von gewöhnlichen Kriminellen.

Pörksen: An welche Adresse richtet sich diese Kritik einer totalitär gewordenen Wahrheitsidee? Wo lassen sich derartige Formen der Auseinandersetzung beobachten?

Maturana: Sie sind allgegenwärtig, müssen aber natürlich nicht immer in eine physische Bedrohung münden. Man weist in politischen und polemischen Auseinandersetzungen, die oftmals etwas von einem Kampf und einem Krieg an sich haben, den anderen und seine Ansichten zurück. Man attackiert ihn, man hört ihm nicht zu und weigert sich ganz grundsätzlich, ihm zuzuhören, weil er, wie man so sicher zu wissen meint, die falschen Ansichten vertritt. Auch der politische Terrorismus basiert auf der Idee, dass der andere falsch liegt und ebendeshalb umgebracht werden muss.

Toleranz und Respekt

Pörksen: Gibt es nicht eine weniger gefährliche und weniger fanatische Art des Umgangs mit der Auffassung, man selbst habe die Realität des Gegebenen erkannt?

Maturana: Alles hängt von den Emotionen desjenigen ab, der sich in Beziehung zu einem anderen Menschen befindet. Wenn er ihn respektiert, dann enthält die Tatsache, dass sie verschiedene Ansichten vertreten, die Chance zu einem fruchtbaren Gespräch, zu einem gelingenden Austausch. Wenn er ihn dagegen nicht respektiert und seine Unterwerfung verlangt, dann wird aus den jeweils unterschiedlichen Ansichten ein Motiv der Negation.

Pörksen: Wenn man sich, wie Sie vorschlagen, trainiert, die Fülle der Lebensformen anzuerkennen und sich in einem Multiversum heimisch zu fühlen, bleibt gleichwohl der Zwang zur Wahl: Man kann nicht alles akzeptieren, man muss auswählen, sich für eine Existenz entscheiden und die Fülle des Möglichen wieder einschränken. Die Realisten des Alltags haben es in dieser Frage einfach: Sie sagen schlicht, dass es die objektiven Notwendigkeiten sind, die ihnen eine Entscheidung diktieren. Sie selbst würden eine solche Argumentation zweifellos ablehnen. Deshalb: Welches Kriterium schlagen Sie vor, um die eben doch notwendigen Entscheidungen zu treffen?

MATURANA: Man tut das, was einem gut tut, was das eigene Wohlbefinden erhält und befördert. Da ist beispielsweise jemand, der davon berichtet, dass er sich gerne zum Koch ausbilden lassen möchte. Warum gerade zum Koch? „Nun", so sagt er, „Köche werden gebraucht – also werde ich Arbeit und auf eine bequeme Weise mein Auskommen finden; außerdem liebe ich es zu kochen." Wenn man ganz genau zuhört, dann wird man erkennen, dass alle seine Begründungen mit dem Erhalt und der Steigerung seines eigenen Wohlbefindens zu tun haben. Das ist keine Aufforderung zum Hedonismus, überhaupt nicht, vielmehr schlage ich vor, den verschiedenen Menschen, die von ihren Lebensentscheidungen berichten, sehr aufmerksam zuzuhören. Vielleicht wird der angehende Koch dann noch hinzufügen, dass sich mit diesem Beruf viel Geld verdienen lässt: Das bedeutet jedoch nur, dass ihm sein Wohlbefinden gehaltsabhängig erscheint.

PÖRKSEN: Dieses Kriterium des eigenen Wohlbefindens scheint nahe zu legen, man solle jede nur vorstellbare Entscheidung für einen Lebensweg akzeptieren. Verlangen Sie die vollständige Toleranz?

MATURANA: Das Plädoyer für Toleranz hat aus meiner Sicht einen äußerst unangenehmen Beigeschmack und ist ein Ausdruck dafür, dass man den Weg der *Objektivität ohne Klammern* favorisiert: Wer Toleranz verlangt, der fordert eigentlich dazu auf, die vermeintlich angebracht erscheinende Ablehnung und Abwertung des anderen noch ein wenig hinauszuzögern und aufzuschieben. Wer einen Menschen lediglich toleriert, der lässt ihn für eine gewisse Zeit in Ruhe, hält aber stets, verborgen hinter dem Rücken, sein Messer bereit. Er hört ihm nicht zu, er schenkt ihm keine wirkliche Aufmerksamkeit, seine eigenen Vorstellungen und Überzeugungen stehen im Vordergrund. Der andere liegt zwar falsch, aber man wartet noch ein bisschen mit seiner Vernichtung: Das ist Toleranz. Folgt man dagegen dem Weg der *Objektivität in Klammern,* begegnet man der Weltsicht des anderen mit Respekt; man ist bereit, ihm zuzuhören und sich auf seine Realität einzulassen und ihre grundsätzliche Legitimität zu akzeptieren.

PÖRKSEN: Wann werden Wirklichkeiten – auch für den Vertreter einer *Objektivität in Klammern* – inakzeptabel? Unter welchen Bedingungen muss der fundamentale Respekt enden?

MATURANA: Der Respekt endet nie; wenn man jedoch versteht, dass jemand eine – wie man meint – gefährliche und höchst unangenehme Welt hervorbringt, dann handelt man und geht gegen ihn vor, weil man in ebendieser Welt nicht leben will. Diese andersartige Begründung des eigenes Tuns halte ich für entscheidend: Man verweist nicht mehr auf eine transzendentale Realität oder Wahrheit, um seinem Handeln ein Fundament zu geben, sondern man agiert im vollen Bewusstsein der eigenen Verantwortung: Weil man diese Welt, die sich einem da zeigt, nicht mag und will, wird man aktiv und lehnt einen Menschen auf eine verantwortungsbewusste Weise ab oder trennt sich in gegenseitigem Respekt.

PÖRKSEN: Können Sie diese etwas ungewöhnliche Unterscheidung von Toleranz und Respekt, die Sie hier vorschlagen, noch genauer ausführen? Gewöhnlich setzt man die beiden Begriffe doch gleich und gebraucht sie synonym.

MATURANA: Stimmt, aber das ist ein gewaltiger Fehler. Vielleicht hilft hier ein Beispiel weiter: Churchill besaß großen Respekt vor Hitler – und konnte deshalb erkennen, was Hitler vorhatte, um sich dann gegen den Nationalsozialismus zu stellen. Chamberlain war es dagegen, der Hitler mit einer enormen Toleranz begegnete – und er war daher unfähig, ihn wirklich einzuschätzen und traf vollkommen unsinnige Übereinkünfte mit diesem Mann.

PÖRKSEN: Diese Haltung des Respekts könnte demnach auch dazu führen, dass man sich irgendwann – im vollen Bewusstsein der eigenen Verantwortung – entscheidet, zum Gewehr zu greifen?

MATURANA: Natürlich; man wird vielleicht *Mein Kampf* lesen und womöglich erkennen, dass Hitler hier in großer Offenheit seine Ansichten und Ziele kundtut. Dann muss man sich entscheiden, ob man die Welt, die hier beschrieben wird, und das Programm, das sich hier offenbart, tatsächlich unterstützen möchte. Es ist der Respekt für die Wirklichkeit des anderen, die einem die genaue Einschätzung und die bewusste Handlung ermöglichen: Man hört ihm zu, um dann zu entscheiden. – Wer seinen Feind toleriert, so behaupte ich, der sieht ihn nicht, weil seine Überzeugungen die eigene Wahrnehmung trüben; wer ihn dagegen respektiert, der vermag ihn zu erkennen – und dann auch, wenn ihm dies nötig erscheint, gegen ihn vorzugehen.

PÖRKSEN: Für mich stellt sich nun die Frage, wie man auf eine Weise für diesen ganz grundsätzlichen Respekt wirbt und eintritt, die nicht mehr auf Unterwerfung setzt. Sie können ja nicht, wenn Sie konsequent bleiben wollen, einen Menschen zwingen, Ihren Gedanken zuzustimmen. Was macht man aber, wenn Zwang und Manipulation als Möglichkeiten ausfallen? Wie versuchen Sie zu überzeugen?

MATURANA: Ich versuche nicht zu überzeugen. Manche Menschen, die mit meinen Überlegungen konfrontiert werden, fangen an, sich über mich zu ärgern. Das ist vollkommen in Ordnung. Ich würde niemals darauf hinarbeiten, ihre Auffassung zu korrigieren, um ihnen dann die meine aufzuzwingen. Andere wiederum sind von dem, was ich in den letzten Jahrzehnten veröffentlicht habe, berührt, weil sie bemerken, dass es ihr eigenes Leben betrifft. Sie bleiben dann nicht bei der Lektüre stehen, sondern besuchen meine Vorträge, in denen ich sie dazu einlade, meinen Gedanken zu folgen. – Was mir allein übrig bleibt, ist das Gespräch mit dem anderen, der dies sucht und wünscht. Ich halte Vorträge, wenn man mir zuhören will; ich schreibe Artikel und Bücher und arbeite mit meinen Studenten zusammen. Und eines Tages kommt dann vielleicht ein junger Mann aus Deutschland nach Chile und will Genaueres wissen.

PÖRKSEN: Sie sagen, dass Sie Ihre Zuhörer einladen. Eine Einladung hat jedoch, wenn irgendwann einmal unbedingt gehandelt werden muss, einen entscheidenden Nachteil: Man hat per Definition das Recht abzulehnen. Wer Gesetze verkündet und Imperative formuliert, der besitzt dagegen einen enormen Geschwindigkeitsvorteil; er kann sich, wenn ihm die entsprechende Macht zur Verfügung steht, rasch durchsetzen, andere blitzschnell über seine Ziele orientieren. Einladungen brauchen womöglich manchmal einfach zu viel Zeit.

MATURANA: Worin bestünde die Alternative? Soll man jemand, um ihm die wundervollen Vorzüge der Freiheit vor Augen zu führen, einsperren und fesseln? Kann man ihn mit Gewalt dazu zwingen, Zwang abzulehnen? Eine solche Vorgehensweise funktioniert niemals. Meine Auffassung ist, dass auch die so genannten ethischen

Gesetze und Imperative die Möglichkeit der Reflexion zerstören: Sie nehmen dem selbstverantwortlichen Handeln seine Basis, sie verlangen die Unterwerfung, sind also bei genauerer Betrachtung ein anderes Wort für Tyrannei. Man kann einem Menschen zeigen, was geschieht, wenn er diese oder jene Weltsicht oder Lebensweise wählt; man kann ihm die möglichen Konsequenzen, die in seinen Überzeugungen und Handlungen angelegt sind, vor Augen führen, aber das ist etwas völlig anderes, als ihn zu etwas zu zwingen und ihn mehr oder minder gewalttätig auf eine Sicht der Dinge zu verpflichten.

Die ästhetische Verführung

PÖRKSEN: Auch Sie selbst plädieren für ein neues Denken, für eine respektvollere Form des Miteinander, versuchen aber gleichzeitig, jene Menschen unbedingt zu respektieren, die diese Veränderung nicht wollen.

MATURANA: Entscheidend ist ein Bewusstseinswandel, der sich unter keinen Umständen erzwingen lässt. Er muss sich aus der Einsicht des einzelnen Menschen heraus ergeben. Natürlich wünsche ich mir eine andere Welt, das will ich nicht verhehlen, auch wenn einen schon der Gedanke einer Veränderung, die sich nicht nur auf die eigene Person, sondern auch auf andere Menschen bezieht, unvermeidlich mit der Versuchung der Tyrannei konfrontiert. Selbstverständlich wünsche ich mir eine Welt demokratischer Gemeinschaften, eine Welt, in der kooperierende Individuen leben, die sich und andere achten. Zu einer solchen Form des Miteinander, die nur ohne Druck und Zwang entstehen kann, möchte ich gerne beitragen; und ich kann dies nur, indem ich bereits als ein demokratisch gesinnter Mensch handele und mich auf diese Weise bemühe, die Demokratie am Leben zu erhalten. Das bedeutet: Der Weg ist das Ziel; die Mittel, die mir zur Verfügung stehen, sind ein unmittelbarer Ausdruck des Zwecks, den ich anstrebe. Niemand kann zur Demokratie gezwungen werden, niemand.

PÖRKSEN: Sie befinden sich in der glücklichen Lage, dass man Ihnen an den Akademien und Universitäten dieser Welt Gehör schenkt. Was würde passieren, wenn Ihnen niemand mehr zuhörte? Was würden Sie dann tun?

MATURANA: Was soll dann geschehen? Das ist doch legitim. Manchmal erwähne ich bei einem meiner Vorträge, dass ich dem Katalog der Menschenrechte der Vereinten Nationen noch drei weitere Rechte hinzugefügt habe. Ich plädiere für das Recht, Fehler zu machen, das Recht, die eigene Auffassung zu ändern, und das Recht, in jedem Moment den Raum zu verlassen. Denn wer Fehler machen darf, der kann sich korrigieren. Wer das Recht besitzt, seine Meinung zu ändern, der kann nachdenken. Wer immer auch aufstehen und gehen könnte, der bleibt nur auf eigenen Wunsch.

PÖRKSEN: In Ihrem Aufsatz *Biology of Cognition* entwerfen Sie in den letzten Sätzen das Konzept einer *ästhetischen Verführung*. Was meinen Sie damit? Wie setzt man das Schöne und das Ästhetische ein, um auf eine einladende Weise zu überzeugen?

MATURANA: Die Idee der ästhetischen Verführung basiert auf der Einsicht, dass Menschen Schönheit genießen. Man bezeichnet etwas als *schön*, wenn man sich in den Umständen, in denen man sich befindet, wohl fühlt. Und umgekehrt signalisiert die Auffassung, etwas sei *hässlich* und *unschön*, ein Unbehagen; man stellt eine Differenz zu den eigenen Auffassungen von etwas Ansprechendem und Angenehmem fest. Das Ästhetische umfasst Harmonie und Wohlgefühl, den Genuss des jeweils Vorgefundenen. Ein erfreulicher Anblick verwandelt einen. Wer ein schönes Bild sieht, der schaut es sich immer wieder an, er genießt das Arrangement der Farben, er fotografiert es vielleicht, möchte es womöglich sogar kaufen. Das Leben dieses Menschen transformiert sich in Relation zu diesem Bild, das für ihn zur Quelle einer ästhetischen Erfahrung geworden ist.

PÖRKSEN: Mich interessiert, was die Idee der ästhetischen Verführung für Sie bedeutet, wenn Sie schreiben, Vorträge halten, Interviews geben. Das klingt nun so, als würde ich Sie nach rhetorischen Tricks und Manipulationstechniken fragen. Trotzdem: Was tun Sie, wenn Sie versuchen, einen anderen zu verführen?

MATURANA: Keineswegs gehört es zu meinen Zielen, manipulativ zu verführen oder zu überzeugen. Wenn ich in dieser Weise verführen möchte, dann verschwindet die Schönheit. Wenn ich versuche zu überzeugen, dann übe ich Druck aus und zerstöre die Möglichkeit des Zuhörens. *Druck erzeugt stets Ressentiment.* Wenn ich einen Menschen manipulieren will, dann löse ich Widerstand aus: Manipulation bedeutet, die Beziehung zu einem anderen auf eine Weise zu nutzen, die ihm signalisiert, dass das jeweilige Geschehen ihm nutzt und für ihn von Vorteil ist. Tatsächlich sind es jedoch die sich ergebenden Aktivitäten des Manipulierten, die dem Manipulateur von Nutzen sind. Manipulation heißt somit eigentlich: den anderen betrügen.

PÖRKSEN: Was gilt es dann zu tun?

MATURANA: Der einzige Weg, der mir im Sinne der ästhetischen Verführung bleibt, ist es, ganz und gar der zu sein, der ich bin und keine Diskrepanz zwischen dem entstehen zu lassen, was ich tue, und dem, was ich sage. Natürlich schließt das keineswegs aus, dass man bei einem Vortrag ein bisschen herumspringt und Theater spielt. Aber nicht, um zu überzeugen oder zu verführen, sondern um diejenigen Erfahrungen entstehen zu lassen, die das hervorbringen und sichtbar machen, von dem ich gerade spreche. Die Menschen, die mich in dieser Weise kennen lernen, können dann selbst entscheiden, ob sie das, was sie da vor sich sehen, akzeptieren möchten. Nur wenn keine Diskrepanz zwischen dem Gesagten und dem eigenen Handeln existiert, nur wenn man nichts vortäuscht und erzwingen will, nur dann kann sich die ästhetische Verführung entfalten. Die anderen Menschen, die zuhören oder mitdiskutieren, fühlen sich dann auf eine Weise akzeptiert, die es ihnen erlaubt, sich selbst auch in einer unverstellten und daher für sie angenehmen Weise zu zeigen. Sie werden nicht attackiert, sie werden zu nichts gezwungen, sie können sich, wenn sich ein anderer nackt und ungeschützt zeigt, ebenfalls als diejenigen zeigen, die sie sind. Eine solcher Umgang ist stets auf eine respektvolle Weise verführerisch, weil alle Fragen und Ängste plötzlich legitim werden und sich ganz neue Möglichkeiten der Begegnung eröffnen.

3. Biologie des Erkennens

Das Wahrheitserlebnis

PÖRKSEN: Alles Erkennen ist, so sagen Sie, notwendig beobachterabhängig; absolute Realitätsaussagen verleiten zu Terror; jede Form von Zwang ist abzulehnen. Mein Eindruck ist, dass es sich bei den Überlegungen, die wir bislang besprochen haben, stets in einem sehr weiten Sinn um ethische Annahmen handelt. Wir sprechen über Schlussfolgerungen und Konsequenzen, die um die Behauptung kreisen, dass die objektive Erkenntnis des Realen unmöglich sein muss. Meine Frage ist nun, ob sich Ihre ethischen Forderungen erkenntnistheoretisch begründen lassen. Gibt es Belege, die zeigen, dass Wahrheit immer unerkennbar bleiben wird? Existieren Beweise?

MATURANA: Eine Antwort setzt die Klärung dessen voraus, was wir unter einem Beweis verstehen wollen. Was bedeutet es eigentlich, etwas als falsch oder richtig zu bezeichnen? Ist eine Hypothese bewiesen, weil sie zu dem passt, was ich denke? Bin ich vielleicht nur aufgrund dieser Übereinstimmung der so genannten Belege mit meinen eigenen Vorannahmen bereit, zuzuhören und dem Beweisverfahren Glauben zu schenken? Bezeichnet man dementsprechend etwas als falsch, weil es nicht mit den eigenen Auffassungen harmoniert? Kann etwas per se falsch oder richtig sein? Welche Kriterien benutzt ein Mensch, um eine Behauptung als bewiesen zu akzeptieren? Meine eigene Antwort auf diese Fragen lautet, dass ich mich als Naturwissenschaftler begreife, der anzugeben vermag, unter welchen Bedingungen etwas geschieht, von dem ich behaupte, dass es geschieht. Ich kann Argumente anführen und Begründungen liefern, die den Bedingungen einer wissenschaftlichen Erklärung genügen, aber was ich sage, ist nicht wahr oder falsch.

Pörksen: Für gewöhnlich versteht man unter einem Beweis oder einer wissenschaftlichen Erklärung jedoch eine überzeugende und vor allem eine unbedingt gültige Form des Belegs: Ein Beweis verwandelt eine Annahme oder eine Hypothese in eine Wahrheit.

Maturana: Dem möchte ich widersprechen. Meiner Auffassung nach handelt es sich bei einem Beweis um das akzeptabel erscheinende Angebot einer Beschreibung, die das Geschehen, das man beweisen will, hervorbringt und erzeugt. Beweise oder Erklärungen haben nichts mit der Widerspiegelung einer externen Wirklichkeit oder Wahrheit zu tun, sondern sie sind Ausdruck einer zwischenmenschlichen Beziehung: Man schenkt einer Argumentation oder einer Erklärung Glauben, weil sie einem selbst als bewiesen gilt, weil sie auf eine Weise beschrieben wird, die man selbst – aus welchen Gründen auch immer und auf der Basis der unterschiedlichsten Validitätskriterien – für annehmbar hält.

Pörksen: Das Wahrheitserlebnis wäre, so verstanden, eigentlich eine Harmonieerfahrung.

Maturana: Genau. Wenn schließlich die Probleme gelöst erscheinen und die Antworten gefunden sind, dann verwandelt sich das Zweifeln und Suchen in einen Zustand der Zufriedenheit; das Fragen hat ein Ende. Beweise und Erklärungen basieren fundamental auf der Akzeptanz, die ihnen durch eine Person oder eine Gruppe von Menschen zuteil wird. Sie verändern eine Beziehung. Wenn wir etwas hinnehmen, wenden wir bewusst oder unbewusst stets ein bestimmtes Validitätskriterium an, um über die Akzeptabilität des Bewiesenen und Erklärten zu entscheiden.

Epistemologie eines Experiments

Pörksen: Sie schreiben in Ihren Büchern von Experimenten mit Fröschen, Salamandern und Tauben. Sie haben die Wahrnehmung dieser Tiere studiert; Ihre erkenntnistheoretischen Einsichten verdanken sich der Arbeit im Labor. Handelt es sich bei diesen Studien lediglich um eine Illustration der Annahme, dass man die wirkliche Welt nicht zu erkennen vermag? Oder geht es doch um mehr?

MATURANA: Diese Experimente weisen auf meine Geschichte und meine Erfahrungen hin, die ich als Wissenschaftler gemacht habe; sie sollten nicht als Wahrheitsindizien aufgefasst werden, sondern sie schildern die Ausgangspunkte und den Weg meines eigenen Denkens. Wenn ich von den Experimenten mit den Fröschen, den Tauben oder den Salamandern spreche, dann verweise ich damit auf die Umstände, in denen sich meine jeweiligen Annahmen herausgebildet haben. Es offenbaren sich die Bedingungen, die mich selbst dazu geführt haben, die tradierten Pfade der Wahrnehmungsforschung zu verlassen und das herkömmliche System der erkenntnistheoretischen Fragen zu verändern.

PÖRKSEN: Können Sie die Geschichte Ihrer eigenen Umorientierung am Beispiel eines solchen Experiments illustrieren?

MATURANA: Ich möchte eine Reihe von Versuchen herausgreifen, die der amerikanische Biologe Roger Sperry in den 40er-Jahren gemacht hat. Roger Sperry nahm Salamandern ein Auge heraus, er durchtrennte den Sehnerv und setzte es dann um 180 Grad versetzt vorsichtig wieder in die Augenhöhle ein. Der Sehnerv regenerierte sich; und die Sehfähigkeit der Tiere, denen er das Auge herausgenommen und erneut eingesetzt hatte, kehrte nach einiger Zeit zurück. Alles heilte wieder, jedoch mit einem entscheidenden Unterschied: Die Salamander schleuderten ihre Zunge, um etwa einen Wurm zu fangen, mit einer Abweichung von 180 Grad. Diese feststellbare Abweichung entsprach exakt dem Grad der Drehung des Auges, die man vorgenommen hatte; die Tiere drehten sich also herum, wenn ein Wurm vor ihnen lag, und schleuderten dann ihre Zunge heraus.

PÖRKSEN: Was sollten diese Versuche zeigen oder belegen? Was war das Ziel?

MATURANA: Roger Sperry wollte mit diesen Experimenten herausfinden, ob der Sehnerv in der Lage ist, sich zu regenerieren, und ob die Nervenfasern des Sehnervs wieder mit den ursprünglichen Stellen im Gehirn verwachsen. Die Antwort heißt: Das geschieht. Des Weiteren wollte er in Erfahrung bringen, ob es dem Salamander möglich ist, sein Verhalten zu korrigieren, ob er lernfähig ist – und beim wiederholten Züngeln erneut den Wurm trifft, um ihn dann zu fressen. Die Antwort lautet in diesem Fall: Nein, das ist nicht möglich; die Tiere züngeln immer mit einer Abweichung von 180 Grad; sie verhungern, wenn sie nicht gefüttert werden. Als ich selbst von diesen Experimenten hörte und sie wiederholte, wurde mir jedoch klar, dass Roger Sperry eine irreführende Frage stellte, die das beobachtbare Phänomen eher verdeckte.

PÖRKSEN: In welcher Hinsicht war sein Forschungsziel irreführend?

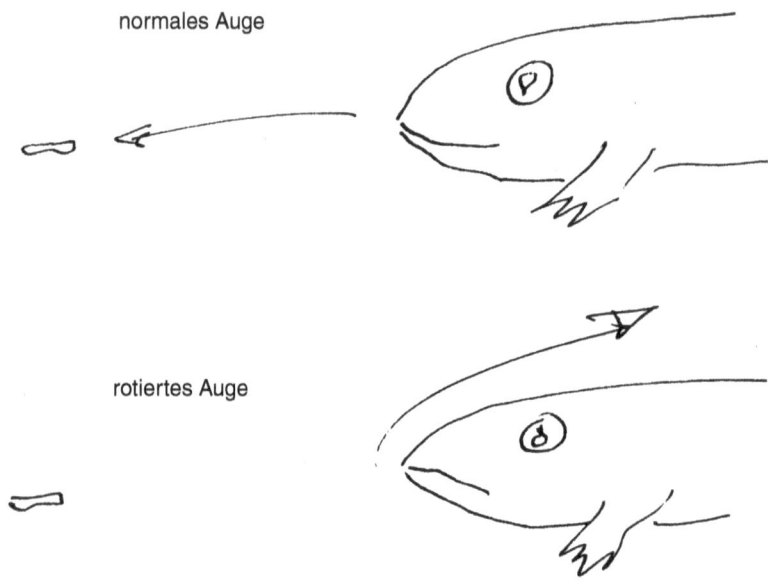

Abb. 4: *Die Abbildung zeigt zwei Salamander. Vor jeden hat ein Beobachter einen Wurm platziert. Der Salamander mit dem normalen Auge schleudert seine Zunge auf den angebotenen Wurm, erbeutet und frisst ihn. Das Auge des anderen Salamanders wurde rotiert; wenn der Beobachter ihm von vorne einen Wurm anbietet, schleudert er seine Zunge nach hinten. (Zeichnung von Humberto R. Maturana)*

MATURANA: Er ging von der Annahme aus, dass der Salamander mit seiner Zunge auf einen sich in der Außenwelt befindenden Wurm zielt. Seine Frage implizierte, wie dies Gregory Bateson sagen würde, eine ganze Epistemologie, eine bestimmte Weltsicht. Man setzt nämlich unausgesprochen voraus, dass das externe Objekt in Form einer Information über Lage und Gestalt im Gehirn des Salamanders verarbeitet wird. Der Salamander macht demgemäß einen Fehler; er verarbeitet die von außen kommende Information nicht mehr korrekt. Mir schien es jedoch viel sinnvoller, das Experiment auf eine ganz andere Weise zu interpretieren: Der Salamander, so behauptete ich, korreliert die Aktivitäten des Nervensystems, die zur Bewegung und dem Herausschnellen der Zunge führen, mit den Aktivitäten eines bestimmten Abschnitts der Retina. Wenn sich ihm das Bild eines Wurmes zeigt, dann schleudert er seine Zunge heraus; er zielt nicht, wie dies einem externen Beobachter scheinen mag, auf einen Wurm in der Außenwelt. Die Korrelation, die hier vorliegt, ist intern. So gesehen, ist es keineswegs verwunderlich, dass er sein Verhalten nicht ändert, dass er nicht lernt.

PÖRKSEN: Aber unter normalen Verhältnissen zeigt sich doch ein systematischer Zusammenhang zwischen der Welt und der Wahrnehmung: Wenn man den Salamander nicht operiert und sein Auge künstlich verändert, dann trifft er den Wurm.

MATURANA: Das ist korrekt – und man muss sich dann fragen, wie es eigentlich dazu kommt, dass ein Salamander mit einem Nervensystem, das interne Korrelationen herstellt, in der Regel, wenn er seine Zunge herausschnellen lässt, einen Wurm oder ein anderes kleines Tier mit äußerster Genauigkeit erbeutet. Das Experiment offenbart in der Abweichung eine Normalität, es lässt einen über die Bedingungen nachdenken, die ebendieser Normalität zugrunde liegen. Wie kommt es, dass sich für gewöhnlich tatsächlich ein Wurm an ebenjener Stelle befindet, auf die dann die Zunge des Salamanders trifft? Die Erklärung findet sich in der Tatsache, dass der Salamander und der Wurm normalerweise zu einer gemeinsamen Geschichte und einem Prozess der Evolution gehören, aus dem sich ein sehr fein austariertes Verhältnis der Übereinstimmung und der wechselseitigen Veränderung ergeben hat, eine strukturelle Kopplung zwischen Organismus und Medium. Die Möglichkeit, die ein externer Beobachter hat, Merkmale der äußeren Welt (z. B. eben das Vorhandensein eines Wurms) mit den Aktivitäten eines Organismus zu korrelieren, beweist aber nicht, dass der Organismus diese Merkmale benutzt, um sein Verhalten an ihnen auszurichten.

PÖRKSEN: Wie haben Sie selbst die verborgene Epistemologie des Experiments von Roger Sperry entdeckt? Und: Welche Erfahrungen oder Beobachtungen haben Sie dann zu der empirisch fundierten Erkenntnistheorie geführt, die Sie heute vertreten?

MATURANA: Es war 1955 in England, als ich Roger Sperrys Versuche wiederholte – und es dauerte noch mal etwa zehn Jahre, bis ich begriff, was ich da eigentlich tat und was mir bislang verborgen geblieben war: Erst dann verstand ich die Arbeitsweise des Nervensystems, sein Operieren mit internen Korrelationen. Als ich 1965 in Chile Experimente zur Farbwahrnehmung von Tauben machte, ging ich nämlich ursprünglich von ganz ähnlichen Vorannahmen aus wie Roger Sperry: Mein Ziel war es zu zeigen, wie die Farben in der Außenwelt, die ich, um die Wiederholbarkeit meiner Versuche zu sichern, in den Begriffen ihrer spektralen Zusammensetzung näher bestimmt hatte, mit den Aktivitäten der Retina korreliert sind. Ich wollte herausfinden, welchen Zusammenhang es zwischen dem Rot, dem Grün und dem Blau und den Aktivitäten der Retina bzw. den retinalen Ganglienzellen gibt. Was löst das rote, das grüne und blaue Objekt aus?

PÖRKSEN: Auch Sie waren der Auffassung, dass ein äußeres Objekt bestimmt, was im Inneren des Organismus geschieht.

MATURANA: Ganz genau. Damals erwartete ich, dass sich eine eindeutige Korrelation zwischen der Farbe und den Aktivitäten der Tauben-Retina nachweisen lassen würde, da ich in vergleichbaren Versuchen bereits gezeigt hatte, dass sich die Aktivitäten in bestimmten Zellen mit einer spezifischen Gestalt in Verbindung lassen. Also machte ich zahlreiche Versuche – und war doch gleichwohl nicht in der Lage, die von mir prognostizierte Korrelation zu belegen: Bestimmte Zellen oder Zellgruppen, die in besonderer Weise auf eine spektrale Zusammensetzung reagierten, waren einfach nicht zu finden.

WARUM DAS NERVENSYSTEM GESCHLOSSEN IST

PÖRKSEN: Das ist eine exemplarische Situation, mit der sich jeder, der eine Hypothese testen will, konfrontiert sieht. Man kann dann einfach weitermachen, die eigenen Annahmen innerhalb des vorgegebenen Rahmens verändern oder aber eine ganz andere, eine neue Hypothese entwickeln. Was haben Sie getan?

MATURANA: Zuerst dachte ich mir, dass meine Aufzeichnungen noch nicht genau genug wären, und wollte sie verfeinern, arbeitete also an der Verbesserung meiner Aufzeichnungsgeräte. Damals ging ich folgendermaßen vor: Den Tauben wurden Farbtafeln gezeigt, und gleichzeitig zeichnete ich die Aktivitäten der retinalen Zellen mithilfe feiner Elektroden auf. Es erwies sich aber auch im Verlauf immer neuer Experimente, dass sämtliche Zellen mehr oder weniger auf alle spektralen Zusammensetzungen reagierten. Aus den geringfügig unterschiedlichen Reaktionsweisen ließ sich keine Korrelation zwischen den Aktivitäten von bestimmten Zellen oder Zellgruppen und der spektralen Zusammensetzung der Farben herauslesen. Die marginalen Differenzen in der Reaktionsweise waren nicht aussagekräftig.

PÖRKSEN: Wenn man dieses Experiment zur Farbwahrnehmung der Tauben mit dem auffälligen Verhalten des operierten Salamanders vergleicht, dann sieht man sich mit der gleichen Situation konfrontiert: Stets geht es um externe Determinanten – farbige Gegenstände und sich bewegende Würmer – des Inneren.

MATURANA: Das ist der Punkt. Und es offenbart sich, dass jedes Experiment eine besondere Weltbetrachtung enthält, eine ganze Epistemologie oder Kosmologie, ein Bündel von Erwartungen und Prämissen, die das Vorgehen leiten. Eines Tages merkte ich jedoch, dass sich meine Erwartungen womöglich niemals erfüllen würden, da sich die Korrelation zwischen diesem äußeren Stimulus und der internen Reaktion einfach nicht nachweisen ließ. Erst dann begann ich, Roger Sperrys Experimente und ihre verborgene Epistemologie wirklich zu verstehen und das Nervensystem eines Organismus als geschlossen zu begreifen. Und das war der Wendepunkt, der meinem Denken eine neue Richtung gab.

PÖRKSEN: Wodurch genau wurde diese Verwandlung Ihrer Auffassungen ausgelöst? Was war der Grund? Sie hätten das Scheitern der ursprünglichen Hypothese doch auch einfach hinnehmen und sich einem anderen Thema zuwenden können.

MATURANA: Aber genau dies geschah nicht, sondern ich vollzog eine Umorientierung, die den noch akzeptabel erscheinenden Rahmen einer Veränderung sprengte. Der herkömmliche Weg einer geringfügigen Modifikation der eigenen Annahmen und Vorgehensweisen hätte ja darin bestanden, immer weiter an einer Verfeinerung der Messinstrumente zu arbeiten, immer neue Experimente zu machen, um dann vielleicht eines Tages doch noch zu verwertbaren Ergebnissen zu kommen. Ich tat jedoch etwas vollkommen Neues, was dazu führte, dass manche meiner Universitätskollegen begannen, ernsthaft an meinem Verstand zu zweifeln. Vielleicht sollte ich, so sagte ich mir nämlich, die kurios wirkende Frage erforschen, ob die Aktivität der Retina mit dem Farbnamen, der eine bestimmte Erfahrung bezeichnet, in einem Zusammenhang steht, ob also eine interne Korrelation – zwischen den Aktivitäten der Retina und der Erfahrung, zwischen einzelnen Aktivitätszuständen des Nervensystems – nachweisbar ist. Die Konsequenz bestand in einer folgenreichen Veränderung des Forschungsziels und der herkömmlichen Betrachtungsweise. Plötzlich befand ich mich außerhalb der Tradition der etablierten Wahrnehmungsforschung. Plötzlich tauchten Fragen der Epistemologie auf: Was bedeutet es zu erkennen, wenn man das Nervensystem als geschlossen begreift? Wie lässt sich der Prozess der Kognition verstehen?

PÖRKSEN: Aber ist Ihre Schlüsselidee, die jeweiligen Farbnamen mit den retinalen Aktivitäten zu korrelieren, nicht wirklich etwas seltsam und ziemlich kurios? Namen und Bezeichnungen von Farben sind doch bloß willkürlich, nur konventionell.

MATURANA: Man hielt mich natürlich für verrückt. Das ging so weit, dass man in meiner Vorlesung, wenn ich mich herumdrehte, um etwas an die Tafel zu schreiben, über mich lachte. Ein Freund berichtete mir eines Tages davon. Natürlich war auch mir klar, dass Namen arbiträre Größen sind; gleichzeitig war mir jedoch ebenso bewusst, dass wir dieselbe Farbbezeichnung für äußerst verschiedene spektrale Zusammensetzungen benutzen; die Farbbezeichnung weist also auf unser eigenes Erleben hin, sie ist der Indikator einer Erfahrung. Zu belegen galt es daher, dass die Aktivitäten der Retina bzw. der retinalen Ganglienzellen mit der spezifischen Erfahrung, für die der Farbname steht, korreliert sind. Und genau das konnte ich zeigen.

PÖRKSEN: Was ist dann eine Farbe?

MATURANA: Sie ist nichts Externes, sondern etwas, das in einem Organismus – lediglich durch eine äußere Lichtquelle ausgelöst – geschieht. Eine Farbe ist das, was man sieht, was man erfährt. Die Farbbezeichnung verweist auf ein besonderes Erlebnis, das jemand in bestimmten Situationen, unabhängig von der jeweiligen spektralen Zusammensetzung des Lichts, hat. Mein Ansatz bestand also darin, die Aktivität des Nervensystems mit der Aktivität des Nervensystems zu vergleichen, die Aktivität des Nervensystem auf sich selbst zu beziehen und es als geschlossen aufzufassen. Es ging nun um eine interne Korrelation.

PÖRKSEN: Auch eine solche Idee klingt zunächst seltsam, fremdartig. Die klassische Vorstellung besagt doch, dass es sich bei dem Nervensystem eines Organismus um ein offenes System handelt: Die Rezeptoren reagieren auf die Stimulation durch externe Reize, diese werden dann weiterverarbeitet. Und im Ergebnis entsteht ein mehr oder minder naturgetreues Abbild der wirklichen Welt.

MATURANA: Wer meine Auffassung teilt und sie als Grundlage seiner eigenen Überlegungen akzeptiert, der muss sich zunächst von einer irrigen Interpretation des Konzepts der Informationsverarbeitung verabschieden, das einst in der Biologie verbreitet war, aber doch unser Verständnis des Nervensystems nicht entscheidend befördert hat: Zum herrschenden Glauben gehörte es lange Zeit, dass das Nervensystem eines Organismus eine von außen kommende Information verarbeitet, um dann im Ergebnis ein angemessenes Verhalten dieses Organismus zu erzeugen. Die in der äußeren Welt angesiedelte Informationsquelle würde also, so die Annahme, die Struktur des Organismus auf eine Weise modifizieren, die schließlich – bezogen auf die externen Umstände – adäquates Verhalten generiert. Aber eine solche Vorstellung führt einen überhaupt nicht weiter; das Nervensystem funktioniert so nicht.

PÖRKSEN: Wie würden Sie beschreiben, was geschieht? Was passiert aus Ihrer Sicht?

MATURANA: Wenn Licht von einem Objekt, das wir als Beobachter als ein äußeres Objekt beschreiben, die Retina erreicht, dann wird hier eine Aktivität angeregt, die in der Struktur der Retina selbst (und nicht in der Struktur der Lichtquelle, nicht in der Struktur der Welt) beschlossen liegt; die Außenwelt vermag im Nervensystem eines Organismus lediglich Veränderungen auszulösen, die durch die Struktur des Nervensystems determiniert werden. Die Konsequenz lautet, dass diese Außenwelt prinzipiell überhaupt keine Möglichkeit besitzt, sich dem Nervensystem in ihrer ureigentlichen, ihrer wahren Gestalt mitzuteilen.

PÖRKSEN: Was bedeutet das? In welcher Weise inspiriert oder zwingt einen der Abschied von der Idee der Informationsverarbeitung dazu, anders über die äußere Welt, den Organismus und das Nervensystem nachzudenken und zu sprechen?

MATURANA: Die gesamte Betrachtung ändert sich. Man kann nicht mehr auf jene Beschreibungen zurückgreifen, die das Nervensystem so darstellen, als ob es die Repräsentationen einer äußeren Welt errechnen und von außen kommende Informationen verarbeiten würde, aus denen sich dann das passende Verhalten und die adäquate Reaktion des Organismus ergeben; das Nervensystem erscheint als ein strukturdeterminiertes Netzwerk mit seiner eigenen Operationsweise. In ihm wird eine Veränderung lediglich ausgelöst, nicht jedoch einseitig durch die Merkmale und Eigenschaften der äußeren Welt determiniert und bestimmt. Es errechnet allein seine eigenen Übergänge von Zustand zu Zustand. Wer sich dieser Einsicht anschließt, der muss konzeptionell streng zwischen den im Inneren ablaufenden Operationen des Nervensystems und den äußeren Vorgängen unterscheiden – und sich vor Augen führen, dass es für dieses Nervensystem kein Innen und kein Außen gibt, sondern nur einen endlosen Tanz interner Korrelationen in einem geschlossenen Netzwerk interagierender Elemente; innen und außen existieren nur für den Beobachter, nicht aber für das System selbst.

DER DOPPELTE BLICK

PÖRKSEN: Führt eine solche Deutung des neuronalen Geschehens nicht aber unvermeidlich zu einer biologisch begründeten Leugnung der äußeren Welt? Wiederum liegt, wenn ich Ihnen so zuhöre, der Verdacht des Solipsismus nahe: Das Nervensystem existiert, wenn ich Sie korrekt interpretiere, in vollkommener kognitiver Einsamkeit. Es schwebt wie in einem Vakuum dahin.

MATURANA: Die Klassifikation meiner Auffassung als solipsistisch muss ich erneut zurückweisen. Nochmals: Als der Beobachter, der ich bin, leugne ich die Erfahrung einer äußeren Welt, die Erfahrung des gemeinsamen Gesprächs, die Erfahrung, dass der andere existiert, nicht; ich bestreite jedoch vehement, dass sich die Operationen des Nervensystems sinnvoll auf diese äußere Welt und ihre Merkmale beziehen und aus ihr ableiten lassen. Das Nervensystem operiert als ein geschlossenes Netzwerk wechselnder Relationen neuronaler Aktivitätszustände, die stets zu weiteren sich verändernden Relationen neuronaler Aktivitätszustände führen. Es existieren für sein Operieren als System lediglich die eigenen, die inneren Zustände; nur der Beobachter vermag ein Innen und ein Außen oder einen Input und einen Output zu unterscheiden und in der Folge die Einwirkung des äußeren Stimulus auf das Innere und den Organismus zu behaupten oder umgekehrt eine Einwirkung des Organismus auf die externe Welt zu diagnostizieren. Was als adäquates Verhalten beschrieben wird, ist das Ergebnis einer Beziehung, die der Beobachter festgestellt hat: Er hat die Merkmale einer äußeren Welt auf den Organismus und das Nervensystem bezogen, die jedoch nicht zum Operieren des Organismus und der Operationsweise des Nervensystems gehören.

PÖRKSEN: Aber wer von der Geschlossenheit eines Systems spricht, der kann die Existenz der äußeren Welt doch vernachlässigen, er kann sie abstreiten, leugnen.

MATURANA: Die Annahme der Geschlossenheit bezieht sich auf die interne Dynamik des Nervensystems, sie beschreibt seine Operationsweise und hat mit der Frage, ob es – unabhängig von der Geschlossenheit dieses Systems – noch eine externe Welt gibt oder ob wir die Wirklichkeit als eine Illusion begreifen müssen, nichts zu tun. Das ist jetzt nicht mehr das Problem. Wenn man einmal akzeptiert hat, dass es keine Möglichkeit gibt, überprüfbare Aussagen über eine beobachterunabhängig existierende Realität zu machen, dann hat die fundamentale Veränderung der eigenen Epistemologie bereits stattgefunden: Alle Formen der Betrachtung und des Erklärens erscheinen ab diesem Moment als Ausdruck von Systemoperationen, mit deren Erzeugung man sich nun beschäftigen kann. Es hat sich eine Umorientierung vollzogen, ein Wechsel vom Sein zum Tun, eine Transformation der klassischen philosophischen Fragen.

PÖRKSEN: Die Rede von der Geschlossenheit des Nervensystems und der Außenansicht eines Beobachters führt, wenn ich richtig verstehe, zur Unterscheidung von zwei Perspektiven der Betrachtung. Einerseits beschreibt ein Beobachter äußere Einwirkungen auf ein System und konstruiert Korrelationen zwischen Reiz und Reaktion, Input und Output, Ursache und Wirkung. Und andererseits operiert das System – losgelöst von den äußeren Einwirkungen – auf die ihm eigene Weise.

MATURANA: So ist es. Der Phänomenbereich der Physiologie bzw. der internen Dynamik und der des Verhaltens bzw. der beobachtbaren Bewegungen in einer Umgebung überlappen sich nicht, sie lassen sich nicht aufeinander beziehen. Man kann die Phänomene des einen Bereichs nicht aus denen des anderen ableiten.

PÖRKSEN: Können Sie diese Überlegungen an einem Beispiel verdeutlichen?

MATURANA: Gelegentlich komme ich auf den Blindflug zu sprechen, wenn es darum geht, die interne Dynamik der Operationen eines Systems von dem Geschehen im Bereich der Interaktionen abzugrenzen, in dem das System als Ganzheit agiert. Man stelle sich also einen Piloten vor, der in seiner Flugkabine sitzt und in völliger Dunkelheit die Maschine steuert; er hat keinen unmittelbaren Zugang zur Außenwelt und braucht ihn auch nicht, sondern er handelt auf der Basis von Messwerten und Indikatoren und bedient, wenn sich die Werte verändern und sich bestimmte Kombinationen ergeben, seine Instrumente, stellt also sensorisch-effektorische Korrelationen her, um die angezeigten Werte innerhalb spezifizierter Grenzen zu halten. Wenn das Flugzeug schließlich gelandet ist, dann tauchen womöglich seine Freunde und Kollegen auf, die ihn beobachtet haben. Und sie gratulieren ihm dann zu der geglückten Landung und berichten ihm von dem dichten Nebel und dem gefährlichen Sturm, den er so bravourös überstanden hat; der Pilot ist dann verwirrt – und fragt: „Was für ein

Sturm? Welcher Nebel? Wovon sprecht Ihr? Ich habe einfach nur meine Instrumente bedient!" Es zeigt sich: Das äußere Geschehen war für die sich im Inneren des Flugzeugs vollziehende Dynamik irrelevant und ohne Bedeutung.

PÖRKSEN: Möchten Sie mit diesem Beispiel des Piloten auch andeuten, dass wir alle in unseren eigenen Flugkabinen bzw. in unserer eigenen Welt eingeschlossen sind? Drastischer: Sind wir als Erkennende wie dieser Pilot? Wenn dem so ist, dann können wir aber, so würde ich behaupten, schon diese Feststellung gar nicht mehr machen. Auch die Grenzen des eigenen Erkennens können nicht erkannt werden, sonst sind sie schon keine Grenzen mehr.

MATURANA: Korrekt. Es gibt nur eine Bedingung, die es uns erlaubt, unsere Blindheit wahrzunehmen: Wir müssen sehen und erkennen, dürfen also zum Zeitpunkt dieser Einsicht in die eigene Blindheit nicht mehr blind sein. Darum geht es jedoch nicht bei diesem Beispiel. Die so genannten Grenzen des Erkennens sind für diesen Piloten in der gegebenen Situation, in der er einfach seine Instrumente bedient, überhaupt nicht vorhanden. Entscheidend ist, dass es einen Beobachter geben muss, der überhaupt von einer Grenze sprechen kann, weil ihm sein eigener Bereich und auch der Bereich der internen Dynamik in der Kabine zugänglich sind; er muss mit einem doppelten Blick das Geschehen im Inneren der Flugkabine mit den Zuständen in der Außenwelt vergleichen, um dann das in den unterschiedlichen Bereichen Gesehene in einem von ihm hervorgebrachten Bereich aufeinander zu beziehen. Seine Feststellungen sind das Resultat dieses doppelten Blicks.

PÖRKSEN: Aber dieser Beobachter, der die Wahrnehmungsgrenze des eingeschlossenen Piloten beschreibt, ist doch dann eigentlich ein Realist: Er erkennt die Wirklichkeit, von der dieser Mann in der Flugkabine nichts weiß; aber er selbst sieht immerhin, was real geschieht.

MATURANA: Woher will dieser Beobachter denn wissen, dass er sich nicht auch in einer Kabine aufhält, in der sich dann eine Welt befindet, in der Piloten in Flugkabinen sitzen, die man mit einem doppelten Blick beobachten kann? Nur wenn er in dieser Frage ein absolut sicheres Wissen besäße, wäre es ihm überhaupt möglich, von der Begrenztheit des Wissens zu sprechen. Nur unter dieser Bedingung wäre er in der Lage, die Grenzen des Erkennens auszumachen, und müsste sich dann, wenn er konsequent weiterdenkt, als den Vertreter einer realistischen Position verstehen, der von irgendwelchen objektiven Gegebenheiten ausgeht. Ich würde dagegen sagen: Dieser Beobachter vergleicht zwei Unterscheidungsbereiche, nicht aber eine wirkliche und eine bloß konstruierte Welt. Wie durch ein kleines Loch in der Wand des Flugzeuges sieht er den Piloten im Inneren agieren; von außen nimmt er dagegen das Flugzeug als eine Gesamtheit in Relation zu seinem Operationsbereich wahr.

PÖRKSEN: Sie sagen: Die These, dass das Nervensystem ein offenes System ist, sei das Ergebnis einer bestimmten Perspektive, die ein Beobachter wählt. Aber ist nicht auch die Behauptung, es sei geschlossen und ließe sich nicht sinnvoll mithilfe von Begriffen wie Input und Output beschreiben, Resultat der Sicht eines Beobachters? Diese beiden Annahmen können doch nicht gleichzeitig stimmen. Sie widersprechen sich fundamental.

MATURANA: Da es sich in der Tat um verschiedene Perspektiven der Betrachtung handelt, erzeugen diese auch unterschiedliche Beschreibungen. Und doch sind beide Vorstellungen nicht gleichermaßen gültig: Wer herausfinden möchte, wie das Nervensystem operiert, und es als ein offenes System begreift, dessen Herangehensweise ist irreführend. Der Beobachter behauptet dann, dass sich seine Operationsweise in Abhängigkeit von einem Input interpretieren lässt. Das, was er in der Außenwelt als einen externen Reiz erkennt, bekommt eine enorme Wichtigkeit und führt ihn dazu, die Eigendynamik des Systems zu übersehen und den Bereich seiner Beschreibungen mit dem Bereich der internen Dynamik des Systems zu vermengen. Eine solche Vermischung der Bereiche stellt jedoch keine angemessene Erklärung der Arbeitsweise des Nervensystems dar. – Wer dagegen das Nervensystem als ein geschlossenes Netzwerk begreift, der vermag seine Operationsweise zu verstehen und zu erkennen, wie strukturelle Veränderungen eines Organismus, der sich mit den jeweiligen Gegebenheiten in Übereinstimmung befindet, zu strukturellen Veränderungen des Nervensystems und schließlich zu einem veränderten Verhalten des Organismus führen. Er redet nicht mehr vom Fluss der Informationen, sondern er fragt sich, wie sich die merkwürdige strukturelle Verbindung zwischen den Aktivitäten des Nervensystems, dem Körper des Organismus und den äußeren Umständen darstellt, die er – als Beobachter – in ihrer Relation zum Organismus sieht.

PÖRKSEN: Was heißt es letztlich, das Nervensystem als geschlossen zu begreifen? Eine völlige Abschottung gegenüber der Umwelt kann damit ja in keinem Fall gemeint sein, da stets ein Austausch von Energie und Materie stattfinden muss. Wenn dieser Austausch aus irgendeinem Grund nicht mehr zustande kommt, dann kollabiert der Organismus und geht zugrunde. Das bedeutet aber, dass sich auch die Einflüsse von außen nicht einfach wegkürzen lassen; jedes Lebewesen ist existenziell von ihnen abhängig.

MATURANA: Nun argumentieren Sie als ein Physiker, ausgehend von den Konzepten der Thermodynamik. Natürlich muss das Nervensystem eines Organismus für den Fluss von Energie und Materie offen sein, das ist doch völlig klar. Sonst sterben die Zellen. Geschlossenheit wird hier also nicht in einem physikalischen Sinn verstanden, sondern bezieht sich auf den Vollzug einer internen Dynamik: Was immer in einem Bereich passiert, geschieht innerhalb dieses Bereichs und verbleibt in ihm; es geht um die Operationen, die ein System durchführt, die seine Grenze bestimmen und es zu einer abgrenzbaren Entität werden lassen. Das bedeutet: Mit Geschlossenheit meine ich im Falle des Nervensystems, dass die Aktivitätszustände stets zu weiteren Aktivitätszuständen führen und von Aktivitätszuständen hervorgerufen werden, die allesamt innerhalb des Netzwerks neuronaler Elemente verbleiben.

ERKENNEN IST LEBEN

PÖRKSEN: Sie haben in diesem Gespräch jene Denkanlässe geschildert, die Ihre eigenen erkenntnistheoretischen Auffassungen vollkommen verwandelt haben. Nun möchte ich Sie fragen, wie man den Prozess des Erkennens versteht und beschreibt, wenn man das Nervensystem als ein geschlossenes Netzwerk versteht, das allein nach internen Gesetzen operiert. Was heißt: erkennen?

MATURANA: Erkennen begreife ich als die Beobachtung eines adäquaten Verhaltens in einem bestimmten Bereich, nicht als die Repräsentation einer an sich existierenden Wirklichkeit, nicht als einen Vorgang des Errechnens nach den Bedingungen der Außenwelt. Wenn sich ein Tier oder ein Mensch in angemessener Weise verhält und sich in Kohärenz mit den besonderen Umständen befindet bzw. wenn ein Beobachter zu der Auffassung gelangt, dass er ein adäquates Verhalten in einer von ihm beobachteten Situation wahrnimmt, dann spricht dieser Beobachter davon, dass dieses Tier oder dass dieser Mensch erkennt, dass es oder er Wissen besitzen; Wissen ist somit – nochmals anders formuliert – das von einem Beobachter als angemessen eingestufte Verhalten in einem bestimmten Bereich.

PÖRKSEN: Ihre Beschreibung des zirkulären Erkenntnisprozesses mündet in eine zirkulär angelegte Definition des Erkennens und des Wissens, in der sich die gesamte Architektur Ihrer Theorie noch einmal spiegelt: Auch das Erkennen wird von einem Beobachter erkannt und festgestellt; Wissen erscheint als ein beobachterunabhängiges Konstrukt, nicht jedoch als eine objektive Größe.

MATURANA: Das ist die Idee, ganz genau. Es ist ein Beobachter, der die Interaktion eines Organismus mit seiner Umgebung in dieser Weise interpretiert, der ein adäquates Verhalten feststellt; er ist es, der dem beobachteten System Wissen zuschreibt und dessen Handlungen als ein Indiz kognitiver Operationen bewertet, weil er diese für angemessen und passend hält. Auch die Aufrechterhaltung des Lebens ist in diesem Sinne Ausdruck des Erkennens, Manifestation eines adäquaten Verhaltens im Bereich der Existenz. Aphoristisch gesagt: *Leben ist Erkennen. Und Erkennen ist Leben.*

4. Von der Autonomie der Systeme

Grenzen der externen Determinierung

Pörksen: Sie haben sich im Zuge Ihrer erkenntnistheoretischen Umorientierung durch Experimente belehren lassen. Das ist aber auch die klassische Vorgehensweise, der ein Realist folgt: Er hat eine Hypothese, er probiert sie aus, sie stimmt nicht – und er variiert sie. Es sind die Umstände, es ist die reale Welt, die ihn dann zwingt, seine Auffassungen zu ändern. Ist der Weg und die Richtung Ihres Denkens nicht eigentlich realistisch?

Maturana: Das ist ein interessanter Punkt. Natürlich könnte man sagen, dass ich als ein Realist agierte, der die herkömmlichen Probleme der Erkenntnistheorie auf eine Weise veränderte, die ihn selbst zur Ablehnung des Realismus führte. Aber darum geht es nicht primär. Ich würde sagen: Es war ein Naturwissenschaftler, der hier arbeitete, nicht ein Philosoph, der sich mit der möglichen Existenz und dem Grad des Einflusses einer externen Realität beschäftigte. Diese Unterscheidung zwischen Philosophie und Naturwissenschaft, die ich nun vorschlage, basiert auf der Frage, was der Philosoph oder der Naturwissenschaftler, der eine Theorie entwickeln möchte, zu bewahren trachtet. Es sind unterschiedliche Absichten im Spiel.

Pörksen: Wie sehen diese aus? Können Sie die Unterscheidung von Philosophie und Naturwissenschaft noch ausführlicher kommentieren?

Maturana: Philosophische Theorien entstehen, so behaupte ich, wenn man versucht, bestimmte Erklärungsprinzipien, die man a priori annimmt, zu erhalten. Das Interesse an der Bewahrung von Prinzipien und ihrer Kohärenz erlaubt es, auf die Beachtung des Erfahrbaren zu verzichten. Naturwissenschaftliche Theorien bilden sich dagegen heraus, wenn man Kohärenzen mit dem Erfahrbaren aufrechterhalten möchte; und dementsprechend ist der Naturwissenschaftler in der Lage, auf Prinzipien zu verzichten, sie zu verflüssigen – und eine naturwissenschaftliche Theorie zu entwerfen. Genau das habe ich getan: Ich ging von Kohärenzen mit dem Erfahrbaren aus, ich untersuchte die Farbwahrnehmung von Tauben, beschäftigte mich also mit den Operationen eines lebenden Systems, dem ich Schreckliches zufügte, um es zu erforschen. Ob prinzipiell eine externe Realität existiert, war für mich nicht weiter wichtig. Das war nicht mein Problem.

PÖRKSEN: Sind Experimente und Erfahrungen vorstellbar, die Ihre jetzigen Annahmen widerlegen und Sie wieder auf den Pfad des Realismus zurückführen?

MATURANA: Ich wäre nur dann bereit, meine Auffassungen aufzugeben, wenn der Strukturdeterminismus, dem alle Systeme unterliegen, nicht mehr wirksam wäre: Was in allen Systemen vor sich geht, ist, so muss man sich vergegenwärtigen, notwendig durch ihre Struktur bestimmt, nicht aber durch externe Einflüsse determinierbar.

PÖRKSEN: Wie möchten Sie eine solche These verstanden wissen? Welchen Wahrheitsstatus hat sie? Stimmt sie gar in einem emphatischen Sinne?

MATURANA: Natürlich nicht. Die Annahme, dass lebende Systeme strukturdeterminiert sind, ist keine Behauptung, die sich in irgendeiner Weise auf eine vermeintlich beobachterunabhängige Realität bezieht, sondern es handelt sich hier um eine Abstraktion, die sich aus den erfahrbaren Kohärenzen eines Beobachters ergibt: Abstrahieren heißt ja, dass man die Regelhaftigkeit eines Geschehens begreift und formuliert – und zwar ohne auf die konkret involvierten Elemente einzugehen. Wenn ich von dem Strukturdeterminismus eines Systems spreche, dann beschreibe ich keine ontische oder ontologische Gegebenheit und auch keine Wahrheit, sondern ich präsentiere eine Abstraktion meiner Erfahrungen als ein Beobachter.

PÖRKSEN: Was meinen Sie mit *Strukturdeterminismus?* Wie würden Sie den Begriff definieren?

MATURANA: Wenn Sie – beispielsweise – die Taste Ihres Aufnahmegeräts drücken, um unser Gespräch aufzuzeichnen, und dafür Ihren Zeigefinger benutzen, dann erwarten Sie, dass das Gerät aufnimmt. Wenn es dies nicht tut, dann werden Sie wohl kaum einen Arzt aufsuchen, um die Funktionsfähigkeit Ihres Fingers untersuchen zu lassen. Sie werden vielmehr Ihr Aufnahmegerät zu einem Fachmann bringen, der die Struktur der Maschine versteht – und sie deshalb reparieren kann, sodass sie auf den Druck Ihres Fingers erneut in der gewünschten Weise reagiert. Das bedeutet: Wir behandeln Ihr Aufnahmegerät als eine kleine Maschine, in der alles, was in ihr geschieht, durch ihre innere Struktur determiniert ist. Diese Strukturdeterminiertheit gilt nun für sämtliche Systeme; auch Menschen sind in dieser Weise beschaffen.

PÖRKSEN: Inwiefern? Lässt sich erneut ein Beispiel finden?

MATURANA: Angenommen, Sie gehen zum Arzt, weil Sie unter Bauchschmerzen leiden, dann wird man Sie ausführlich untersuchen – und Ihnen vielleicht den Blinddarm herausnehmen. Auch Sie werden demgemäß als ein strukturdeterminiertes System behandelt: Was Sie an Schmerz vor der Behandlung und an Erleichterung nach der Operation erleben, ist durch Ihre Struktur und die Modifikation dieser Struktur durch den Arzt bestimmt. Allgemeiner formuliert, bedeutet dies, dass das externe Agens, das auf ein beliebiges molekulares System einwirkt, die Effekte zwar auslöst, aber nicht in der Lage ist, sie zu determinieren. Es wird durch die äußere Einwirkung lediglich eine strukturelle Dynamik ausgelöst, deren Folgen aber durch die Struktur des Systems selbst spezifiziert und bestimmt werden.

PÖRKSEN: Stimmt das? Wenn ich Medikamente oder auch Drogen zu unseren Gesprächen mitbringe und wir beide diese einnehmen, dann werden wir sehr ähnliche Erlebnisse haben. Diese Drogen wirken dann auf spezifische Weise.

MATURANA: Völlig korrekt, aber die Gleichartigkeit unserer Erlebnisse widerlegt den Strukturdeterminismus keineswegs. Wenn man

Drogen einnimmt, dann führt man sich Moleküle mit einer bestimmten Struktur zu. Sie gelangen in den Organismus, werden Teil dieses Organismus – und modifizieren die Struktur des Nervensystems. Aber dies geschieht eben notwendig in Abhängigkeit von der Struktur des Nervensystems selbst. Ohne organismusinterne Rezeptoren für diejenige Substanz, die man einnimmt, passiert nichts, überhaupt nichts. Bei einem Rezeptor, so muss man sich vor Augen halten, handelt es sich um eine bestimmte molekulare Anordnung, die strukturell zu der Substanz – z. B. zu einer bestimmten Droge – passt. Auf diese Weise wird dann eine Veränderung innerhalb des Organismus ausgelöst.

ORGANISATION UND STRUKTUR

PÖRKSEN: Vielleicht vernachlässigen wir an dieser Stelle unseres Gesprächs für einen Moment die konkreten Beispiele und wenden uns der grundsätzlichen Frage zu, welche Begriffe, welche andersartige Sprache man verwendet, um von einem so genannten *Reiz*, einem *Stimulus* oder einem *Input* zu sprechen, der das Verhalten eines Lebewesens scheinbar bestimmt. Derartige Vokabeln, die auch unser Alltagsdenken regieren, lassen sich ja nicht mehr gebrauchen, weil man mit ihnen stets eine direkte, eine monokausale Einflussnahme nahe legt.

MATURANA: Das ist richtig; das irrige Konzept einer instruktiven Interaktion muss durch eine alternative Vorstellung korrigiert werden, die besagt: Was immer in einem Lebewesen geschieht, wird durch seine Struktur bestimmt, nicht aber durch die Struktur dessen, was auf dieses einwirkt. Aus der Perspektive eines kommentierenden Beobachters spreche ich deshalb davon, dass ein Lebewesen *Perturbationen* ausgesetzt ist. Der Beobachter nimmt irgendeine beliebige Entität wahr. Und diese wirkt, wie er feststellt, auf das System ein und löst in ihm eine Strukturveränderung aus, die nicht zur Zerstörung des Systems führt bzw. die es ihm erlaubt, seine Organisation zu bewahren. Eine solche Form der Begegnung nenne ich eine Perturbation. Eine andere Möglichkeit besteht darin, dass das System seine Identität verliert, dass es sich auflöst: Dann hat eine destruktive Veränderung stattgefunden. Wenn mich jemand schubst, dann kann ich zu ihm sagen: Perturbiere mich nicht! Wenn er mir dagegen mit dem Hammer auf den Kopf schlägt, so birgt diese Form der Strukturveränderung unmittelbar die Gefahr meiner Vernichtung in sich. Ich sollte korrekterweise daher zu ihm sagen: Zerstöre mich nicht!

PÖRKSEN: Können Sie diese Varianten der Veränderung, denen Menschen, Dinge und Systeme ausgesetzt sind, noch genauer beschreiben?

MATURANA: Dazu passt eine kleine Geschichte. Eines Tages habe ich einem meiner Söhne ein bisschen Werkzeug geschenkt, ihm aber leider kein Holz für seine Tischlerarbeiten gegeben, an dem er seine neuen Werkzeuge hätte ausprobieren können. Als ich von der Arbeit nach Hause kam, hatte er deshalb von meinem Tisch eine Ecke abgesägt, um sich auf diese Weise etwas Holz zu organisieren. „Nun hast du", so sagte ich zu ihm, „die Struktur meines Tisches modifiziert." Der Tisch war nach wie vor benutzbar und in seiner Identität erkennbar. Seine Struktur war verändert, seine Organisation jedoch erhalten geblieben. Einige Monate später hatte mein Sohn, offenbar auf der Suche nach einem Brett, ein großes Stück aus der Tischplatte herausgesägt. In diesem Moment, so war es nun an der Zeit, ihm zu erklären, hatte er nicht nur die Struktur des Tisches verändert, sondern auch seine Organisation zerstört. „Nun habe ich", so sagte ich zu ihm, „keinen Tisch mehr." Das heißt, dass es die Unterscheidung zwischen der Struktur und der Organisation eines Systems erlaubt, genauer zu bestimmen, wie sich ein System verändert. Wenn ich meinen Tisch hätte retten wollen, dann wäre es angebracht gewesen, meinem Sohn dies zu einem früheren Zeitpunkt zu erklären.

Abb. 5: Ein strukturveränderter Tisch, dessen Organisation erhalten geblieben ist. (Zeichnung von Humberto R. Maturana)

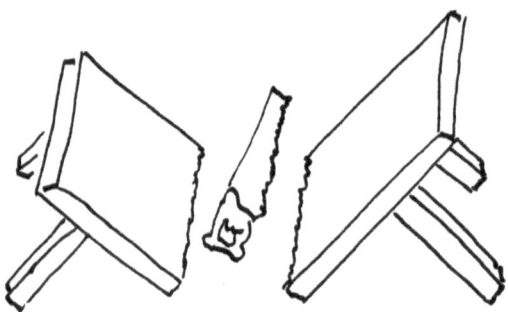

Abb. 6: Die Strukturveränderung des Tisches hat in diesem Fall auch zur Zerstörung seiner Organisation geführt. Der Tisch ist kein Tisch mehr. (Zeichnung von Humberto R. Maturana)

PÖRKSEN: Sie lösen mit dieser Begriffsbildung das klassische Problem von Identität und Wandel, von Stabilität und Transformation: Wie kann etwas, so lautet eine alte Frage der Philosophie, das sich verändert, doch auch gleich bleiben?

MATURANA: Es ist die Unterscheidung zwischen der Struktur und der Organisation, die es einem gestattet, die Art der Veränderung eines beliebigen Systems, das gleichzeitig als dieses System erkennbar bleibt, zu erfassen, flexibel zwischen der Betrachtung von Identität und Wandel hin- und herzuwechseln. Die Struktur, die sich ändern kann und deren Modifikation mit der Bewahrung oder der Zerstörung der Organisation einhergeht, bezeichnet die konkret gegebenen Bestandteile und die Relationen dieser Bestandteile, die eine zusammengesetzte Einheit als eine Einheit besonderer Art konstituieren. Die Struktur einer Einheit macht sie zu einem Einzelfall einer Klasse von Einheiten. Ein Tisch kann durchaus eine unterschiedliche Struktur aufweisen, er besteht beispielsweise aus Holz, Glas, Metall oder aus irgendeinem anderen Material, aber das berührt seine Identität als ein Tisch nicht. Die Organisation von etwas ist dagegen invariant. Es handelt sich um die Relationen zwischen den Bestandteilen, die erkennbar machen, dass eine zusammengesetzte Einheit oder ein System einer bestimmten Klasse zugehörig ist. Ein Tisch ist – unabhängig von seiner besonderen Struktur – in jedem Fall als Tisch erkennbar, weil er eine bestimmte Organisation aufweist. Aber natürlich lässt sich die Struktur eines Tisches, wie dies mein Sohn vorgeführt hat, so stark verändern, dass letztendlich auch die Organisation zerstört wird; der Tisch ist dann nicht mehr in seiner „Tischheit" existent.

PÖRKSEN: Wie muss man jene Spielform der Strukturveränderung bewerten, die Sie eine Perturbation genannt haben? Den Begriff der Perturbation hat man im Deutschen oft mit „Verstörung" oder „Störeinwirkung" übersetzt; die Umwelt wäre demnach eine bloße Irritationsquelle für ein Lebewesen, z. B. für einen Menschen. Das klingt ziemlich negativ. Ich würde dagegen sagen, dass es sich bei einer Perturbation auch um eine glücklich stimmende Inspiration handeln kann.

MATURANA: Natürlich; ein Mensch, den man perturbiert, ist vielleicht inspiriert, womöglich aber auch irritiert, eventuell verstört oder auch erschreckt. Eine systemunabhängige negative oder positive Bewertung einer Perturbation als Störung wäre irreführend. Das gibt der Begriff nicht her.

PÖRKSEN: Lässt sich der Unterschied zwischen der traditionellen Idee von einem Input und einer Perturbation noch genauer erfassen? Worin besteht die zentrale Differenz?

MATURANA: Mit dem Begriff des Inputs verbindet sich die Vorstellung, dass in direkter Weise Einfluss genommen wird, dass etwas aus der äußeren Welt in das System hineingelangt und bestimmt, was in ihm geschieht und abläuft. Eine derartige Auffassung lässt sich einfach nicht halten, weil sie die Möglichkeit einer instruktiven Interaktion behauptet und damit dem Strukturdeterminismus der Systeme widerspricht. Wenn sich eine Perturbation ereignet, findet eine Begegnung zwischen einem System und einer bestimmten Entität statt, die eine Strukturveränderung hervorruft, diese lediglich auslöst, jedoch im Ergebnis das System nicht zerstört. Das Konzept der Perturbation befindet sich im Einklang mit dem Strukturdeterminismus.

PÖRKSEN: Aber man könnte doch sagen: Wer nicht instruktiv intervenieren und direkt manipulieren kann, der weiß einfach noch nicht genug. Er versteht das System *noch* nicht. Offensichtlich haben die Gurus, die Psychotechniker und die erfolgreichen Verkäufer dagegen ein ausreichendes Verständnis, um ein lebendes System – einen anderen Menschen – direkt in seinem Verhalten zu bestimmen. Die Unmöglichkeit instruktiver Interaktion wäre so gesehen eigentlich ein Problem des Wissens und eine Schwierigkeit des Verstehens.

MATURANA: Natürlich lässt sich die Auffassung vertreten, dass es einem aufgrund der eigenen besonderen Einsichten und Fähigkeiten gelingt, eine Perturbation in einen Input zu verwandeln und doch noch eine instruktive Interaktion zu bewerkstelligen. Ein solcher Irrglaube ist aber kein Einwand, der die Strukturdeterminiertheit irgendeines Systems außer Kraft setzt. Nur auf der Ebene ihrer Struktur vermögen sich zwei Systeme zu begegnen; und ihre besondere Struktur – die Bestandteile und die Beziehungen zwischen diesen Bestandteilen – bestimmen, was in dem jeweiligen System in der Folge einer solchen Begegnung vor sich geht. Wenn man analysiert, was die Gurus und die erfolgreichen Verkäufer im Verlauf ihrer manipulativen Handlungen tun, so erkennt man unmittelbar, dass sie stets mit einem besonderen Verständnis der Struktur desjenigen Systems operieren, das sie perturbieren. Sie benutzen die Merkmale des Systems, z. B. die Charakteristika eines Menschen. Sie arbeiten mit den Wünschen und den Bedürfnissen dieses Menschen und lösen aufgrund ihrer Einsicht in einem anderen etwas aus, das in ihrem eigenen Interesse ist.

PÖRKSEN: Ist ein solches Verständnis nicht gefährlich? Wenn man die Logik eines Systems begreift, dann liegt der Gedanke der Manipulation nahe: Die systemische Einsicht wird dann zur Basis einer doch noch erfolgreichen Kontrolle und Machtausübung.

MATURANA: Eine solche Auffassung teile ich nicht. Wer ein System versteht und wer dieses Wissen dann entsprechend benutzt, der agiert, so meine ich, nicht notwendig manipulativ, denn um über eine solche Einschätzung zu entscheiden, muss man die Emotion kennen, die seinen Handlungen zugrunde liegt. Seine Aktivitäten, die vom Verständnis eines Systems getragen werden, ließen sich auch als Ausdruck einer besonderen Weisheit interpretieren. Das heißt: Ich fasse Manipulation nicht als eine bestimmte Handlung auf, sondern begreife sie als eine spezifische Emotion, die einem besonderen Tun Gestalt gibt. Wer manipuliert, der behauptet, dass er etwas für einen anderen tut, während er jedoch in seinem eigenen Interesse handelt.

Er betrügt den anderen, er lügt. Und wer lügt, der weiß, dass er lügt. Darin besteht, wenn man so will, die Schönheit einer Lüge.

PÖRKSEN: Wenn ich unser bisheriges Gespräch über den Strukturdeterminismus auf eine einzige Schlussfolgerung verkürze, so lautet diese: Systeme sind autonom, man kann nur nach ihren eigenen Bedingungen in sie eindringen, nicht aber determinieren, was in ihnen vorgeht und geschieht. Würden Sie dem zustimmen?

MATURANA: Dem stimme ich zu, wenn wir unter Autonomie *Eigengesetzlichkeit* verstehen und nicht meinen, dass sich lebende Systeme von ihrem Medium trennen ließen. Das wäre vollkommen undenkbar. In diesem Sinne gibt es keine Autonomie, da jedes lebende System in einem Medium existiert. Was immer dieses System jedoch beeinflusst, wird von einer internen Dynamik bestimmt, die diesen Einflüssen erst ihre besondere Prägung verleiht. Wenn dieses System schließlich stirbt, so heißt dies, dass es nicht mehr in der Lage war, sein Leben zu erhalten: Es hat seine Autonomie verloren.

VERANTWORTUNG VERSTEHEN

PÖRKSEN: Inwiefern sind auch Menschen autonom? Es wäre sicherlich nicht ganz korrekt, hier von einer vollständigen Freiheit zu sprechen.

MATURANA: Autonomie im menschlichen Bereich bedeutet, dass etwas, das einen ausmacht, erhalten bleibt. Freiheit ist etwas anderes, es handelt sich um eine menschliche Erfahrung, die Reflexion verlangt. Streng genommen gibt es keine Freiheit; streng genommen existieren keine Alternativen, da sich jedes Geschehen und Handeln aus der Übereinstimmung mit den strukturellen Kohärenzen des Augenblicks ergibt. Für einen Menschen, der diese strukturellen Kohärenzen nicht kennt, scheinen sich jedoch immer wieder alternative Handlungsmöglichkeiten zu ergeben: So befindet sich jemand an einer Weggabelung – und kann nun zwischen zwei Straßen wählen. Das sind seine beiden Alternativen zur Fortbewegung, die er als identisch einschätzt, weil er nicht weiß, welchen Weg er eigentlich nehmen soll, welcher der bessere ist. In einer solchen Situation muss er erst eine Differenz erschaffen und die beiden Wege als verschiedenartig sehen lernen, um überhaupt wählen zu können. Vielleicht wirft er eine Münze und gibt auf diese Weise jenen Prozessen Raum, die ihm einen Unterschied offenbaren, der dann in Übereinstimmung mit der strukturellen Kohärenz des Augenblicks die Wahl ermöglicht.

PÖRKSEN: Auch Menschen sind, so Ihre Annahme, strukturdeterminierte Systeme, sie sind zwar autonom, aber deswegen noch nicht frei. Wie können Sie aber, wenn Sie das Moment des Determinismus so stark betonen, noch in einer sinnvollen Weise von Verantwortung sprechen? Meine These ist: Nur wer sich als frei begreift, der kann für sein Handeln Verantwortung übernehmen.

MATURANA: Völlig korrekt. Lebende Systeme können nicht verantwortlich handeln, sie haben keinen Zweck und kein Ziel, sie leben einfach im Fluss der Existenz dahin. Nur Menschen sind es, die im Bereich der Beziehungen Verantwortung übernehmen können, denn sie existieren in der Sprache: Sie besitzen die Fähigkeit, eine bestimmte Handlung als verantwortlich zu beschreiben. Es ist die Sprache, die es ihnen möglich macht und gestattet, die Konsequenzen einer Handlung für andere Lebewesen zu reflektieren und zu unterscheiden. Die Sorge für den anderen wird auf diese Weise präsent – und es entsteht die Möglichkeit des verantwortlichen Handelns.

PÖRKSEN: Aber das setzt doch Freiheit voraus. Wer ethisch handeln will, muss die Freiheit der Wahl und der selbst bestimmten Entscheidung besitzen. Nochmals nachgefragt: Verpflichtet Sie nicht der Schlüsselbegriff des Strukturdeterminismus und Ihr besonderes Verständnis der Autonomie dazu, die Idee der Freiheit und damit die Möglichkeit des verantwortlichen Handelns abzulehnen?

MATURANA: Die Erfahrung der Wahl und der Entscheidung, die wir als Menschen machen, steht nicht im Widerspruch zu unserer Strukturdeterminiertheit; der Mensch bleibt stets ein strukturdeterminiertes System, gleichwohl vermag er aus der Perspektive, die sich ihm in einem Metabereich eröffnet, die Erfahrung machen, dass er die Wahl besitzt. Er befindet sich dann in einem anderen Bereich, in dem er aber nach wie vor als strukturdeterminiertes System operiert. Allerdings handelt es sich bei dieser Erfahrung der Auswahl zwischen verschiedenen Möglichkeiten um ein Spezifikum des Menschen, das Sprache voraussetzt: Wer auswählt, dem muss es möglich sein, zumindest zwei verschiedene Gegebenheiten, die gleichartig erscheinen, zu beobachten und zu vergleichen und dann seine Perspektive auf eine Weise zu verändern, die es ihm gestattet, eine Differenz zwischen diesen Situationen oder Gegebenheiten wahrzunehmen. Zuerst sieht man Identisches; dann ist man blockiert. Die Veränderung von Perspektive und Position erlaubt es, das Identische als etwas Unterscheidbares zu betrachten; dann kann man sich – entsprechend der eigenen Präferenz und Lebensweise – bewegen und jeweils eine der Möglichkeiten vorziehen und andere negieren. Da es sich bei diesem Prozess um einen intentionalen Akt in der Sprache lebender Wesen handelt, ist es möglich, diesen aus der Sicht eines Beobachters als Wahl zu bezeichnen.

PÖRKSEN: Heißt das, dass es erst die Metaperspektive ist, die eine Handlung als einen Akt des Wählens und Entscheidens identifizierbar macht?

MATURANA: Ganz genau, ja. Erst aus dieser Perspektive wird es möglich, etwas als eine Wahl und Entscheidung zwischen verschiedenen Möglichkeiten zu charakterisieren. Es handelt sich um eine Operation auf einer Metaebene, die auf der Fähigkeit basiert, Sprache zu gebrauchen und sich ein Ereignis und seine Folgen bewusst zu machen. Und in diesem Akt der Bewusstwerdung transformieren sich die Phänomene, mit denen man umgeht, in Objekte der Kontemplation: Man gewinnt eine Form der Distanz, die man nicht hat, wenn man ganz und gar in den eigenen Aktivitäten und der Situation aufgeht. Wenn man dies will und für angemessen hält, lässt sich eine Handlung jetzt als *verantwortlich* oder eben als *unverantwortlich* beschreiben.

PÖRKSEN: Können Sie diese Überlegungen an einem konkreten Fall erläutern?

MATURANA: Vor einiger Zeit ging die Meldung um die Welt, dass ein Junge, der gemeinsam mit seiner Mutter in einem kleinen Boot auf dem Weg von Kuba nach Miami war, von Delphinen gerettet wurde.

Aus irgendeinem Grund sank das Boot, und die Frau ertrank. Der Junge wurde jedoch von einer Gruppe von Delphinen, die ihm halfen, an der Wasseroberfläche zu bleiben, vor dem Ertrinken bewahrt und schließlich gefunden. Was diese Delphine getan haben, können wir, die wir in Sprache leben, als *verantwortlich* beschreiben. Die Delphine selbst besitzen nach allem, was wir heute wissen, nicht die Fähigkeit, ihre Aktivitäten in dieser Weise zu kommentieren und darüber zu sprechen, was sich zwischen ihnen und dem auf dem Meer treibenden Jungen abspielte. Wir sind jedoch in der Lage, über die Beziehung zwischen diesen Tieren und dem Jungen zu reden, denn wir operieren im Bereich des Sprachlichen, das uns die Kommentierung gestattet. Wir können das, was hier geschah, als das Bemühen, einen anderen am Leben zu erhalten, charakterisieren. Aus dieser Metaperspektive erscheint dann die Aktivität der Delphine als eine verantwortliche Handlung.

PÖRKSEN: Verantwortlich handeln heißt also, sich um den anderen zu kümmern und dann die eigene Tätigkeit zu beobachten und entsprechend zu klassifizieren.

MATURANA: Exakt. Man ist sich der jeweiligen Umstände bewusst und bedenkt die Konsequenzen der eigenen Aktivitäten. Man fragt sich, ob man der sein möchte, der man ist, indem man tut, was man tut. Im Moment der Selbstbeobachtung verschwinden die Sicherheiten und die Gewissheiten, die man hat, wenn man ohne Reflexion agiert. Wenn man aufgrund der sprachlichen Operation eine Form der Betrachtung und ein Bewusstsein erzeugt hat, die einem die Beobachtung ermöglichen, dann handelt man in einem nächsten Schritt gemäß den eigenen Vorlieben und Präferenzen – und agiert entsprechend verantwortlich. Und wenn man sich in einem weiteren Schritt darum bemüht herauszufinden, ob man die eigenen Vorlieben und Präferenzen schätzt und weiterhin vertreten möchte, dann ist man frei. Mag ich meine Vorlieben? Gefällt mir die Entscheidung, die ich getroffen habe und von der ich soeben gesagt habe, dass sie mir gefällt und meinen Wünschen entspricht? In diesem Moment der Reflexion der eigenen Wahl wird Freiheit zur Erfahrung, obwohl man natürlich nach wie vor als ein strukturdeterminiertes System operiert.

PÖRKSEN: Ich will nochmals nachfragen: Wie kann sich ein strukturdeterminiertes System für die Folgen seines eigenen Handelns verantwortlich fühlen? Wenn ich andere nicht direkt zu steuern und zu beeinflussen vermag, dann werden die Effekte meiner Aktivitäten komplett unberechenbar. Man ist dann mit einem *Paradox der Verantwortung* konfrontiert, soll man doch für etwas verantwortlich sein, dessen Konsequenzen sich überhaupt nicht absehen lassen: Wer Gutes will, löst vielleicht Entsetzliches aus (und umgekehrt).

MATURANA: Der Begriff der Verantwortung ist mehrdeutig: Manche Autoren verstehen unter Verantwortung auch, dass man für jede mögliche Folge einer Handlung geradezustehen habe. Verantwortung heißt dann Verursachung. Verantwortlich handeln ist für mich dagegen eine Bewusstseinsfrage. Ein Einzelner tut oder unterlässt etwas in dem Bewusstsein der möglichen und wünschenswerten Folgen des eigenen Handelns. Die Folgen einer Handlung müssen aus dieser Perspektive nicht bis ins Letzte planbar und berechenbar sein, es können sich auch Konsequenzen ergeben, die einem im Nachhinein selbst als unerwünscht erscheinen. Aus meiner Sicht bedeutet verantwortlich zu sein einfach, dass man sich in einem bestimmten Zustand der Aufmerksamkeit und der Wachheit befindet: Die eigenen Aktivitäten und die eigenen Wünsche stimmen in einer reflektierten Weise überein, das ist alles.

PÖRKSEN: Das Konzept der Verantwortung korrespondiert für Sie nicht mit der Idee, die Folgen einer Handlung planen zu können?

MATURANA: Darauf kommt es nicht an. Etwas zu planen bedeutet, sich Wege und Vorgehensweisen auszumalen, um ein bestimmtes Ergebnis zu erzielen und dann entsprechend die nächsten Schritte, die man wählt, diesem imaginierten Ergebnis unterzuordnen. Die eventuellen Folgen müssen aber nicht eintreten, und vielleicht handelt es sich auch nur um Vorstellungen, die sich jemand macht; entscheidend ist jedoch, dass dieser Mensch, der solche Überlegungen anstellt, verantwortlich lebt, dass er im Bewusstsein der möglichen Konsequenzen seines Handelns agiert. Er ist für das verantwortlich, was er sagt und tut. Aber er ist nicht dafür haftbar zu machen, was andere Menschen mit dem, was er sagt und tut, anfangen.

Ein Wunder wäre nötig

PÖRKSEN: Sie siedeln also die Erfahrung des verantwortlichen Handelns und der Freiheit auf der Ebene der Reflexion an. Auf diese Weise lässt sich, wenn ich richtig verstehe, das Erlebnis der Freiheit mit dem Strukturdeterminismus versöhnen. Wie kann man nun das Phänomen der Überraschung aus Ihrer Perspektive betrachten? Die Rede von den strukturdeterminierten Systemen legt doch zumindest nahe, dass sich eigentlich jedes Verhalten voraussagen und berechnen lässt.

MATURANA: Wer eine Voraussage macht, der spricht von seinen Erwartungen, die er als ein Beobachter hat: Er glaubt, alle Faktoren, die ein System beeinflussen können, zu kennen, und behauptet, dass sich ein bestimmter Zustand aus einem anderen Zustand ergeben wird, der dann ebenfalls unseren Beobachtungen zugänglich ist. Lebende Systeme sind jedoch nicht in diesem Sinne berechenbar, obwohl sie strukturdeterminiert operieren. Strukturdeterminismus impliziert also nicht Vorhersagbarkeit, sondern bezieht sich allein auf die strukturellen Kohärenzen des Augenblicks, die sich fortwährend verändern. Unter der Struktur eines Systems, so möchte ich nochmals in Erinnerung rufen, verstehe ich die Bestandteile und die Beziehungen zwischen diesen Bestandteilen, die es zu einem System besonderer Art machen. Wenn sich die Bestandteile oder die Beziehungen zwischen ihnen ändern, dann transformiert sich die Struktur. Wenn Sie auf Ihrem Stuhl hin und her rutschen, dann verwandeln Sie Ihre Struktur; wenn Sie sprechen oder schweigen und zuhören, dann verändert sich Ihre Struktur. Sie ist nicht starr und fest, sondern wandelt sich permanent.

PÖRKSEN: Was bleibt, ist das Gedankenspiel, unter welchen Bedingungen der Strukturdeterminismus eigentlich nicht mehr wirksam erscheint. Oder anders: Können Sie die Bedingungen angeben, in denen das Tote und das Lebendige nicht mehr dem universalen Strukturdeterminismus unterworfen sind?

MATURANA: Nur das Ereignis eines Wunders verletzt den Strukturdeterminismus. Plötzlich erscheint einem Unmögliches möglich; plötzlich geschieht Unerklärbares und vollkommen Unerwartetes.

Vielleicht ein Beispiel: Man stelle sich einen Menschen vor, der es verdient, ein Heiliger genannt zu werden. Als Beweis seiner Heiligkeit erscheinen häufig Wunder, die er vollbracht haben soll und die wir ihm zuschreiben können. Da ist etwa ein Mensch, der nach den Erkenntnissen der modernen Medizin an einer unheilbaren Krankheit leidet. Er betet zu diesem Heiligen und bittet ihn inständig um seine Hilfe. Und plötzlich wird er zum Erstaunen der Mediziner wieder gesund; sein Leiden verschwindet, er erholt sich. Was ist passiert? Man weiß es nicht, und vielleicht wird es auf ewig unerklärbar scheinen. Ein solches Geschehen offenbart dann das zentrale Merkmal eines Wunders: die scheinbare Aufhebung des Strukturdeterminismus.

PÖRKSEN: Der Philosoph Karl Popper und die Jünger seiner Wissenschaftstheorie verlangen, dass man stets die Bedingungen angibt, die die eigenen Annahmen widerlegen, falsifizieren. Erst dies erhebe eine Behauptung in den Rang einer wissenschaftlichen Hypothese. Wird einem nicht etwas unbehaglich, wenn man sieht, dass der Strukturdeterminismus weitgehend unwiderlegbar ist? Ein einzelnes Wunder, das jemand erlebt haben mag, taugt wohl kaum als ein Gegenbeispiel.

MATURANA: Bitte erinnern Sie sich, dass Karl Popper ja nur möchte, dass man angibt, welche besondere Situation oder welches besondere Phänomen die eigene Hypothese falsifiziert. Man muss sich die Bedingungen der Widerlegung vorstellen können: Das ist die Forderung, die er erhebt. Und genau diesem Anspruch vermag ich zu genügen, indem ich die entscheidende Falsifikationsbedingung benenne: Es ist ein Wunder, das den Strukturdeterminismus ungültig macht. Die Schwierigkeit oder Unmöglichkeit der Falsifikation erscheint auch in der Theorie Karl Poppers nicht relevant, wenn es darum geht zu entscheiden, ob es sich bei einer Annahme um eine wissenschaftliche Hypothese oder Erklärung handelt. Die Erklärung bleibt so lange gültig, bis sie widerlegt wurde.

PÖRKSEN: Rechnen Sie mit der Falsifikation? Erwarten Sie ein Wunder?

MATURANA: Nein. Und ich glaube auch nicht, dass Wunder etwas sind, mit dem sich besonders viel anfangen ließe; sie erscheinen mir als ziemlich unpraktische Ereignisse. Denken Sie nur an die Geschichte des König Midas aus Phrygien, der dem Gott Dionysos zu Diensten war. Sie handelt, satirisch gesprochen, von der Nutzlosigkeit eines Wunders, das den Strukturdeterminismus aufhebt. Dionysos fragte König Midas, was er sich für seine Dienste wünsche. König Midas antwortete, er wünsche sich, dass alles, was er berührt, zu Gold werde. Und so geschah es. Er berührte das Gras – und es wurde zu Gold; er berührte den Tisch – Gold! Er ging glücklich nach Hause, und seine Tochter lief auf ihn zu; er umarmte sie – und sie erstarrte und verwandelte sich in eine goldene Statue. Worin besteht die Tragödie des König Midas? Meine Antwort: Seine Tragödie besteht in der Tatsache, dass er kein analytischer Chemiker werden konnte. Alles, was er berührte, war für ihn dasselbe. Gold.

5. Wie sich geschlossene Systeme begegnen

UNWAHRSCHEINLICHE INTERAKTIONEN

PÖRKSEN: Professor Maturana, seit einer Woche treffen wir uns Tag für Tag zum Interview; manchmal sitzen wir in Ihrem Haus zusammen, dann wieder sehen wir uns in den Räumen der Universität von Santiago de Chile, immer wieder verabreden wir uns auch in Ihrem Institut, das Sie kürzlich mitten in der Stadt gegründet haben. Was geschieht hier? In der Terminologie, die Sie bislang präsentiert haben, müsste man sagen: Ein einzelner, dem Strukturdeterminismus unterliegender Beobachter mit einem geschlossenen Nervensystem trifft auf einen anderen strukturdeterminierten Beobachter mit einem geschlossenen Nervensystem. Wie ist das möglich? Wie können sich zwei geschlossene Systeme – ein Epistemologe aus Chile und ein Journalist aus Deutschland – überhaupt in dieser Riesenstadt Santiago zum Interview treffen? Warum verpassen wir uns nicht permanent? Wieso scheint alles zu klappen?

MATURANA: Der Grund besteht darin, dass sich unsere Begegnungen in einem Bereich der Interaktionen vollziehen, der von dem operationalen Bereich unseres Nervensystems zu unterscheiden ist. Wenn wir uns verabreden und treffen, dann agieren wir als Organismen, als Ganzheiten in einer Sphäre der Beziehungen. Unsere Treffen finden nicht auf der Ebene der internen Operationen des Nervensystems statt; das ist ganz offensichtlich nicht der Ort unserer Begegnung.

PÖRKSEN: Aber bislang haben wir doch allein über *einsame Systeme* gesprochen. Daher liegt der Gedanke nahe, dass wir uns eigentlich permanent missverstehen und uns zumindest dauernd wechselseitig über das eigengesetzliche, das autonome Benehmen des anderen ärgern müssten. Aber das passiert nicht, das geschieht nicht. Wie ist es möglich, diese Einsamkeit zu transzendieren? Wieso können wir uns – als geschlossene Systeme – gleichwohl unterhalten und sogar versuchen, zusammen ein Buch zu schreiben?

MATURANA: Als die Menschen und Säugetiere, die wir sind, haben wir nun einmal die Eigenschaft, dass wir die Gesellschaft eines anderen genießen; Gespräche und gemeinsames Handeln erfreuen uns – und deshalb kehren wir in unserem täglichen Leben immer wieder zu diesen vergnüglichen Formen des Miteinander zurück. Im Bereich der Interaktionen ist die Tatsache, dass wir beide geschlossene Systeme sind, unwichtig; wir bleiben zwar innerlich einsam, aber kreieren gemeinsam einen Bereich, in dem sich unsere Begegnungen ereignen: Unsere Gespräche vollziehen sich im Fluss der Interaktionen und damit in einer Domäne, die von unserem Inneren zu unterscheiden ist.

PÖRKSEN: Auf der einen Seite sind wir, wie Sie sagen, geschlossene Systeme, existieren in einer Sphäre unüberwindbarer Einsamkeit. Auf der anderen Seite treffen wir uns, machen gemeinsame Pläne. Wie geht das zusammen? Diese beiden Positionen widersprechen sich doch.

MATURANA: Nein, die Annahme eines Widerspruchs beruht auf einem Denkfehler; dieser Fehler kommt zustande, weil man zwei Bereiche, die auseinander zu halten sind, miteinander vermischt und versucht, das Geschehen im Inneren des Nervensystems direkt mit den Ereignissen im Bereich der Beziehungen zu verknüpfen. Aber das funktioniert nicht, da man beide Bereiche getrennt betrachten muss; die Geschlossenheit des Nervensystems und das Faktum, dass wir Verabredungen treffen, widersprechen sich somit keineswegs.

PÖRKSEN: Das verstehe ich nicht. Um eine gelingende Verabredung zu bewerkstelligen, muss sich das ursprünglich geschlossene System doch öffnen, es muss gewissermaßen auf Empfang schalten, sich durchlässig machen, in Resonanz treten. Wenn es geschlossen bleibt, geht alles schief.

MATURANA: Dazu eine kleine Analogie: Stellen Sie sich einmal vor, dass Sie sich ein paar neue Schuhe kaufen und anfangen, diese wieder und wieder zu tragen. Ein Jahr später werden sich Ihre Füße und der Zustand Ihrer Schuhe unvermeidlich verändert haben, sie sind nicht mehr dieselben; die Schuhe sind viel bequemer geworden und haben sich doch nicht in irgendeiner Weise mit ihren Füßen vermischt, sondern Schuhe und Füße sind nach wie vor als getrennte und geschlossene Entitäten existent. Sie besitzen eine klar erkennbare Grenze, sind keineswegs füreinander durchlässig geworden. Die Bequemlichkeit, die sich aus der fortwährenden Benutzung der Schuhe ergeben hat, resultiert nicht aus einer Öffnung der Systeme, sondern ereignet sich schlicht und einfach in einem anderen Bereich.

PÖRKSEN: Wie lässt sich, wenn man diese Analogie weiterdenkt, die Interaktion noch genauer beschreiben?

MATURANA: Zentral ist, dass Fuß und Schuh, um bei diesem ganz alltäglichen Beispiel zu bleiben, eine plastische, eine veränderbare Struktur besitzen. Sie transformiert sich in Abhängigkeit von den rekurrenten und rekursiven Interaktionen – und ebendeshalb können sich Fuß und Schuh gemeinsam und in wechselseitiger Übereinstimmung im Laufe der Zeit verwandeln. Der Grad der Kongruenz nimmt zu. Allerdings setzt diese wechselseitige Veränderung voraus, dass man die Schuhe mit einer gewissen Regelmäßigkeit und Häufigkeit benutzt und sich ein Gefühl der Bequemlichkeit einstellt, das einen dazu einlädt, sie immer wieder anzuziehen. Ich behaupte nun, dass man nicht nur die Interaktion von Fuß und Schuh, sondern auch die Begegnung von Menschen oder anderen Lebewesen in dieser Weise beschreiben kann. Die kongruenten Verwandlungen sind – das ist das ganze Geheimnis – das schlichte Resultat von rekurrenten oder rekursiven Interaktionen von Systemen; diese Interaktionen lösen wechselseitig strukturelle Veränderungen aus, die jedoch mit einem Erhalt der Organisation der Systeme einhergeht.

PÖRKSEN: Was damit vorliegt, ist eine Theorie der Interaktion, die der fundamentalen Autonomie der Systeme nicht widerspricht und sich jedem Reduktionismus notwendig verweigert: Wer verschiedene Bereiche und die sich in ihnen ereignenden Phänomene strikt getrennt hält, der kann, so verstehe ich Sie, das Spiel des Reduktionismus – *dies ist eigentlich nichts anderes als jenes* – nicht mehr mitmachen.

MATURANA: Genau. Und plötzlich wird es möglich, Phänomene wahrzunehmen, die sich nicht im Innern eines Systems, sondern eben im Bereich der Beziehungen abspielen, obwohl sie natürlich keineswegs von den internen Merkmalen der interagierenden Systeme unabhängig sind. Schauen Sie sich nur das Mikrofon an, das unsere Gespräche aufzeichnet: Es steht auf dem Tisch bzw. der Tischdecke. Wenn Sie es heute Abend einpacken, werden wir beide eine leichte Eindellung dieser Decke beobachten können, die man als ein Resultat der Interaktion begreifen muss. Die kleine Delle im Stoff ist weder ein internes Merkmal des Mikrofons noch der Tischdecke, hängt aber natürlich von den Charakteristika beider ab – und gehört doch in den Bereich der Beziehungen. Übertragen auf lebende Systeme heißt dies: Das Nervensystem und der gesamte Organismus können geschlossen sein, aber wenn dieser eine plastische, eine sich im Vollzug der Interaktionen verändernde Struktur besitzt, vermag sich eine Beziehungsgeschichte zu entfalten, die sich nicht mit der internen Dynamik des Nervensystems oder des Organismus überlappt (und umgekehrt).

STRUKTURELLE KOPPLUNG

PÖRKSEN: Wie würden Sie nun in Ihrer Sprache beschreiben, was sich zwischen uns ereignet? Was geschieht, wenn wir uns treffen, miteinander sprechen, uns erneut verabreden, um dann wieder miteinander zu diskutieren?

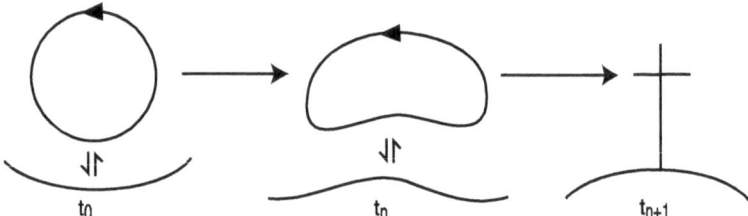

Abb. 7: Diese Abbildung zeigt, wie sich ein lebendes System durch Interaktionen mit seinem Milieu in den verschiedenen Phasen seiner Geschichte verwandelt. Die Verwirklichung des Lebens geschieht in den Interaktionen des Organismus mit seinem Milieu in einem spontanen Fluss struktureller Veränderungen, in dem Organismus und Milieu sich gleichzeitig kongruent so lange verändern, wie der Organismus seine Organisation und seine Anpassung an das Milieu über alle strukturellen Veränderungen hinweg erhalten kann. Diese Dynamik der strukturellen Kongruenz, die Organismus und Milieu in dieser Weise verbindet, wird hier als strukturelle Kopplung bezeichnet.

MATURANA: In meiner Terminologie würde ich sagen, dass die rekurrenten und rekursiven Interaktionen eine *strukturelle Kopplung* erzeugen; mit diesem Begriff bezeichne ich eine Geschichte wechselseitiger Strukturveränderungen, die es ermöglicht, dass ein konsensueller Bereich entsteht, eine Verhaltensdomäne ineinander verzahnter und aufeinander abgestimmter Interaktionen von zwei strukturell plastischen Organismen. Bezogen auf unser Interview: Wir treffen uns immer wieder, befinden uns nicht allein in rekurrenter, sich stetig wiederholender, sondern auch in rekursiver Interaktion. Es sind die gemeinsamen Gespräche, die die Basis weiterer Gespräche bilden; die Elemente unseres Gesprächs beziehen sich somit auf sich selbst und bauen aufeinander auf, ebendas heißt Rekursion. Unsere Treffen lösen in jedem von uns strukturelle Veränderungen aus, und sie finden genau so lange statt, wie wir uns in einer dynamischen Kongruenz befinden, die zu einer strukturellen Kopplung führt. Eine strukturelle Kopplung ist dann gegeben, wenn sich die Strukturen von zwei strukturell plastischen Systemen aufgrund fortlaufender Interaktionen verändern, ohne dass dadurch die Identität der interagierenden Systeme zerstört wird. Im Fluss einer solchen Kopplung bildet sich ein konsensueller Bereich: Das ist, wie gesagt, ein Verhaltensbereich, in dem wir gemeinsam und in wechselseitiger Abstimmung agieren; die Zustandsveränderungen der gekoppelten Systeme sind – allgemeiner formuliert – in ineinander verzahnten Sequenzen aufeinander abgestimmt.

PÖRKSEN: Diese drei Begriffsbildungen – *rekursive und rekurrente Interaktion, strukturelle Kopplung* und *konsensueller Bereich* – enthalten allesamt Antworten und Lösungen. Aber: Welches Problem lösen sie? Auf welche Frage sind sie eine Antwort?

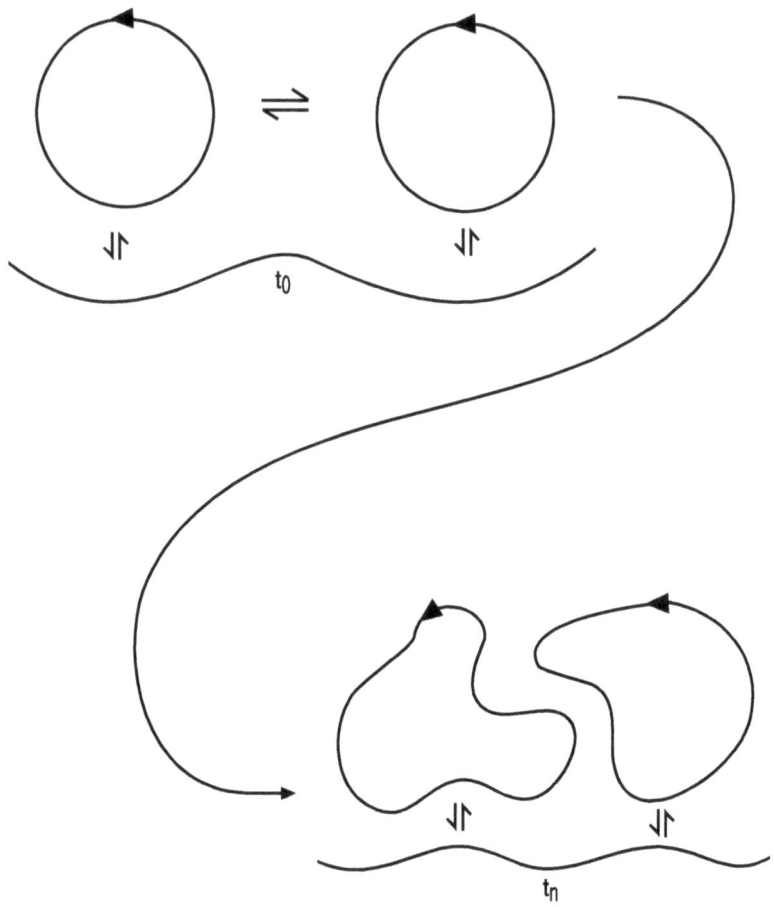

Abb. 8: *Die Abbildung zeigt zwei lebende Systeme und deren Interaktionen in ihrem Milieu.*

MATURANA: Diese Begriffe verstehe ich als die Elemente einer Antwort, die zu folgender Frage gehören: Wie kommt es, dass wir als geschlossene, strukturdeterminierte Systeme in harmonischer Weise interagieren können? Da sämtliche Systeme strukturdeterminiert sind, vermag ein externes Agens nicht zu determinieren, was in ihnen geschieht: Die Veränderung wird zwar von dem perturbierenden Agens ausgelöst, aber von der Struktur des perturbierten Systems determiniert. Instruktive Interaktionen sind ein Ding der Unmöglichkeit. Natürlich kann eine äußere Einwirkung auch dazu führen, dass sich das System auflöst, also seine Organisation verliert, aber es ist auch möglich, dass die Systeme – aufgrund einer strukturellen Veränderung – nicht mehr in Kontakt bleiben oder aber dass sie eben weiterhin miteinander interagieren, indem sie irgendeine Form des Zusammenhalts bewahren und ihre Organisation erhalten. Diese letzte Variante der Interaktion ist es, die uns hier beschäftigt.

PÖRKSEN: Worin besteht die Basis einer solchen Begegnung, eines solchen fortlaufenden Kontakts der Systeme?

MATURANA: Es muss eine strukturelle Kongruenz geben. Um erneut ein ganz alltägliches Beispiel herauszugreifen: Wer ein verschlossenes Zimmer betreten will, ohne die Tür aufzubrechen oder das Schloss zu zerstören, der braucht dafür den richtigen Schlüssel, um sich in diesen neuen Bereich zu begeben. Schlüssel und Schloss benötigen daher, so würde ich dies formulieren, notwendig eine kongruente Struktur.

PÖRKSEN: Ist das die Antwort auf die Frage, wie man in ein geschlossenes System eindringt? Das Motto wäre dann: Finde den passenden Schlüssel!

MATURANA: Worauf es ankommt, ist eine besondere Beziehung zwischen dem Schloss und dem Schlüssel, die in diesem Fall das Ergebnis planvoller Herstellung ist: Irgendwer hat Schlüssel und Schloss in dieser Weise gebaut. – Wenn sich jedoch beispielsweise ein junger Mann und eine junge Frau finden und sich etwa nach vielen nicht weiter wichtigen Begegnungen mit anderen Menschen urplötzlich ineinander verlieben, dann vollzieht sich etwas sehr Ähnliches wie in der Analogie vom passenden Schlüssel: Sie sehen einander an – und bleiben zusammen. Ihre in besonderer Weise kongruente Struktur, die den Genuss ihrer Begegnung ermöglicht, ist das Ergebnis der Evolutionsgeschichte, die vor vielen Milliarden Jahren begann.

DER MYTHOS GELINGENDER KOMMUNIKATION

PÖRKSEN: Aber warum wollen Sie nicht, um beispielsweise die Interviewverabredung von zwei Menschen zu erklären, auf die gängigen

Kommunikationsmodelle zurückgreifen? Sie haben immerhin den Vorteil, dass sie sehr einfach und sehr einleuchtend sind: Man sieht einen Sender und einen Empfänger und einen Kommunikationskanal, der beide verbindet. Die Kommunikation und wechselseitige Orientierung funktionieren dann über ein sprachliches oder nichtsprachliches Zeichen- oder Symbolsystem, das in jedem Fall der Informationsübertragung dient.

MATURANA: Natürlich lässt sich beschreiben, wie wir beide in einem bestimmten Moment des Tages den Telefonhörer abnehmen, uns im Kalender Notizen machen und dann schließlich wieder auflegen. Selbstverständlich kann ich diese beobachtbaren Handlungen mit Hilfe gängiger Kommunikationsmodelle und unter Rückgriff auf die Idee der Informationsübertragung beschreiben, um dann festzuhalten, dass wir beide uns offenbar gerade verabredet haben, dass sich Kommunikation ereignet hat. Aber diese Charakterisierung bezieht sich auf die Erscheinung, das Sichtbare, und erlaubt es nicht, die sich intern vollziehenden Systemoperationen und ihre Verbindung zum Bereich der Beziehungen wahrzunehmen.

PÖRKSEN: Was bedeutet es aus Ihrer Sicht, wenn man nun gleichwohl von *gelingender Kommunikation* oder einer sich vollziehenden *Informationsübertragung* spricht?

MATURANA: Bei der Annahme, es habe Kommunikation stattgefunden, handelt es sich um den Kommentar eines Beobachters, der einen Fluss rekurrenter oder rekursiver Interaktionen wahrnimmt, er beobachtet strukturell gekoppelte Lebewesen. Wer von Informationsübertragung redet, der registriert – ebenso aus der Perspektive eines Beobachters – eine aufeinander abgestimmte Interaktion. Er hat ein Konzept erfunden, das es ihm erlauben soll, übereinstimmendes Verhalten zu erklären, das sich jedoch den strukturellen Kohärenzen verdankt, die er nicht beachtet. Und sehr bald steht er dann vor dem Problem, wie er eigentlich so genannte Missverständnisse und sehr verschiedenartige Wahrnehmungen verstehen will; sie können ja nicht immer als eine bösartige Weigerung des Empfängers gedeutet werden, die erhaltene Information ordnungsgemäß zu verwenden.

PÖRKSEN: Warum sind Sie mit solchen Modellen und Beschreibungen so unzufrieden? Sie ließen sich doch verfeinern, wenn man etwa das Instrument wechselseitiger Orientierung – die Sprache – genauer betrachtet und analysiert. Die Sprache ist es, die es im Gebrauch von Wörtern und Sätzen erlaubt, sich zu verständigen und genauer abzustimmen. Die sprachlichen Zeichen bilden, so gesehen, das Medium der Übereinkunft.

MATURANA: Das sehe ich vollkommen anders; das Phänomen der Sprache basiert seinerseits auf einer besonderen strukturellen Kongruenz, die sich aus der Geschichte der Interaktionen ergeben hat. Wenn man betrachtet, was gegeben sein muss, damit man von dem Vorhandensein von Sprache sprechen kann, dann sieht man: Es muss eine Koordination der Verhaltenskoordinationen vorliegen. Zeichen sind für die Sprache, so behaupte ich, sekundär, nicht primär. Die Ursituation einer Sprachverwendung findet sich in einer ganz alltäglichen Situation: Da steht ein Mann am Rand einer zweispurigen Straße und will ein Taxi rufen, aber die Taxis, die in seine Richtung fahren, sind alle besetzt. Er winkt schließlich einem Taxifahrer zu, der auf der anderen Seite fährt, und gestikuliert, als die Kontaktaufnahme geklappt hat, ein zweites Mal, indem seine Hand eine Kreisbewegung in der Luft vollführt.

PÖRKSEN: Und der Taxifahrer dreht ...

MATURANA: Genau. Als Ergebnis dieser zweiten Armbewegung wechselt er die Straßenseite, um seinen Fahrgast abzuholen. Was ist hier passiert? Nun, man wird bemerken, was sich hier ereignete, wenn man annimmt, dass der Mann sich mit einem Mal entscheidet, doch ein anderes Taxi, das plötzlich auftaucht und etwas schneller heranfährt, zu nehmen – und sich der Fahrer, dem er zugewinkt hatte, beklagt: „Warum nehmen Sie ein anderes Auto, wenn Sie mich gerade herbestellt haben?" Alles, was sich ereignet hat, sind ein Blickkontakt und zwei Armbewegungen, über die man aber in Analogie zu einer Äußerung spricht. Alles, was geschah, ist eine Koordination der Koordination von Verhalten: Vom Augenblick der ersten Armbewegung und dem Moment des Blickkontakts an sind der Taxifahrer und der Mann am Straßenrand aufeinander abgestimmt und fixiert; die zweite Bewegung des Arms, der in die Luft gemalte Kreis, koordiniert dann ihre Koordination. Kurzum: Wann immer sich eine solche *Koordination von Verhaltenskoordinationen* im Fluss der Interaktionen findet, hat man es mit Sprache zu tun. Das sind die Prozesse, so behaupte ich, die sich ereignen, damit man davon sprechen kann, dass in dieser besonderen Situation Sprache verwendet wurde.

DIE WELT ENTSTEHT IN DER SPRACHE

PÖRKSEN: Ihr Schlüsselbeispiel stammt aus dem Bereich der menschlichen Begegnungen. Faktisch kommunizieren jedoch sehr viele andere Lebewesen auch untereinander oder treten mit einer anderen Spezies in Verbindung. Gebrauchen auch sie Sprache? Oder sind allein wir Menschen sprachbegabte Wesen?

MATURANA: Beim gegenwärtigen Stand des Wissens muss man sagen, dass nur wir Menschen in der Sprache leben. Wenn wir uns fragen, ob es auch andere Wesen gibt, die im Reich der Sprache leben, so tun wir dies doch notwendig sprechend und eben in der Sprache lebend. Und auch wenn wir uns mit dem Problem beschäftigen, ob irgendwo da draußen eine beobachterunabhängige Realität existiert, so benötigen wir für Erörterungen dieser Art doch die Sprache – und das ist im Übrigen der Grund, warum solche Erörterungen und Existenzbehauptungen vollkommen unsinnig sind.

PÖRKSEN: Wie würden Sie dann aber z. B. die merkwürdigen Tänze der Bienen beschreiben? Auch hier findet doch ohne Zweifel eine wechselseitige Orientierung statt: Die Bienen informieren sich, so die gängige Annahme, in welche Richtung man bitte fliegen soll, welche Blumenwiese sich als unergiebig erwiesen hat, wo man Nektar finden kann. Und so weiter.

MATURANA: Offensichtlich koordinieren die Bienen ihr Verhalten – aber die entscheidende Frage ist, ob sie auch die Koordination von Verhaltenskoordinationen koordinieren, ob sich hier also das Phänomen der Rekursion findet. Weist eine Biene eine andere darauf hin, dass sie leider in die falsche Richtung geflogen ist? Wenn dem tatsächlich so wäre, müsste man sie gleichfalls als in der Sprache lebende Wesen begreifen.

PÖRKSEN: Sie selbst scheinen sich, wenn ich Sie richtig verstehe, besonders auf die Wirkung einer Äußerung zu konzentrieren, um das Wesen des Sprachlichen zu erfassen. Wenn man jedoch für gewöhnlich über die Sprache spricht, meint man nicht eine Serie aufeinander bezogener Verhaltenskoordinationen, sondern bezieht sich in der Regel auf ein System von Zeichen, das zur Kommunikation benutzt wird. Es geht um die Bedeutung von Begriffen (Semantik), die Bauformen von Wörtern und Sätzen (Lexik und Syntax) und den gezielten, den situationsgebundenen Gebrauch dieser Begriffe, Wörter und Sätze (Pragmatik). Ich will nochmals nachfragen: Was ist das Besondere Ihres Sprachverständnisses?

MATURANA: Entscheidend ist, dass sich in dieser Koordination von Verhaltenskoordinationen eine Rekursion zeigt, eine zyklische Operation, die erneut auf die Folgen ihrer vorherigen Anwendung angewendet wird. Warum erscheint mir dieser Hinweis für das Verständnis der Sprache so wichtig? Die Antwort: Wann immer eine Rekursion beobachtet werden kann, taucht etwas Neues auf; wann immer sich zyklische Operationen dieser Art vollziehen, ergeben sich neuartige Phänomene.

PÖRKSEN: Können Sie diesen besonderen Effekt der Rekursion an einem Beispiel illustrieren?

MATURANA: Wenn Sie nur Ihre Beine bewegen, als ob Sie liefen, wird gleichwohl niemand, der Sie sieht, sagen, dass Sie laufen und sich fortbewegen. Vielleicht wird man meinen, dass Sie sich als ein Pantomime versuchen. Aber wenn sich mit der Bewegung Ihrer Beine auch eine Ortsveränderung vollzieht, dann wird jeder sehen, dass Sie angefangen haben, zu gehen und zu laufen. Das heißt: Das Phänomen des Laufens taucht genau in dem Moment auf, in dem sich die zyklische Bewegung Ihrer Beine mit der linearen Verschiebung jener besonderen Oberfläche verbindet, die Ihre Füße in diesem Moment berühren: Eine Bewegung baut auf der vorhergehenden auf, die schlichte Wiederholung der Beinbewegung verwandelt sich in eine Rekursion – und es entsteht ein neues Phänomen: Sie laufen.

PÖRKSEN: Was bedeutet dieses Interesse an der Figur der Rekursion für das Verständnis der Sprache?

MATURANA: Ich sage: Wenn man eine rekursive Koordination des Verhaltens vorfindet, also eine Koordination von Verhaltenskoordinationen, so wird etwas Neues hervorgebracht: Sprache. Mit ihr entstehen auch die Objekte – z. B. die Taxis dieser Welt. Was macht ein Taxi aus? Ich behaupte, dass das Mitnehmen und Umherfahren von Fahrgästen das Entscheidende ist, also eigentlich ein Tun, eine Handlung. Das heißt: Es entstehen Objekte (wie eben Taxis) als Zeichen für Verhaltenskoordinationen, die das Handeln, das sie koordinieren, verbergen und verschleiern.

PÖRKSEN: Welchen Vorteil hat dieses neuartige Verständnis der Sprache, das Sie vorschlagen?

MATURANA: Es wird offenbar, dass Sprache kein Instrument der Informationsübertragung und kein System der Kommunikation darstellt, sondern eine Art und Weise des Zusammenlebens in einem Fluss der Koordination von Verhaltenskoordinationen, die dem Strukturdeterminismus interagierender Systeme nicht widerspricht. Und wer das einmal verstanden hat, der begreift auch, dass Zeichen nicht den Ursprung der Sprache darstellen, sondern dass umgekehrt Sprache den Ursprung der Zeichen bildet, alles dreht sich um. – Kehren wir für noch einmal einen Moment zu unserem zentralen Beispiel der Interviewverabredung zurück, das am Anfang dieses Gesprächs über die Interaktion von Systemen und das Phänomen Sprache stand: Bei unserer telefonischen Unterhaltung, die Ihrer Reise nach Chile vorausging, handelte es sich nicht um eine Informationsübertragung von Hamburg nach Santiago oder von Santiago nach Hamburg; entscheidendes Ergebnis dieser Interaktion war und ist, dass zwei strukturdeterminierte Systeme – Bernhard und Humberto – die rekursive Koordination ihres Verhaltens, die Koordination von Verhaltenskoordinationen, geleistet haben. Und nun sitzen wir hier beide zusammen.

6. Autopoiesis des Lebendigen

KONFRONTATION MIT DEM TOD

PÖRKSEN: Im Jahre 1944 veröffentlichte der Physiker Erwin Schrödinger ein kleines Buch, das zu einem Klassiker der Wissenschaftsgeschichte wurde. Es trägt den Titel: *Was ist Leben?* Ihr eigenes Denken kreist stark um diese Frage; Sie haben – als Biologe – eine Beschreibung des Lebendigen entwickelt, die Theorie der Autopoiesis, die in der wissenschaftlichen Welt nach wie vor für Aufsehen sorgt. Aber von Anfang an. Wieso hat Sie überhaupt die Frage, was denn das Lebendige ausmacht, so sehr beschäftigt und fasziniert? Gibt es da einen konkreten Anlass, ein intellektuelles Schlüsselerlebnis?

MATURANA: Es sind genau genommen verschiedene Anlässe, verschiedene Schlüsselerlebnisse, die mich inspiriert haben. Sie müssen wissen, dass ich als Kind oft schwer krank war; der Tod gehörte in den Tagen meiner Kindheit zu meinen ständigen Begleitern: Mehrmals erkrankte ich an Tuberkulose, und die Bedrohlichkeit dieser Krankheit war es, die mich schon früh über die Beziehung zwischen dem Tod und dem Leben nachdenken ließ. Ich erinnere mich, dass ich im Alter von 14 Jahren ein Gedicht schrieb, das den Unterschied zwischen einem Leichnam und einem Stein behandelt; der Leichnam ist ebendeshalb nicht wie ein Stein, weil er gelebt hat; die Tatsache des Lebendigseins ist somit keine Eigenschaft der Materie – aber was ist das Lebendigsein, so fragte ich mich, wenn man es verlieren kann?

PÖRKSEN: Sie beschreiben ein dialektisches Muster: In der Begegnung mit dem eigenen Tod tritt die Sehnsucht nach dem Leben ins Bewusstsein.

MATURANA: Das kann man so sagen. Im Jahre 1949 befand ich mich in den Bergen in einem Sanatorium, ich war erneut an Tuberkulose erkrankt – und durfte mich in keiner Weise anstrengen; es war mir verboten, irgendetwas zu tun, das war die Therapie dieser Zeit. Heimlich las ich jedoch zwei Bücher. In Nietzsches *Also sprach Zarathustra* entdeckte ich diese wunderschöne Geschichte von der Metamorphose des Geistes, in der sich der Geist zuerst in ein Kamel, dann in einen Löwen und schließlich in ein Kind verwandelt. Das Kind wird als die erste Bewegung geschildert: Wenn ich je, so dachte ich mir, lebend aus diesem Sanatorium hinauskäme, dann wäre ich wie ein Kind, es wäre ein Anfang, ein Neubeginn. In Julian Huxleys Buch *Evolution: The Modern Synthesis* stieß ich am Schluss auf ein Kapitel, in dem es heißt: Der evolutionäre Fortschritt bestehe in einem zunehmenden Unabhängigwerden des Lebewesens von seinem Medium; der Mensch erscheint in diesem Sinne als das unabhängigste und damit auch als das am weitesten fortgeschrittene Lebewesen. Da lag ich nun in meinem Bett, vollkommen abhängig von meinem Medium, unfähig, das Sanatorium zu verlassen, krank und vom Tode bedroht, und wusste, dass Julian Huxley nicht Recht haben konnte.

PÖRKSEN: Wenn ich richtig verstehe, hat Sie die Konfrontation mit dem Tod zu der Frage nach dem Wesen des Lebendigen geführt. Und Nietzsche und Huxley haben Antworten gegeben, die Sie zu Ihrer eigenen Situation in Beziehung gesetzt haben.

MATURANA: So ist es. Das Leben, sagte ich mir, hat keine Bedeutung, keinen Sinn, es folgt keinem Programm des evolutionären Fortschritts. Meine tautologisch klingende Schlussfolgerung hieß, dass der Sinn und Zweck eines Lebewesens darin besteht zu sein, was es ist. Der Zweck eines Hundes ist es, ein Hund zu sein; der Zweck eines Menschen besteht darin, ein Mensch zu sein. Was immer einem Lebewesen zustößt und geschieht, so wurde mir klar, hat mit ihm selbst zu tun. Wenn mich ein Hund beißt, weil ich ihm auf den Schwanz getreten bin, so beißt er mich, weil er den Schmerz vermeiden möchte. Das heißt: Lebende Systeme sind autonom; und sie müssen notwendig eine Grenze haben, eine Markierung dessen, was zu ihnen und was nicht zu ihnen gehört.

PÖRKSEN: In der Biologie ist es üblich geworden, die Frage nach dem Leben zu klären, indem man eine Liste notwendig gegebener Eigenschaften zusammenstellt. Das Lebendige besitzt, so meint man etwa, die Fähigkeit, sich fortzupflanzen und sich fortzubewegen. Warum hat Ihnen eine solche Auflistung von Merkmalen nicht gereicht?

MATURANA: Weil bei einem solchen Vorgehen unklar bleibt, wie man feststellt, dass der Katalog möglicher Merkmale und Kriterien vollständig ist. Im Jahre 1960, auch das war ein entscheidendes Schlüsselerlebnis, stellte mir ein Student während einer Vorlesung die Frage, was denn eigentlich vor vier Milliarden Jahren begonnen habe, sodass man heute sagen könne, dass damals das Leben entstand. Diese Frage machte mich ziemlich verlegen, weil ich sie nicht beantworten konnte, und ich bat den Studenten, im nächsten Jahr wiederzukommen; dann wäre ich in der Lage, ihm eine Antwort zu liefern. Aber woher weiß man eigentlich, so fragte ich mich, als ich länger nachdachte, dass man die richtige Antwort gefunden hat? Wie kann man sich sicher sein, dass man das Lebendige ausreichend bestimmt hat, wenn man die Fortpflanzung oder die Fortbewegung, eine bestimmte chemische Zusammensetzung oder eine Kombination dieser Merkmale anführt?

PÖRKSEN: Es taucht das Problem auf: Wie will man begründen, dass man die zentralen Merkmale gefunden hat?

MATURANA: Wer eine entsprechende Liste erstellt, setzt streng genommen die Kenntnis der möglichen Eigenschaften schon voraus; nur wer die Antwort, die er ja eigentlich noch sucht, bereits kennt, weiß, wann es angebracht ist, mit der Aufzählung Schluss zu machen. Mir ging es jedoch um ein Verständnis von lebenden Systemen, für das man nicht in der Lage sein muss, alle beteiligten Prozesse und Bestandteile aufzuführen und zusammenzustellen. Ich suchte nach einer Form der Organisation, die allen lebenden Systemen gemeinsam sein würde, unabhängig von den besonderen Bestandteilen, aus denen sie sich zusammensetzen, und unabhängig von ihrer spezifischen Struktur.

PÖRKSEN: Wie haben Sie dann selbst jene Theorie entwickelt, die unter dem Schlagwort *Autopoiesis* sehr bekannt geworden ist?

MATURANA: Mein eigenes Denken durchlief verschiedene Stadien. Zuerst sprach ich von Systemen, die keinen außerhalb ihrer selbst liegenden Zweck haben; was immer sie tun, ist innerhalb ihres eigenen Seins bedeutsam. Diese *selbstreferenziellen Systeme* grenzte ich dann von den *alloreferenziellen Systemen* ab, deren wesentliches Merkmal es ist, dass die eigentliche Bestimmung außerhalb ihrer selbst liegt. (Ein solches alloreferenzielles System wäre beispielsweise ein Auto: Sein Sinn und Zweck besteht darin, dass man es als Fahrzeug benutzt, um von einem Ort zum anderen zu gelangen.) Aber eigentlich gefiel mir das Konzept der Referenz nicht besonders, weil mit diesem stets eine Beziehung zwischen verschiedenen Elementen erfasst wird – und ich wollte kein Beziehungsmuster beschreiben, sondern die Prozesse eines Systems aus sich selbst heraus verstehen. Daher suchte ich nach einem Begriff, der die Prozesse, die dann im Ergebnis zum Phänomen der Selbstreferenz führen, deutlicher sichtbar macht.

PÖRKSEN: Ihre Theorie des Lebendigen sollte eigentlich selbst lebendig sein.

MATURANA: Fasziniert und umgetrieben hat mich eine Bestimmung des Lebendigen, die sich nicht von der Realisierung des Lebendigen selbst trennen lässt. Meine Frage war nicht, obgleich ich Erwin Schrödingers Buch gelesen hatte, was Leben *ist*, sondern ich wollte wissen, was eigentlich ein lebendes System ausmacht. Mein Ziel war es, jene Konfiguration von Prozessen zu entdecken, jene molekulare Dynamik ausfindig zu machen, die im Ergebnis ein lebendes System, z. B. eine Zelle, hervorbringt. Was muss passieren, damit ein solches System entsteht? Eigentlich wollte ich zumindest konzeptionell ein lebendes System erschaffen; das war mein Ziel.

PÖRKSEN: Sie wollten Gott spielen.

MATURANA (lacht): Ich wollte nicht Gott *spielen*, ich wollte Gott *sein*.

EINE FABRIK, DIE SICH SELBST PRODUZIERT

PÖRKSEN: Wie ging es weiter bei der allmählichen Verfertigung einer neuen Theorie des Lebendigen?

MATURANA: Als ich 1963 einen befreundeten Mikrobiologen in seinem Labor besuchte, mit dem ich regelmäßig über die entstehende Molekularbiologie sprach, hatte ich schließlich den entscheidenden Einfall: Das molekularbiologische Dogma jener Zeit besagte nämlich, dass die Information vom Zellkern zum Zytoplasma wandert. Und wir fragten uns, ob sie sich nicht auch umgekehrt vom Zytoplasma zum Zellkern bewegt; niemand wusste damals etwas von Retroviren, also war unsere Frage durchaus legitim. Wir erfanden Experimente, die wir niemals machten, aber eines Tages malte ich eine Skizze an die Tafel und sagte zu meinem Freund: „Die DNA hat an der Synthese der Proteine ihren Anteil; und die Proteine partizipieren ihrerseits als Enzyme an der Synthese der DNA." Meine Skizze bestand in einer kreisförmigen Figur. Als ich sah, was ich da gerade an die Tafel gemalt hatte, rief ich aus: „Meine Güte, Guillermo, das ist es! In dieser Zirkularität der Prozesse offenbart sich die Dynamik, die lebende Systeme zu autonomen und zu abgegrenzten, eigenständigen Einheiten werden lässt." Damit hatte ich die konzeptionelle Basis für jenes Phänomen entdeckt, das später *Autopoiesis* genannt wurde: Fortan beschrieb ich lebende Systeme als zirkuläre Systeme.

PÖRKSEN: Damit sind wir in der letzten Phase dieses kleinen wissenschaftsgeschichtlichen Vorspiels angelangt. Wie kam es schließlich zur Erfindung des Begriffs Autopoiesis?

MATURANA: Ich saß, es muss etwa im Jahre 1970 gewesen sein, mit einem Freund – sein Name ist José Maria Bulnes – zusammen, der eine Doktorarbeit über *Don Quijote* geschrieben hatte. In dieser Arbeit behandelt er das Dilemma des Don Quijote, der die Möglichkeit besitzt, entweder dem Weg der Poiesis (der Produktion, der Erschaffung) zu folgen oder aber sich dem Weg der Praxis (des eigentlichen Tuns) zu verschreiben, ohne den Konsequenzen seines Handelns eine besondere Aufmerksamkeit zu schenken. Er entscheidet sich schließlich, zu einem umherwandernden Ritter zu werden, also den Weg der Praxis zu gehen – und nicht über einen umherwandernden Ritter zu schreiben, Romane zu produzieren, sich also dem Pfad der Poiesis zu widmen. Während dieses Gesprächs dachte ich: „Das ist das Wort, nach dem ich gesucht habe: *Autopoiesis.*" Es bedeutet *Selbsterschaffung* und setzt sich aus den beiden griechischen Wörtern *autos* (selbst) und *poein* (produzieren bzw. erschaffen) zusammen. Damit hatte ich meine Vorstellung, was ein lebendes System charakterisiert, auf einen Begriff gebracht, der den Vorteil hatte, noch gänzlich unbekannt zu sein und – im Gegensatz zu der etwas schwerfälligen Rede von den *zirkulären Systemen* – die Aufmerksamkeit stärker auf das Resultat der ablaufenden Prozesse zu lenken, ging es doch um Systeme, die sich durch ihre eigenen Operationen als eine Einheit erschaffen und in diesem Prozess selbst hervorbringen. Das Resultat der autopoietischen Systemoperationen ist eben das System selbst.

PÖRKSEN: Lässt sich der Begriff der Autopoiesis noch ausführlicher bestimmen?

MATURANA: Lebende Systeme bringen sich in ihrer geschlossenen Dynamik selbst hervor; gemeinsam ist ihnen ihre autopoietische Organisation im molekularen Bereich. Wenn man ein lebendes System betrachtet, findet man ein Netzwerk der Produktion von Molekülen, die auf eine Weise miteinander interagieren, die ihrerseits zur Produktion von Molekülen führt, die durch ihre Interaktion ebendieses Netzwerk der Produktion von Molekülen erzeugen und seine Grenze festlegen. Ein solches Netzwerk nenne ich autopoietisch. Wenn man also auf ein solches Netzwerk im molekularen Bereich stößt, dessen Operationen es im Ergebnis selbst hervorbringen, hat man es mit einem autopoietischen Netzwerk und demzufolge mit einem lebenden System zu tun. Es produziert sich selbst. Dieses System ist für die Zufuhr von Materie offen, jedoch, – wenn man die Dynamik der Beziehungen, die es hervorbringen, betrachtet, – geschlossen.

PÖRKSEN: Vielleicht ist an dieser Stelle ein Beispiel angebracht, das die Autopoiesis des Lebendigen konkret illustriert. Sie haben oft von der einzelnen Zelle als einem autopoietischen System gesprochen. Können Sie dieses sehr eingängige Beispiel herausgreifen?

MATURANA: In meiner Terminologie beschreibe ich eine Zelle als ein molekulares autopoietisches System erster Ordnung; bei einer multizellulären Entität handelt es sich entsprechend um ein autopoietisches System zweiter Ordnung. Die Besonderheit des Zellstoffwechsels, des zellulären Metabolismus, besteht nun darin, dass er Bestandteile erzeugt, die allesamt in das Netzwerk der Transformationen, das sie hervorgebracht hat, integriert werden. So ist die Erzeugung von

Bestandteilen die Bedingung der Möglichkeit eines Randes, einer Grenze, der Membran der Zelle. Und diese Membran hat ihrerseits an den ablaufenden Transformationsprozessen Anteil, sie partizipiert an der autopoietischen Dynamik der Zelle: Sie ist die Bedingung der Möglichkeit des Operierens eines Netzwerks von Transformationen, die das Netzwerk als Einheit erzeugt. Ohne die Grenze der Zellmembran würde sich alles in eine molekulare Brühe verwandeln, und die Moleküle würden herumdiffundieren. Es gäbe keine eigenständige Entität.

PÖRKSEN: Das bedeutet: Die Zelle erzeugt die Membran und die Membran die Zelle. Der Produzent, der Akt der Produktion und das Produkt sind somit ununterscheidbar.

MATURANA: Ich würde, etwas strenger formuliert, sagen: Die Moleküle der Zellmembran haben an der Realisierung der autopoietischen Prozesse der Zelle und der Produktion anderer Moleküle innerhalb des autopoietischen Netzwerks der Zelle ihren Anteil; und die Autopoiesis lässt die Moleküle der Membran entstehen. Sie produzieren sich wechselseitig, sie partizipieren jeweils an der Konstitution dieser Ganzheit.

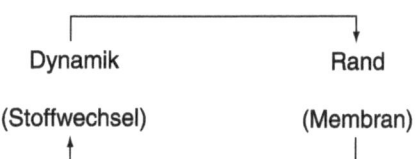

Abb. 9: Die Zelle – ein autopoietisches System erster Ordnung – ist eine Fabrik, deren Produkt sie selbst ist.

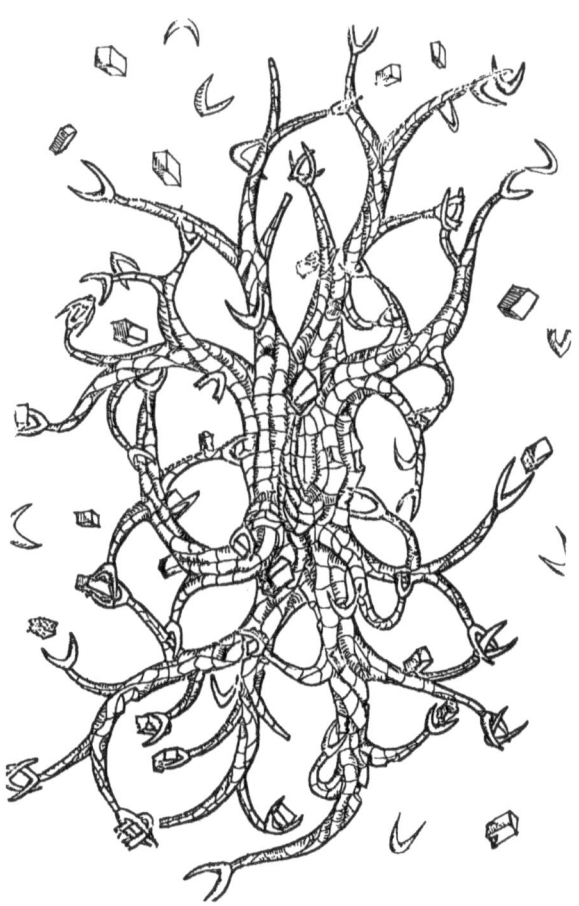

Abb. 10: Ein autopoietisches Systems benutzt seine Komponenten als Elemente der Selbsterschaffung. (Zeichnung von Alejandro M. Maturana)

AUTOPOIETISCHE UND ALLOPOIETISCHE SYSTEME

PÖRKSEN: Mir leuchtet diese Bestimmung autopoietischer Systeme erster Ordnung ein, aber ich verstehe nicht, inwiefern man sagen kann, dass autopoietische Systeme zweiter Ordnung (z. B. Menschen) sich selbst produzieren. Man könnte doch auch feststellen: Der Mensch produziert in seinem täglichen Leben wesentlich etwas, das von ihm selbst verschieden ist. Er arbeitet, baut Häuser, backt Brötchen, strickt Pullover. Und so weiter.

MATURANA: Natürlich lässt sich der Mensch in dieser Weise betrachten. Wenn man im Bereich des Sozialen einen anderen als einen Arbeiter beschreibt, dann ist es in der Tat möglich, ihn als einen Produzenten von Brötchen und Pullovern anzusehen, ihn primär mithilfe dieser Unterscheidungen zu charakterisieren. Dass es sich jedoch um ein lebendes System handelt, ist in diesem Zusammenhang eher nebensächlich, da man diesen Menschen auch durch eine Maschine ersetzen kann, die die gleichen Produkte herstellt.

PÖRKSEN: Die Behauptung, dass es sich bei einer beliebigen Entität um ein autopoietisches System zweiter Ordnung handelt, wäre somit ein Ergebnis der gerade gewählten Perspektive und Betrachtungsweise.

MATURANA: Ja und nein. Das Mikrofon, das unsere Gespräche aufzeichnet, lässt sich nicht einfach, selbst wenn man dies gerne will, als ein autopoietisches System betrachten. Nur Kinder tun dies gelegentlich. In ihrem Spiel erscheint das Unlebendige lebendig. Aber das ist ein Spiel, vom dem man weiß, dass es sich um ein Spiel handelt.

PÖRKSEN: Die Möglichkeit des Perspektivwechsels gelingt also nur in eine Richtung: Man kann zwar autopoietische Systeme als Systeme sehen, die etwas anderes als sich selbst produzieren. Aber im Falle von nichtlebenden Systemen funktioniert eine solche Betrachtung nicht; sie lassen sich nicht (einfach nur, weil man dies vielleicht gerne möchte) als autopoietisch einordnen.

MATURANA: Stimmt. Wenn ich unser Mikrofon als lebendes System beschreibe, dann werden Sie mit Sicherheit wissen wollen, wie sich die Autopoiesis in diesem Mikrofon vollzieht. Und ich werde nicht in der Lage sein, Ihnen dies zu erklären.

PÖRKSEN: Wie nennen Sie Gebilde, die etwas erschaffen, das von ihnen selbst verschieden ist?

MATURANA: Ursprünglich sprach ich, wie gesagt, von alloreferenziellen Systemen, heute bezeichne ich Systeme, von denen man sagen kann, dass der Sinn und Zweck ihrer Operationen außerhalb ihrer selbst liegt, als *allopoietische Systeme:* Das Resultat ihres Operierens sind – man denke nur an Autos und Computer – nicht sie selbst. Allerdings meine ich diesen Begriff überhaupt nicht abwertend; und man sollte eine solche Unterscheidung keineswegs als eine diskriminierende Hierarchisierung missverstehen. Ohne mein Auto und meinen Computer wäre es mir nicht möglich, das Leben zu führen, das ich führen möchte.

Pörksen: Inwiefern ist das Merkmal der Autonomie für die Realisierung der Autopoiesis zentral? Es ließe sich doch die These aufstellen, dass mehr oder weniger alle Systeme autonom sind, da sie allesamt eigengesetzlich funktionieren. Wenn ich beispielsweise in einem Lokal einen Kellner anbrülle und ihm lautstark den Befehl erteile, mir einen Kaffee zu bringen, dann wird er dies vermutlich nicht tun. Das gilt auch, wenn ich zu meiner Kaffeemaschine (einem allopoietischen System) sage, sie solle mir bitte einen Kaffee machen; der Kaffee wird erst produziert, wenn ich einen Filter einlege, Wasser einfülle, auf einen Knopf drücke und mich brav an die Spielregeln der Maschine halte.

Maturana: Natürlich existieren für verschiedene Systeme auch verschiedene Möglichkeiten, autonom zu sein, ihren eigenen Regularitäten zu folgen. Selbstverständlich gibt es zahlreiche autonome Systeme, die keine lebenden Systeme sind. Es wäre also falsch, Autonomie als das Schlüsselmerkmal der Autopoiesis aufzufassen; zentral ist, dass man ein geschlossenes Netzwerk der Produktion von Molekülen vorfindet, das dasselbe Netzwerk der Produktion erzeugt, das es produziert hat. Auf eine Formel gebracht: Autopoiesis ist die spezifische Art und Weise, in der lebende Systeme autonom sind, ihre Autonomie realisieren. Autonomie ist der allgemeinere Begriff.

Pörksen: Woher weiß man, dass Autopoiesis, diese besondere Form der zirkulären Organisation, tatsächlich das entscheidende Lebenskriterium darstellt? Wie könnte man das belegen?

Maturana: Bewiesen wäre dies, wenn es gelingt, eine Serie von Prozessen zu präsentieren, die im Ergebnis dasjenige, was ich einem anderen beweisen will, hervorbringt. Zu zeigen wäre, dass die Realisierung der Autopoiesis direkt oder indirekt die Quelle aller Charakteristika lebender Systeme darstellt und im Ergebnis eine Entität erzeugt, die alle bekannten und unbekannten Merkmale eines lebenden Systems besitzt.

DIE ZWEITE SCHÖPFUNG

PÖRKSEN: Sie selbst haben einmal ein Computermodell entwickelt, das ein autopoietisches System simuliert. Gelegentlich taucht in der wissenschaftlichen Literatur der Vorwurf auf, Sie hätten sich mit diesem Modell selbst widerlegt. Diese Simulation der Autopoiesis ist, so lautet das Argument, offenkundig nicht lebendig, gleichwohl hat sie aber die Merkmale eines autopoietischen Systems.

MATURANA: Dem kann ich nur entgegenhalten, dass dieses Modell der Illustration dient, jedoch nicht als ein Beweis verstanden werden sollte. Keineswegs handelt es sich um ein lebendes System. Der Computer funktioniert hier wie eine Art Puppenspieler in einem Marionettentheater, er wird benutzt, um die verschiedenen Elemente in Entitäten zu verwandeln, die dann im Bereich der Beobachtung, im grafischen Raum, eine Dynamik zeigen, die der molekularen Dynamik vergleichbar ist. Der Computer bzw. das Programm wird hier eingesetzt, um die Elemente anzutreiben, die sich in einem lebenden System von selbst bewegen: Moleküle brauchen keinen Puppenspieler, sie benötigen keine im Verborgenen wirkende Kraft, die sie bewegt, sie bewegen sich – aufgrund von Energiezufuhr – selbst. Ebendarin besteht ihre Besonderheit. Allerdings wird, wie Sie wissen, gegenwärtig massiv daran gearbeitet, künstliches Leben zu erschaffen. Und eines Tages werden diese Versuche, die immense Gefahren in sich bergen, zweifellos gelingen – und man wird autopoietische Systeme im molekularen Bereich konstruieren.

PÖRKSEN: Wenn Sie Recht behalten und künstliches Leben entstanden ist, dann wäre Gott, wie dies Nietzsche einmal gesagt hat, nicht einfach nur tot. Er wäre schlicht überflüssig, erledigt durch die Kreation autopoietischer Systeme. Stimmen Sie dem zu?

MATURANA: Überhaupt nicht. Man muss sich nämlich, bevor man eine solche Frage beantworten bzw. eine solche These formulieren kann, erst darüber verständigen, was man eigentlich mit dem Wort *Gott* meint. Yogananda, der große Yogi, der nach Amerika kam, war es, der einmal gesagt hat: Wenn man denkt, dass Gott weit weg ist, dann ist er weit weg; wenn man meint, er sei einem nahe, dann ist er einem nahe. Das Wort Gott steht für eine menschliche Vorstellung, die ihre Bedeutung und Macht in unserer Welt entfaltet hat. Zahlreichen Menschen erscheint Gott jedoch nicht, wie dies die christliche Auffassung vorsieht, als ein intelligentes und schöpferisches Wesen, das uns nach seinem Ebenbild erschaffen hat. Entscheidend ist, dass ihnen die Rede von einem Gott die Möglichkeit bietet, von einer unfasslichen Präsenz und einer Verbundenheit mit der Quelle der Existenz zu sprechen, über die sich eigentlich nicht sprechen lässt. Wenn ich nun Gott als die Quelle von allem verstehe, dann wird er keineswegs überflüssig: Es ist – so gesehen – Ausdruck der Existenz Gottes, dass das Lebendige sich bildet, wenn bestimmte Bedingungen vorliegen.

PÖRKSEN: In Deutschland hat ein Autor eine Zeit lang für Furore gesorgt, der seine Interviews stets mit derselben Frage beendete. Es ist, wie ich meine, eine gute Frage. Sie lautet: Gibt es Gott?

MATURANA: Ich selbst wurde am Ende eines Vortrags einmal gefragt: „Glauben Sie an Gott?" Meine Antwort war: „Ich existiere im Königreich Gottes." Der Fragende meldete sich nochmals: „Glauben Sie an Gott?" Wieder sagte ich zu ihm: „Ich existiere im Königreich Gottes." Und er meldete sich erneut: „Nochmals: Glauben Sie nun oder glauben Sie nicht an Gott?" – „Würden Sie mich mehr oder weniger mögen", so sagte ich schließlich zu ihm, „wenn ich diese Frage bejahe oder wenn ich sie verneine?" Seine Hartnäckigkeit basierte auf dem Bedürfnis nach Diskriminierung.

PÖRKSEN: Und Ihre Antwort war eigentlich: Die Existenz Gottes ist keine Glaubensfrage.

MATURANA: Ich würde sagen: Wer an Gott glaubt, wird von starken Zweifeln geplagt.

7. Karriere einer Idee

EIN BEGRIFF KOMMT IN MODE

PÖRKSEN: Sie haben den Begriff der Autopoiesis strikt zur Bestimmung des Lebendigen reserviert; heute verwendet man Ihre Überlegungen jedoch auch im Sinne einer Sozialtheorie, gebraucht sie zur Beschreibung der Gesellschaft. Heute ist alles – die Wissenschaft, der Journalismus, das Fußballspiel und die Familie, die Kunst und die Politik, die gesamte Gesellschaft usw. – ein autopoietisches System, das nach seinen eigenen Regeln und innerhalb seiner eigenen Grenzen vor sich hin vibriert.

MATURANA: Das stimmt. Die Leute mögen und verehren mich sehr als den Erfinder des Begriffs und des Konzepts der Autopoiesis – insbesondere dann, wenn ich nicht da bin und ihnen erzähle, was ich eigentlich gesagt habe. Wenn ich dagegen auftauche, weise ich darauf hin, für welchen beschränkten Bereich der Begriff nach meiner Auffassung gilt und welches Problem er löst. Vor ein paar Jahren lud man mich beispielsweise zu einer Tagung an die *London School of Economics* ein, die sich mit dem Problem befasste, ob sich soziale Systeme als autopoietisch begreifen lassen. Die Diskussion dauerte volle drei Tage; und am Ende bat man mich, ein paar abschließende Worte zu sprechen. Ich sagte: „Diese drei Tage, in denen ich Ihren Gedanken und Gesprächen gefolgt bin, haben mich zu einer Frage geführt. Sie lautet: Welche Merkmale besitzt ein soziales System, die das Thema dieser Tagung rechtfertigen und uns auf das Problem stoßen, ob es als autopoietisch klassifiziert werden sollte oder nicht?"

PÖRKSEN: Sie schlagen vor, an einem anderen Punkt mit dem Nachdenken zu starten: Zuerst muss man das Soziale verstehen, um es dann präziser mit einem aus der Biologie entlehnten Begriff zu beschreiben.

MATURANA: Ganz genau. Wenn man das Konzept der Autopoiesis benutzt, um soziale Phänomene zu erklären, verliert man ebendiese aus dem Blick. Es ist der Begriff der Autopoiesis, der einen dann gefangen hält. Natürlich kann ich mich mit dem Thema beschäftigen, ob es sich bei dem Haus, in dem wir beide gerade sitzen, um ein autopoietisches System handelt. Die Art des Themas bedingt jedoch unvermeidlich, dass es die Merkmale eines autopoietischen Systems sind, die meine Reflexionen leiten. Wenn ich mich dagegen frage, was eigentlich die Entität eines Hauses ausmacht und ob seine Charakteristika dem Konzept der Autopoiesis entsprechen, dann besitze ich die Freiheit des Analysierens und Forschens. Vielleicht finde ich dann heraus, dass sich Häuser gar nicht oder eben gerade als autopoietisch beschreiben lassen. – Wer weiß?

PÖRKSEN: Aber ist es nicht ein faszinierendes Gedankenspiel, eine Gesellschaft als eine Ansammlung von autopoietisch funktionierenden Riesenzellen aufzufassen? Eine solche Riesenzelle, so könnte man sagen, bilden die Medien, eine andere die Politik, wieder eine andere konstituiert sich durch das System der Wirtschaft, der Wissenschaft, der Kunst usw.

MATURANA: Natürlich entstehen in einer Gemeinschaft von Künstlern Kunstwerke, selbstverständlich spricht man hier über Kunst, denkt über Kunst nach – aber handelt es sich deswegen um Autopoiesis? Was wird hier in welchem Bereich und auf welche Weise erzeugt? Ohne Frage finden sich in diesen verschiedenen gesellschaftlichen Systemen, die Sie genannt haben, Dimensionen der Autonomie, aber eben keine autopoietische Organisation. Ich kann es nur wiederholen: Autopoiesis bezieht sich auf ein molekulares Netzwerk der Produktion von Molekülen, das durch Interaktionen ebendieses Netzwerk hervorbringt und ihm eine Grenze setzt. Autopoiesis ist *eine* Variante der Autonomie, neben vielen anderen. Beide Begriffe sind strikt auseinander zu halten.

KNIEFALL VOR ERICH JANTSCH

PÖRKSEN: Ihr Plädoyer für Exaktheit wird von Ihren Lesern und Anhängern nicht geteilt. Schon der Astrophysiker Erich Jantsch beschreibt in seinem Ende der 70er-Jahre erschienenen Buch *Die Selbstorganisation des Universums* so ziemlich jede rekursive Figur als autopoietisch. Es heißt, dass Sie Jantsch einmal getroffen haben. Und Sie seien dann auf dramatische Weise vor ihm niedergekniet und hätten ihn gebeten, seinen Begriffsmissbrauch zu beenden. Stimmt das?

MATURANA: Es stimmt. Damals versuchte ich, meine Argumentation mit einem Witz zu untermauern und auf eine lustige Weise für etwas mehr Ernsthaftigkeit zu plädieren. Mein Kniefall fand im Jahre 1978 statt; Francisco Varela hatte eine Zusammenkunft organisiert, zu der Heinz von Foerster, Gregory Bateson, Ernst von Glasersfeld und eben auch Erich Jantsch und ich eingeladen worden waren. Man saß beim Abendessen zusammen – und irgendwann kniete ich nieder und sagte zu Erich Jantsch, dass er die Idee der Autopoiesis zerstört, wenn er sie in dieser Allgemeinheit benutzt.

PÖRKSEN: Wie hat er reagiert?

MATURANA: Autopoiesis tauge sehr wohl, so erklärte er mir, um ein beliebiges, in irgendeiner Weise autonomes System zu beschreiben. Meine Einwände seien daher nicht stichhaltig; ich sei nicht bereit, meine Theorie in all ihren Konsequenzen zu akzeptieren. Meine Auffassung ist es dagegen, dass jemand, der einen Begriff außerhalb seines angemessenen Verwendungszusammenhangs benutzt, gleich in zweifacher Hinsicht danebenliegt: Er wird weder dem neuen Bereich noch dem ursprünglichen Bereich des Begriffsgebrauchs gerecht.

PÖRKSEN: In Deutschland ist vor allem der Bielefelder Soziologe Niklas Luhmann als ein Theoretiker der Autopoiesis bekannt geworden. In seinem 1984 publizierten Hauptwerk *Soziale Systeme* hat er Ihren Begriff übernommen und in der Folge die einzelnen Bereiche der Gesellschaft als die eigengesetzlichen Produzenten ihrer jeweiligen Wirklichkeit charakterisiert. Man spricht seitdem von einer *autopoietischen Wende* der Soziologie.

MATURANA: Während meiner Zeit als Gastprofessor in Bielefeld habe ich meine Kritik keineswegs verborgen, sondern sie in unseren zahlreichen Diskussionen artikuliert. „Danke, dass du mich in Deutschland berühmt gemacht hast", so habe ich zu Niklas Luhmann gesagt, „aber ich stimme mit der Art, wie du meine Gedanken verwendest, nicht überein. Ich schlage vor, dass wir mit der Frage nach den Charakteristika des Sozialen beginnen. Das Konzept der Gesellschaft geht ja historisch gesehen der Vorstellung von der Autopoiesis lebender Systeme voraus. Zuerst war von der Gesellschaft die Rede, dann – viel später – von Autopoiesis und sozialen Systemen. Das bedeutet aber, dass man sich eigentlich zu Beginn mit den für relevant erachteten Phänomenen beschäftigen sollte, die in diesen Gesellschaftsanalysen auftauchen, um sich dann zu fragen, ob sich diese genauer mit dem Begriff der Autopoiesis erfassen lassen."

PÖRKSEN: Sie warnen vor den Gefahren des Reduktionismus.

MATURANA: Das Problem besteht einfach darin, dass Niklas Luhmann den Begriff der Autopoiesis als ein Prinzip zur Erklärung des Sozialen benutzt, das die zu beschreibenden Prozesse und die sozialen Phänomene nicht erhellt, sondern eher verdeckt. Autopoiesis – verstanden als ein biologisches Phänomen – handelt von einem Netzwerk von Molekülen, die Moleküle hervorbringen. Moleküle produzieren Moleküle, fügen sich zu Molekülen zusammen, lassen sich in Moleküle zerteilen. Niklas Luhmann geht jedoch nicht von Molekülen aus, die Moleküle erzeugen, sondern alles dreht sich um Kommunikationen, die Kommunikationen produzieren. Er glaubt, es handele sich um ähnliche Phänomene, es handele sich um eine vergleichbare Situation. Das ist nicht korrekt, denn Moleküle erzeugen Moleküle ohne fremde Hilfe, ohne Unterstützung. Das heißt: Die Autopoiesis ereignet sich in einem Bereich, in dem die Interaktionen der Elemente, die ihn konstituieren, Elemente derselben Art hervorbringen, das ist entscheidend. Aber Kommunikationen setzen Menschen voraus, die kommunizieren. Kommunikationen produzieren nur mithilfe von lebenden Systemen Kommunikationen. Durch die Entscheidung, Moleküle durch Kommunikationen zu ersetzen, erscheinen Kommunikationen als die zentralen Elemente, und die Menschen als die Kommunizierenden werden ausgeklammert. Sie bleiben außen vor und gelten als unwichtig, sie bilden lediglich den

Hintergrund und die Basis, in die das soziale System – verstanden als ein autopoietisches Netzwerk aus Kommunikationen – eingebettet ist.

PÖRKSEN: Was sichtbar wird, wenn man sich auf diese Perspektive einlässt und ein soziales System als ein Netzwerk sich autopoietisch reproduzierender Kommunikationen beschreibt, ist ein äußerst merkwürdiges Sozialgebilde: eine Gesellschaft ohne Menschen.

MATURANA: Das ist exakt die Form der Beschreibung, die Niklas Luhmann anfertigt. Sein Konzept ist einer statistischen Auffassung von sozialen Systemen vergleichbar: Menschen mit besonderen Eigenschaften kommen darin nicht vor. Wenn man dagegen im Alltag von sozialen Systemen spricht, sind selbstverständlich stets die einzelnen Menschen mit ihren spezifischen Merkmalen involviert, die sich natürlich über ihre Charakterisierung als ein autopoietisches Netzwerk beschweren würden – und dies auch tun, wenn sie Niklas Luhmann kritisieren.

PÖRKSEN: Aber man könnte doch sagen: Nun gut, das ist der Einwand eines Empirikers, der einen Theoretiker des Sozialen nicht notwendig kümmern muss.

MATURANA: Wer nicht nur in einer Sphäre der Abstraktion dahinschweben will, der muss sich fragen: Woher weiß man, dass man es mit einem sozialen System zu tun hat? Handelt es sich um ein soziales System, weil man Kommunikationen beobachtet? Früher oder später tauchen bei der Suche nach einer Antwort unvermeidlich Menschen auf. – Aber warum geht Niklas Luhmann überhaupt in dieser Weise vor? Er hat mir einmal gesagt, er klammere die Menschen aus seinem Theorieentwurf aus, um universale Aussagen formulieren zu können. Wenn man von Menschen spricht, so sein Argument, ließen sich universale Aussagen nicht mehr machen. Auch diese Auffassung teile ich nicht.

PÖRKSEN: Bei der Systemtheorie Niklas Luhmanns könnte es sich aber auch um eine *negative Anthropologie* handeln: Über den unendlich vielgestaltigen, den nicht durch eine Beschreibung zu erfassenden Menschen, das Objekt der Anbetung, schweigt man in stiller Demut und Verehrung.

MATURANA: Das glaube ich nicht, weil Niklas Luhmann diese Form der Beschreibung gewählt hat, um universale Aussagen zu machen. Das war der Grund; er hat eine Art und Weise der Beschreibung gewählt, die – einem mathematischen System vergleichbar – formalen Charakter besaß. Was geschieht nun, wenn Menschen mit ihren Vorlieben und Abneigungen, ihren Wünschen und Emotionen auftauchen? Sie bedrohen die Schönheit der formalen Beschreibung, sie gefährden die Eleganz des Formalismus.

PÖRKSEN: Gleichwohl ließe sich die Weigerung, den Menschen in ein Element der eigenen Theorie zu verwandeln, auch als eine besondere Form der Wertschätzung verstehen.

MATURANA: Das ist möglich, aber man braucht notwendig auch in einem solchen Entwurf diejenigen Menschen, die sich beklagen und die Einspruch gegen ihre Charakterisierung erheben können. Wenn man Menschen diese Möglichkeit nimmt, dann behandelt man sie als frei verfügbare Objekte; sie haben dann den Status von Sklaven, werden also zum Funktionieren gezwungen, ohne dass man ihnen die Möglichkeit der Klage zugesteht, wenn ihnen nicht gefällt, was mit ihnen geschieht. Eine derartige Behandlung und Missachtung anderer Menschen ist die gängige Praxis in bestimmten Firmen, Gemeinschaften und Ländern, die das Individuum negieren. Bei einem sozialen System, das die Beschwerde und die Klage nicht gestattet und prinzipiell ausschließt, handelt es sich nicht um ein soziales System. Es handelt sich um eine Tyrannei.

PÖRKSEN: Wenn ich richtig verstehe, hat diese Kritik, die Sie nun formulieren, vor allem einen ethischen Grund. Das heißt: Wir lösen uns an dieser Stelle des Gesprächs von den erkenntniskritischen Einwänden und betreten das weite Feld der Ethik. Es geht um den

Schutz des Individuums, um das Engagement für die Rechte des Einzelnen.

MATURANA: Stellen wir uns einmal für einen Moment ein soziales System vor, das tatsächlich autopoietisch funktioniert: Es wäre ein autopoietisches System dritter Ordnung, das sich seinerseits aus autopoietischen Systemen zweiter Ordnung zusammensetzt. Das würde bedeuten, dass jeder Prozess, der sich in diesem System vollzieht, notwendig zum Erhalt der Autopoiesis in ihrer Gesamtheit beiträgt und dass – in der Konsequenz – die Individuen mit ihren Eigenarten und ihren verschiedenen Formen, ihre Präsenz zu zeigen, verschwinden: Sie haben sich dem Erhalt der Autopoiesis unterzuordnen; was mit ihnen geschieht, ist nicht weiter wichtig, sie müssen sich fügen, um die Identität des Systems zu bewahren. Eine derartige Negation des Individuums gehört zu den Charakteristika totalitärer Systeme: Es war Stalin, der anders denkende Parteimitglieder aufforderte, ihre Position aufzugeben, um den Zusammenhalt und die Einheit der Partei nicht zu gefährden. Wer dagegen für eine demokratische Form des Zusammenlebens eintritt, dem können die Individuen keineswegs irrelevant erscheinen. Im Gegenteil. Sie sind absolut zentral, vollkommen unentbehrlich. Die Eigenschaften der Individuen sind es, die dem sozialen System sein Gepräge geben.

SYSTEMTHEORIE ALS WELTANSCHAUUNG

PÖRKSEN: Der Begriff der Autopoiesis hat nicht nur in der Wissenschaft und unter den Anhängern Erich Jantschs oder Niklas Luhmanns Furore gemacht, sondern gewinnt auch in der New-Age-Szene an Popularität. Man kann, so glaube ich, bei den Theoretikern und den Wortführern des neuen Zeitalters gegenwärtig einen Paradigmenwechsel beobachten: Früher interessierte man sich für die moderne Physik und den Tanz der Atome. Der Physiker Werner Heisenberg, der Entdecker der Unschärferelation, und der Buddha hatten – so ging das Gerücht – ziemlich genau dieselbe Meinung vom Wesen des Seins. Die Mischreligion, die dann entstand, könnte man eine *Quantentheologie* nennen. Seit einiger Zeit heißen die neuen Stichwortgeber der New-Age-Szene Gregory Bateson, Francisco Varela und: Humberto Maturana. Die Protagonisten dieser Szene – Capra &

Co. – entwickeln eine ziemlich brisante Mischung aus Spiritualität und Wissenschaft, eine Art *Vernetzungstheologie*. Sie soll eine wissenschaftliche autorisierte Verehrung des Zusammenhangs fundieren.

MATURANA: Es ist das für unsere Kultur charakteristische Problem des Reduktionismus, über das wir jetzt sprechen. – Wenn Sie für einen Moment aus dem Fenster schauen, dann sehen Sie dort draußen ein Liebespaar, eine junge Frau und einen jungen Mann, die sich küssen. Was geschieht hier? Die Antwort: Was immer hier geschieht, ereignet sich im Bereich der menschlichen Beziehungen. Natürlich kann man feststellen, dass bei diesem Austausch von Zärtlichkeiten Hormone und Neurotransmitter eine Rolle spielen; selbstverständlich lässt sich von systemischen Prozessen sprechen – das ist alles völlig korrekt, aber was sich zwischen diesen Menschen ereignet, das Gefühl ihrer Liebe, wird von einer solchen Charakterisierung nicht erreicht, nicht getroffen, man kann es nicht auf Hormone, Neurotransmitter und systemische Prozesse reduzieren. Es geht um den Fluss ihrer Beziehungen, der dem Fluss ihres Handelns Gestalt verleiht. – Wenn nun Fritjof Capra und andere eine Quantentheologie oder eine Vernetzungstheologie entwickeln und beginnen, Systeme oder Netzwerke zu verehren, dann denken und argumentieren sie reduktionistisch. Sie verflachen und verwischen alles. Sie reden nicht mehr von einzelnen Molekülen, sondern nur noch von Systemen, die sie zu neuen Göttern erheben. Auch das ist selbstverständlich Reduktionismus. Was ich tue, unterscheidet sich von einem solchen Ansatz fundamental, da ich die Differenz einzelner Phänomenbereiche in meinen Beschreibungen bewahre und beachte. Auf diese Weise sieht man den Bereich der Moleküle, den systemischen Bereich, den Bereich der Beziehungen. Und so weiter. All diese unterschiedlichen Bereiche konstituieren jeweils verschiedene Phänomene.

PÖRKSEN: Auch wenn ich wenig Lust verspüre, die New-Age-Szene gegen irgendetwas in Schutz zu nehmen, so kann man doch sagen: Das Interesse an Ihrer Arbeit ist auch nicht ganz zufällig. Die These von der Beobachterabhängigkeit allen Erkennens lässt sich auch als ein Ende der Subjekt-Objekt-Spaltung interpretieren, die einem in der Schilderung spiritueller und mystischer Erlebnisse begegnet.

MATURANA: In spirituellen Erlebnissen geht es meiner Auffassung nach nicht um die Erfahrung der Transzendenz in einem ontologischen Sinn, sondern sie handeln stets von einer Bewusstseinserweiterung und einem intensivierten Gespür für Partizipation: Man wird sich der Verbundenheit mit anderen Menschen, dem Kosmos, der Biosphäre usw. bewusst. Wenn gegenwärtig von Spiritualität die Rede ist, meint man jedoch in der Regel eine Erfahrung, die irgendeine ontologische Einsicht und eine Erkenntnis der wahren Natur bereithält. Derartige Erkenntnisse halte ich jedoch für prinzipiell unmöglich. – Nichts, was sich beschreiben lässt, ist unabhängig von uns.

PÖRKSEN: Haben Sie selbst Erfahrungen gemacht, die man in Ihrem Sinn als ein spirituelles Erlebnis verstehen kann?

MATURANA: Als junger Mann war ich, wie schon berichtet, an Lungentuberkulose erkrankt. Nachdem ich über sieben Monate im Bett gelegen hatte, ging ich eines Tages erneut ins Gymnasium, um zu sehen, ob ich vielleicht doch nicht die Klasse wiederholen müsste und das Schuljahr regulär zu Ende bringen könnte. Es war im Dezember, und ich hörte – gerade vom Krankenbett aufgestanden – ein Referat, das meine Mitschüler zu den Gefahren der Tuberkulose vorbereitet hatten. Sie beschrieben die schrecklichen Risiken dieser Krankheit und die in diesen Jahren nur sehr spärlich vorhandenen Möglichkeiten der Therapie. Während ich ihnen zuhörte, merkte ich, dass ich allmählich ohnmächtig wurde, und ich beschloss, die herannahende Ohnmacht zu beobachten. Als ich wieder zu Bewusstsein kam, befand ich mich in der Mitte des Raumes, ich hörte die Stimme meines Lehrers. Er sagte, ich sähe ganz grün aus, und wollte wissen, was passiert sei.

PÖRKSEN: Was war passiert?

MATURANA: Ich werde Ihnen erzählen, wie ich diese Erfahrung erlebt habe. Als ich mich gerade darauf einstellte, die drohende Ohnmacht zu beobachten, verlor ich jedes Gespür für meinen Körper. Ich hatte keinen Körper mehr, war mir jedoch bewusst, dass ich noch existierte und allmählich – so wie ein bisschen Rauch, der sich still und leise im Raum verteilt – in einem prachtvollen blauen Kosmos verschwand.

Mein Gefühl war, dass ich mich in dieses herrliche Blau hinein auflöste, dass ich mit allem verschmolz und mit allem eins wurde. Dann war plötzlich alles vorbei. Der Kopf tat mir weh, mir wurde übel, ich hörte die Stimme meines Lehrers und kam zurück. Was bedeutet, so fragte ich mich, diese wundervolle Erfahrung? Hatte ich Gott gesehen? Handelte es sich um ein mystisches Erlebnis? Oder war ich auf dem Weg in den Tod? – In den folgenden Wochen und Monaten las ich die wenigen Bücher, die es damals über Nahtoderfahrungen gab, und studierte die medizinische und die mystische Literatur. Mir wurde deutlich, dass ich mich mit den verschiedenen Interpretationen auf einem äußerst schmalen Grat bewegte. Wenn ich die medizinischen Bücher las und mich ihren Aussagen anvertraute, dann hatte ich erfahren, was es heißt zu sterben und wie sich die mangelnde Durchblutung des Gehirns auswirkt. Glaubte ich dagegen der mystischen Literatur, dann handelte dieses Erlebnis von einer Begegnung mit Gott und der Identifikation mit der Totalität der Existenz. Damals entschied ich mich für die medizinische Interpretation und die Deutung des Gewesenen als einer Nahtoderfahrung.

PÖRKSEN: Sind diese beiden Deutungen wirklich so verschieden? Der Tod könnte doch auch eine Metapher sein, die vom Geschenk des Neubeginns handelt: Die alte Persönlichkeit stirbt.

MATURANA: Jedenfalls war es ein Erlebnis, das mein Leben veränderte; und diese Veränderung und das Element der Bewusstseinserweiterung verliehen meiner Erfahrung wieder eine spirituelle, eine mystische Dimension, die mir als junger Mann, der das Gefühl hatte, er müsse sich zwischen beiden Interpretationen entscheiden, noch nicht so gegenwärtig war. Ich verlor die Angst vor dem Tod, ich hörte auf, an den Dingen zu haften und mich über Gebühr mit ihnen zu identifizieren, da ich in dieser Begegnung mit dem Tod die Verbundenheit mit dem Ganzen erlebt hatte. Ich wurde nachdenklicher und weniger dogmatisch. Das bedeutet nicht, dass ich mich nun als ein erleuchtetes Wesen beschreiben will, das über jegliche Anhaftung erhaben ist, überhaupt nicht. Aber diese Erfahrung war einschneidend, sie war lebensverändernd. Alles ist, so wurde mir klar, vergänglich, nur ein Übergang. Man muss nichts verteidigen, man kann nichts festhalten.

II. Anwendung einer Theorie

1. Psychotherapie

Der Blick des Systemikers

PÖRKSEN: Begeistert hat man Ihre Begriffe und Denkmodelle vor allem in der Psychotherapie aufgegriffen – und Sie eine Zeit lang auf den entsprechenden Kongressen regelrecht gefeiert. Mitte der 80er-Jahre konnte man kaum eine wichtige familientherapeutische Zeitschrift entdecken, in der Sie *nicht* zitiert wurden. Und mitunter schien es so, als würde sich jeder systemisch und konstruktivistisch interessierte Therapeut allmählich in einen erkenntnistheoretisch durchdrungenen Weisen verwandeln. Mir kommt dieses starke Interesse an Ihren Arbeiten jedoch etwas merkwürdig vor. Denn eigentlich erscheint, wenn man Sie ernst nimmt, die Tätigkeit des Psychotherapeuten als eine vollkommen unkalkulierbare Aktivität. Sie behaupten, Menschen ließen sich nicht linear steuern, und man könne nicht instruktiv intervenieren – und eine solche Annahme zerstört unmittelbar das Heilungsideal und Effizienzdenken einer ganzen Generation von Therapeuten.

MATURANA: Ich würde sagen: Es wird nicht *die* Therapie sinnlos, sondern allein eine bestimmte Auffassung derselben, die auf einem linearen Kausalitätsverständnis basiert. Wer behauptet, er kenne die ewig gültige Prozedur, um einen anderen von Leid und Schmerz zu befreien, wird sich unvermeidlich an meinen Auffassungen stoßen. Niemand ist in der Lage, gezielt festzulegen, was in einem anderen Menschen geschieht; niemand vermag ein strukturdeterminiertes System – einen anderen Menschen – instruktiv zu intervenieren und gezielt zu determinieren, wie sich dieses lebende System verhalten wird, wenn man es mit einer bestimmten Einsicht oder Erfahrung konfrontiert.

Pörksen: Und doch hat wohl jeder Therapeut die Absicht, seine Patienten zu heilen. Wer einen solchen Heilungswunsch mit sich herumträgt, der benötigt letztlich doch auch – so meine These – eine triviale Konzeption von Kausalität: Er braucht ein rohes mechanistisches Denken, sonst wird die eigene Arbeit sinnlos und zu einer vollkommen unprognostizierbaren Betätigung.

Maturana: Natürlich möchte jeder Therapeut gerne helfen, aber die Tatsache, dass er meint, er wende seine Techniken gezielt und punktgenau an, bedeutet keineswegs, dass sich entsprechend auch die gewünschten Effekte einstellen. Was immer er tut, wird seine möglicherweise heilsamen Wirkungen erst außerhalb des Therapiezimmers in einem Bereich der zwischenmenschlichen Beziehungen entfalten, die von der Welt der Bilder, der Gespräche und der Erfahrungen, die innerhalb dieses Zimmers erschaffen wird, verschieden ist. Dass ein Therapeut bestimmte Absichten oder Theorien zur Veränderung von Menschen besitzt, besagt nichts, weil sich seine Überlegungen oder Wünsche keineswegs linear in spezifische Resultate im Bereich der zwischenmenschlichen Beziehungen des Klienten umsetzen lassen. Er vermag lediglich, das Leiden dieses Menschen, der da zu ihm kommt, in die ihm vertrauten Kategorien einzuordnen, um sich dann zu sagen, dass für gewöhnlich eine bestimmte Handlungsweise angebracht sein mag. Aber absolutes Wissen ist dies nicht.

Pörksen: Wäre es möglich, dass Ihre Arbeiten in der therapeutischen Szene vielleicht auch deshalb so populär sind, weil sie sich als eine Entlastungstheorie gebrauchen lassen? Ein bekannter Psychotherapeut, der sich auf Sie bezieht, schreibt: „Wenn man den Mythos der instruktiven Interaktion aufgegeben hat, dann kann der konstruktivistische Therapeut auch die Vorstellung aufgeben, dass er verantwortlich dafür ist, dass es seinem Klienten besser geht oder dass er geheilt wird." Umgekehrt gesagt: Auch wenn es ihm schlechter geht, ist der Therapeut notwendig unschuldig; das ist die perfekte Rechtfertigung, um sich noch in jeder Situation aus der Affäre zu ziehen.

Maturana: In dieser Frage muss man präziser argumentieren. Natürlich bin ich nicht für das verantwortlich zu machen, was ein anderer mit dem, was ich sage oder tue, anfängt, wie er meine Handlungen oder Äußerungen versteht, aufnimmt und interpretiert. Er hört, was er hört; er versteht, was er versteht; und er tut, was er tut. Es lässt sich in der Tat nicht sagen, eine Äußerung oder Handlung habe in einem Menschen genau das intendierte Resultat hervorgerufen, für das man nun – aufgrund der gelungenen Intervention – in irgendeiner Weise haftbar zu machen sei; in dieser Hinsicht stimme ich dem Autor, den Sie zitiert haben, zu. Aber das ist nur die eine Seite der Medaille: Ich kann zwar nicht für die Handlungsweise eines anderen Menschen verantwortlich gemacht werden, aber ich bin sehr wohl vollkommen dafür verantwortlich, was ich nach meinem eigenen Verständnis sage oder tue und im Bereich der zwischenmenschlichen Beziehungen und in einem systemischen Netzwerk anrichte. Vielleicht handele ich, um einem anderen zu helfen, vielleicht aber auch, um ihn zu betrügen oder zu manipulieren. Und diese verschiedenen Intentionen bedingen jeweils unterschiedliche Handlungen.

PÖRKSEN: Die zentrale Forderung, die Sie an die therapeutische Zunft richten, lautet somit: Verabschiede dich von der Idee, den anderen kontrollieren und determinieren zu können, und übernimm gleichwohl für dein Handeln Verantwortung.

MATURANA: Ja, sicher. Und wer sich klar macht, dass er nicht festzulegen vermag, wie sich ein Mensch verhalten wird, dem wird auch bewusst, dass die Qualität seines Handelns von dem Ausmaß seiner Weisheit abhängt. Diese Weisheit eines Therapeuten manifestiert sich, so meine Behauptung, in der Befähigung des unvoreingenommenen Zuhörens, in einer Haltung der Offenheit und des Geschehenlassens: Was immer sich in einer Beziehung ausdrücken möchte, wird nicht durch Vorurteile und eigene Neigungen, Techniken der Manipulation oder Kontrollwünsche verzerrt, sondern in der Form, in der es erscheint, wahrgenommen. Man muss, um dies zu erreichen, mit so vielen Ohren wie nur irgend möglich zuhören, darf nicht zulassen, dass die eigene Wahrnehmung durch vorschnelle Urteile getrübt wird, und sollte sich seiner Emotionen bewusst sein, die das Zuhören färben: Wer neugierig ist, wer sich ärgert und einem Menschen etwas neidet oder sich über ihn erhebt, der hört stets auf eine notwendig begrenzende, andere Möglichkeiten der Begegnung ausschließende Art und Weise zu. Seine Aufmerksamkeit wird von bestimmten Eigenschaften des anderen gefesselt. Die einzige Emotion, die das eigene Zuhören nicht begrenzt, sondern erweitert, ist: die Liebe.

Pörksen: Liebe ist ein gefährlicher Begriff, wenn es um die Begegnung von Therapeut und Patient geht. Sofort tauchen Bilder des Missbrauchs auf; man fürchtet in jedem Fall einen irgendwie anrüchigen Distanzverlust. Aber vielleicht drückt sich in diesem raschen Urteil nur die Weigerung aus, Ihnen in diesem Moment zuzuhören.

Maturana: Das könnte sein. Wenn man sich fragt, was jemand sagt, der von *Furcht, Hass* oder auch *Liebe* spricht, so bemerkt man stets, dass er über den Verhaltensbereich, in dem er sich gerade befindet oder in dem er agieren möchte, Auskunft gibt. Die Unterscheidung von verschiedenen Emotionen korrespondiert mit der Form der Beziehungsaufnahme, die man selbst oder ein anderer favorisiert oder bereits praktiziert. Emotionen bilden die Basis sämtlicher Handlungen, das Fundament von Aktivität. In ihnen drückt sich die Beziehungsfigur aus, in der ein Mensch operiert.

Varianten des Wandels

Pörksen: Schlagen Sie den Therapeuten vor, Sie sollten Ihre eigenen Gefühle analysieren, bevor sie mit der Arbeit anfangen?

Maturana: Notwendig ist nicht die Analyse, sondern ein Bewusstsein für die Dynamik der Beziehungen, die sich mit einer bestimmten Emotion verknüpft. Ich behaupte nun: Die einzige Emotion, die die eigene Wahrnehmung nicht beschränkt, die sie nicht filtert und lenkt, sondern sie erweitert und von vorschnellen Urteilen befreit, nennen wir Liebe. Was ist Liebe? Ich sage: Wann immer wir das Verhalten eines Menschen beobachten, das dazu führt, dass ein Mensch als ein legitimer anderer in der Koexistenz mit ihm Präsenz erlangt, dann sehen wir Liebe. Und wann immer man sich auf eine Art und Weise verhält, die zu dieser legitimen Präsenz des anderen führt, wird man offen sein – und alles wahrnehmen, ohne es durch eine vorschnelle Wertung zurückzuweisen. Was auch immer es sein mag.

Pörksen: Aber diese fundamentale Akzeptanz, die Sie vorschlagen, muss doch irgendwann ein Ende haben. In bestimmten Momenten kann es sehr heilsam sein, wenn der Therapeut mit gezielten Provokationen und einer gewissen Rücksichtslosigkeit einen Wandel erzwingt.

MATURANA: Selbstverständlich. Wer auf der Basis von Liebe handelt, ist auch keineswegs dazu verpflichtet, jedes nur denkbare Verhalten zu akzeptieren und es als wesentlich für das eigene Leben anzusehen. Entscheidend ist allerdings die Form der Beziehungsaufnahme, die er wählt. Das womöglich erschreckend wirkende Benehmen des Therapeuten wird, wenn er aus Liebe handelt, nicht Ausdruck seiner Arroganz oder seiner Vorurteile sein, sondern eine Manifestation seines tiefen, unvoreingenommenen Verständnisses. Vielleicht schüttelt und schockiert er diesen anderen Menschen, um ihn von seiner Blindheit zu befreien, aber das ist, wenn es aus Liebe geschieht, vollkommen in Ordnung.

PÖRKSEN: Was bedeutet Ihr Plädoyer für die Forderung nach therapeutischer Distanz? Sollte sich der Therapeut, der aus Liebe handelt, als ein Mitglied der Familie verstehen, die zu ihm kommt?

MATURANA: Gefordert ist ein doppelter Blick: Wenn man sich nicht bis zu einem gewissen Grad in das System integriert, kann man unmöglich zuhören; aber gleichzeitig ist es auch notwendig, sich eine gewisse Distanz zu bewahren, die es einem gestattet, den Kontext des Geschehens zu sehen und die Freiheit der Reflexion zu erhalten. Ein System lässt sich, etwas allgemeiner gesagt, als ein Netzwerk von Beziehungen bestimmen. Und wenn man innerhalb dieses Netzwerks von Beziehungen handelt, die das System konstituieren, wählt man eine Form der Interaktion, die ich *agonal* nenne: Man handelt auf eine Weise, die den eingeführten, den tradierten Verhaltensweisen im System entspricht.

PÖRKSEN: Was heißt das konkret?

MATURANA: Wenn mir beispielsweise eine Mutter entsetzt von dem schlechten Benehmen ihres Kindes berichtet und ich zu dem Kind sage, dass es sich ja offensichtlich ziemlich übel verhält, und es nach seinen Gründen frage, dann partizipiere ich unmittelbar an den Interaktionen, die sich in diesem System eingeschliffen haben und es in dieser Form bewahren. Eine *orthogonale Begegnung* ereignet sich hingegen, wenn man auf eine Weise agiert, die das System nicht bestätigt, sondern es in seiner Struktur verändert. Die Interaktion steht gewissermaßen rechtwinklig zu jenen Dimensionen, die an der Bildung und dem Erhalt des Systems beteiligt sind. Den Ansatzpunkt der Annäherung muss man durch Beobachtung entdecken. Vielleicht beklagt sich die Mutter mit dem Satz: „Dieses Kind benimmt sich unendlich schlecht!" Und man selbst fragt dann genauer nach, was vorgefallen ist, und beginnt schließlich, von der außerordentlichen Kreativität des Kindes zu sprechen. Das ist eine orthogonale Interaktion, die man – je nach Situation – anwenden muss. Aber ich möchte es noch einmal betonen: Die fundamentale Emotion jedes Therapeuten sollte die Liebe sein. Und der Weg der Heilung besteht darin, Selbstliebe und Selbstachtung erneut zu entdecken.

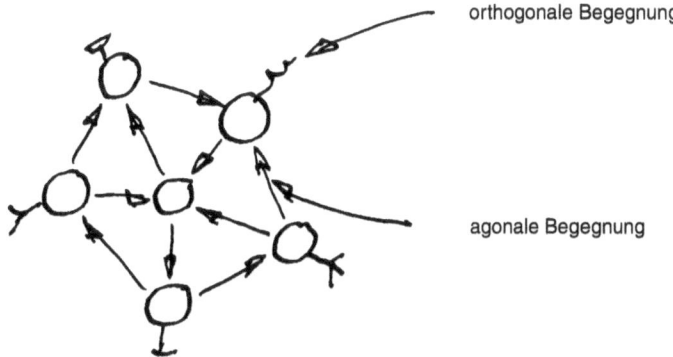

Abb. 11: Ein System (eine zusammengesetzte Einheit) kann in zwei Arten von Begegnungen eintreten: Zum einen handelt es sich um Begegnungen mit einer externen Entität, die auf die Bestandteile des Systems trifft und in ihnen strukturelle Veränderungen solcher Art auslöst, wie sie der aktuellen Funktionsweise des Systems entsprechen. Zum anderen lässt sich eine Form der Begegnung mit einer externen Entität beobachten, die auf die Bestandteile des Systems trifft und in ihnen strukturelle Veränderungen auslöst, die von der aktuellen Funktionsweise des Systems verschieden sind. Die erste Art der Begegnung wird hier agonal (bestätigend) genannt, weil das externe Agens in einigen Bestandteilen des Systems die gleichen strukturellen Veränderungen auslöst, die auch die anderen Bestandteile des Systems im Rahmen der aktuellen Systemdynamik auslösen würden, sodass das System als Ganzheit im bisherigen relationalen Strom verbleibt. Die zweite Art der Begegnung wird entsprechend als orthogonal (nichtbestätigend) bezeichnet, weil das externe Agens in einigen Bestandteilen des Systems strukturelle Veränderungen auslöst, die – bezogen auf die aktuelle Strukturdynamik des Systems – neuartig sind, sodass das System als Ganzheit die Richtung seines relationalen Stroms wechselt. (Zeichnung von Alejandro M. Maturana)

PÖRKSEN: Können Sie an einem Beispiel vorführen, wie diese von Liebe geführte Therapie funktioniert?

MATURANA: Nun, ich bin, wie Sie wissen, kein Therapeut, kann also nicht aus meiner Praxis, sondern nur aus meinem Alltag berichten. Lassen Sie mich deshalb ein Beispiel dieser Art wählen. – Eines Tages besuchte mich, es war Winter, mein kleiner, damals gerade fünf Jahre alter Enkel; er sieht sehr schlecht, trägt eine dicke Brille und war an diesem Tag seines Besuchs ziemlich warm angezogen. Beim Spielen fiel er an einer tiefen Stelle in den Pool in meinem Garten. Er ging unter, tauchte aber, weil sich etwas Luft in seinen vielen Kleidern gesammelt hatte, wieder auf und hielt sich blitzschnell am Beckenrand fest. Er schrie um Hilfe. Ich rannte an den Beckenrand, zog ihn heraus und sagte zu ihm: „Ich gratuliere dir – du hast dich selbst gerettet!"

PÖRKSEN: Sie haben die Situation umgedeutet.

MATURANA: Aber keineswegs in einer beliebigen Weise, das hätte nicht funktioniert. Er hat sich ja tatsächlich aus eigener Kraft gerettet. – Immer noch zutiefst erschreckt und voller Angst vor irgendeiner Strafe sagte er zu mir, dass alles ein Unfall gewesen sei. „Natürlich war es ein Unfall", so antwortete ich, „aber du hast dich selbst gerettet. Ich musste dir nur noch aus dem Becken helfen." Schluchzend meinte er dann, er müsse dringend aufs Klo. „Pinkel einfach", sagte ich, „während ich ein Handtuch hole. Das warme Pippi wird sich großartig anfühlen!" Als am Abend seine Schwester zu Besuch kam, rannte er auf sie zu – und erzählte ihr freudestrahlend und voller Stolz: „Ich bin in den Pool gefallen, und ich habe mich selbst gerettet!" Er fühlte sich nicht schuldig, er hatte keine Angst vor dem Wasser entwickelt, sein Selbstvertrauen war ihm nicht abhanden gekommen. Wenn man so will, handelte es sich bei diesem Erlebnis um eine therapeutische Interaktion: Da ist dieses kleine Kind, das so schlecht sieht, dass es versehentlich in den Pool fällt, und dem es doch gelingt, sich zu retten. Und man selbst handelt nicht auf der Basis eines eigenen Erschreckens oder Ärgers, sondern weil man das Kind in seiner besonderen Situation wahrnimmt und akzeptiert.

Individuum und Gesellschaft

PÖRKSEN: Vielleicht ist es ganz gut, diese therapeutische Haltung, die Sie vorschlagen, einmal auf das Konzept des Widerstands anzuwenden, das in zahlreichen Therapierichtungen verbreitet ist. Was bedeutet es eigentlich, wenn ein Therapeut bei seinem Klienten *Widerstand* diagnostiziert? Der Klient weigert sich, so heißt es, gesund zu werden, stellt sich dem Weg der Heilung entgegen, blockiert die positiven Wirkungen der therapeutischen Intervention.

MATURANA: Wenn man eine Situation, in der sich ein Mensch gezielt in seinen Wahrnehmungsmöglichkeiten beschränkt, um nicht zu sehen, was ein anderer ihm zeigen will, als Widerstand bezeichnet, so arbeitet man mit einer Schuldzuweisung und einem Vorwurf: Sein Verhalten gilt als negativ, und es wird verurteilt. Umgekehrt ließe sich auch sagen, dass man als Therapeut, wenn man Widerstand feststellt, offenkundig noch nicht jene Form des Zuhörens entwickelt hat, die es dem anderen ermöglicht, sich in seiner Angst zu zeigen und die eigene fundamentale Epistemologie zu offenbaren. Wenn man dagegen wahrnimmt, dass ein Mensch sich widersetzt, weil er sich schlicht und einfach fürchtet, dann entwickelt man ein anderes Verständnis und ein Gespür für die Legitimität seines Verhaltens: Was dieser Mensch tut, richtet sich nicht, so vermag man dann zu erkennen, gegen die eigene Person.

PÖRKSEN: Die psychotherapeutische Welt wird nach wie vor von einer zentralen Unterscheidung regiert: Es ist die Differenz von Individuum und System, von einer am Einzelnen oder am Kontext ansetzenden Vorgehensweise. Ihr Name verbindet sich ganz offenkundig mit der systemischen Therapie, in der man nicht nur hilfsbedürftige Einzelne, sondern eventuell auch die Eltern und Geschwister, den Großvater oder auch die Altersgenossen ins Therapiezimmer bittet. Meine Frage ist jetzt: Würden Sie in jedem Fall einer am System orientierten Betrachtung den Vorzug geben?

MATURANA: Zumindest erscheint mir ein systemisches Verständnis stets notwendig, weil jede Handlung in eine Dynamik der Beziehungen eingebettet ist. Auch wenn wir beide hier miteinander reden, dann sind nicht nur wir allein anwesend: Auch unsere Familien, unsere Kultur, das Land unserer Herkunft und unsere Muttersprache sind in unseren Gesprächen präsent. Jeder von uns trägt ein ganzes Netzwerk von Beziehungen mit sich herum, in dem unsere Art zu denken, zu sprechen und zu handeln ihren Sinn hat. Das heißt: Obwohl unsere Begegnung rein persönlicher Natur sein mag, sind wir doch beide unvermeidlich Teil einer systemischen Dynamik. Ohne ein Bewusstsein für die prägende Kraft von Kultur fehlt die Möglichkeit der Reflexion, die es uns erlaubt festzustellen, was wir (aufgrund eigener Entscheidungen) tun und was (aufgrund unserer Herkunft) nur durch uns passiert. Erst das Bewusstsein für diese prägenden Einflüsse schafft die Chance zur Befreiung.

PÖRKSEN: Sie setzen den Rahmen dieser Einflüsse ziemlich großformatig an, wenn Sie von der Macht kultureller Konventionen sprechen. Das scheint mir sehr aufschlussreich, weil ich mich immer wieder gefragt habe, warum sich die systemischen Therapeuten in der Regel dafür entscheiden, ihren Blick allein auf die nächsten Verwandten und nicht auf die umgebende Gesellschaft oder gar die Konstrukte eines Staates oder eines ganzen Kulturkreises zu richten. Und ich habe mich gefragt, warum dies so ist, weil uns ja so offenkundig nicht nur die Mütter, die Väter und die Geschwister prägen. Der einzige Grund, der mir einfiel, war, dass man Kulturen einfach keine Rechnungen schicken kann.

MATURANA: (lacht): Das ist gut möglich, obgleich man natürlich auch die kulturellen Einflüsse sichtbar machen könnte, um dann die Rechnung doch an denjenigen zu schicken, der bereit ist, für diese Leistung zu bezahlen und auf diese Weise den Lebensunterhalt des Therapeuten zu sichern. Der Schmerz, der sich in einer Therapie offenbart, ist, wie die chilenische Familienberaterin Ximena Dávila Yañez sehr klar gezeigt hat, immer kulturell bedingt: Er entsteht in einer patriarchal orientierten Kultur, in der Misstrauen und Besitzansprüche und eine fortwährende Negation anderer Menschen regieren. – Wer in seiner Partnerschaft oder bei der Arbeit nicht gehört und nicht gesehen wird, wer an dem Ort seines Lebens keine Präsenz besitzt, der erfährt diese verborgene Ablehnung als ungeheuer schmerzhaft.

Konstruktion der Krankheit

PÖRKSEN: Eventuell ist das ein guter Moment, um nach dem Gespräch über die therapeutischen Effekte der Liebe und die Macht der Kultur zu einem anderen Thema überzuleiten, das stärker Ihre Arbeit als Erkenntnistheoretiker berührt. Man muss sich doch fragen, was der Begriff der geistigen Gesundheit oder der Normalität aus Ihrer Perspektive bedeutet. Oder umgekehrt: Psychiater sagen über Patienten, die halluzinieren, dass sie den „Bezug zur Realität" verloren haben; ihre diagnostischen Formeln sind ontologisch kontaminiert, denn sie gehen implizit von einer erkennbaren Wirklichkeit aus, und diese ist die Basis der Diagnose. Sie sagen nun: Jedes Realitätskonstrukt ist unvermeidlich beobachterabhängig. Was heißt es demnach, krank und nicht mehr normal zu sein?

MATURANA: Lassen Sie mich folgendermaßen antworten: Im Bereich des Biologischen finden sich keine Pathologien. Bei einer Katze handelt es sich nicht um einen unterentwickelten Tiger; ein Tiger ist keine krankhaft arrogante Katze. Die Zecke, die Ihr Blut saugt, ist nicht irgendwie böse oder schlecht, sondern lebt einfach auf ihre Weise dahin – und es trifft sich nun, dass Sie Teil des Fußes sind, an dem sie sich festgebissen hat. Das heißt: Alle Formen des Lebens müssen als legitim gelten. Wer nun dem Weg der *Objektivität in Klammern* folgt, für den ist eine Pathologie kein Merkmal einer beobachterunabhängig gegebenen Welt: Eine Krankheit erscheint ihm als ein Zustand, den ein Beobachter – gemäß seiner Vorlieben – für unerwünscht hält. Normal und gesund zu sein bedeutet dementsprechend, dass man im Strom des Lebens keine Anstrengungen unternimmt, den eigenen Zustand mit fremder Hilfe zu verwandeln. Es gibt keine *Pathologie an sich*, keine *Probleme an sich*, keine von den Wünschen und Vorlieben eines Beobachters unabhängige Erkrankung.

PÖRKSEN: Wessen Definition der Normalität und des Erwünschten zählt oder sollte doch zählen? Man kann sich ja vorstellen, dass jemand eine Psychose durchaus genießt, sich aber die Angehörigen verpflichtet fühlen, diesem besonderen Genuss durch eine Einweisung in die geschlossene Anstalt ein Ende zu setzen. Der Arzt Thure von Uexküll hat einmal berichtet, dass ihm das hohe Fieber, das er –

an einer schweren Krankheit leidend – bekam, eine der schönsten Erfahrungen seines Lebens bescherte.

MATURANA: Was mit jemand geschieht, der als krank etikettiert wird und sich doch sehr wohl fühlt, lässt sich nicht allgemein beantworten. Es gibt kein stabiles Kriterium, das hier das Vorgehen leiten könnte, denn alles hängt von den Emotionen ab, die das Handeln bestimmen. Vielleicht ängstigt man sich vor der angeblichen Verrücktheit eines Menschen, vielleicht liebt man ihn und handelt, um ihn vor seinem sicheren Tod zu schützen; vielleicht redet jemand aber auch auf eine so gefährlich und so revolutionär wirkende Weise daher, dass irgendwer beginnt, den Verlust seiner Privilegien zu fürchten. Womöglich verfällt er dann auf den Gedanken, die Forderung nach sozialer Gerechtigkeit zum Symptom einer besonderen Pathologie zu erklären, vor der die Gesellschaft dringend geschützt werden muss. In der Sowjetunion wurden, wie man weiß, zahllose Dissidenten mit dem schlichten Argument, ihre Auffassungen seien krankhaft, in die Psychiatrie eingewiesen, wo sie per Elektroschock von ihren „demokratischen Wahnideen" erlöst wurden. Die Zuschreibung von Krankheit bildete die Begründung, um jede weitere Diskussion zu beenden.

PÖRKSEN: Welche Konsequenzen ergeben sich aus Ihren Auffassungen? Soll man die Psychiatrien öffnen, um die so genannten Kranken, die nur ein Beobachter entsprechend beschreibt, freizulassen?

MATURANA: Diese Menschen werden doch gerade als pathologisch etikettiert, damit sie nicht mehr hinauskönnen. Aber um es ganz klar zu sagen: Ich bin keineswegs für eine wie immer geartete Patientenbefreiung, das muss nicht die Folge sein, weil man dann auch wieder nur irgendeine Theorie ohne ein genaues Verständnis der besonderen Situation umsetzt. Allerdings sollte man schon – das wäre mein Ziel – ein Bewusstsein für die eigene Verantwortung entwickeln, die man hat, wenn man einen Zustand als *krank* oder als *nicht normal* beschreibt: Wer immer dies tut, der hat eine Wahl getroffen. Es gibt für eine solche Entscheidung keinen höheren Grund, keine absolut gültige Begründung und keine beobachterunabhängige Rechtfertigung.

Pörksen: Sie sagen es selbst: Sie sind kein Therapeut, sondern ein Biologe, der sich den Grundfragen der Philosophie gestellt hat. Faktisch hat man Ihre Gedanken jedoch besonders stark in der Psychotherapie und den verwandten Disziplinen der Menschenveränderung – der Pädagogik und der Managementlehre – aufgegriffen. Wie erklären Sie sich dieses besondere Interesse und Ihre Popularität?

Maturana: Zuerst möchte ich bemerken, dass mich dieser plötzliche Bekanntheitsschub nicht allzu sehr berührt hat, da ich in Chile lebe und einfach nicht jede Einladung, die ich bekomme, annehmen kann. Natürlich war es äußerst lehrreich, die Arbeit der Familientherapeuten genauer kennen zu lernen, aber die Bewunderung anderer hat mich immer auch zu der Frage geführt, warum und mit welchem Grad des Verständnisses man eigentlich bewundert wird und was geschieht, wenn jemand feststellt, dass ich gar nicht all jene großartigen Gedanken vertrete, die er enthusiastisch in meine Aufsätze hineininterpretiert. Vermutlich hat es, so denke ich, viele Therapeuten fasziniert, dass es meine Arbeiten als Biologe erlauben zu begreifen, warum auch eine Familie ein Multiversum verschiedener Realitäten darstellt, warum die verschiedenen Mitglieder einer Familie mit ihren einander widersprechenden Aussagen doch alle Recht haben.

Pörksen: Die 80er-Jahre waren die Ära der Theorie in der psychotherapeutischen Szene; heute scheinen erneut die Praktiker und die pragmatisch gestimmten Feinmechaniker dominant. Sie selbst wurden 1981 durch einen explosiv angelegten Vortrag des amerikanischen Familientherapeuten Paul Dell schlagartig berühmt. Er schleuderte, als er auf einem Symposium in Zürich auftrat, mit dem Eifer eines frisch Bekehrten sein neues Glaubensbekenntnis ins Publikum: „Es gibt keine Information", so hörte man ihn sagen. „Eine Krankheit an sich existiert nicht. Wahrheitserkenntnis ist unmöglich." Und so weiter. Wie stellt sich Ihr Verhältnis zur Welt der Psychotherapie heute dar?

Maturana: Inzwischen ist hier meine Bekanntheit wieder deutlich zurückgegangen – und das ist vollkommen verständlich in einer Kultur, die eine unstillbare Sehnsucht nach Neuartigem besitzt, in der man rastlos darauf drängt, alles und jedes sofort praktisch umzusetzen und in eine Methode zu verwandeln, die in einer möglichst effizienten Weise vorhersehbare Resultate erzeugt. Als ein Vertreter dieses alles beherrschenden Effizienzdenkens bin ich allerdings vollkommen ungeeignet, denn ich zeige ja gerade, dass sich eine solche stets funktionierende Methode der Menschenveränderung niemals und unter keinen Umständen finden lassen wird: Man begegnet einem anderen stets in einem Bereich fundamentaler Unsicherheit; und alles, was bleibt, ist der Versuch, eine Form der Existenz zu kreieren, die einen gemeinsamen Tanz ermöglicht. Eines Tages wird sich dann vielleicht – wenn man nun als ein Therapeut arbeitet – der Klient verwandelt fühlen und wieder beginnen, sein Leben ohne fremde Hilfe zu bewältigen.

PÖRKSEN: Eine letzte Frage oder Bemerkung. Aus meiner Sicht spielt sich die Anwendung Ihrer Theorien in der Therapie oder auch im Management stets zwischen zwei Extremen ab. Das eine Extrem: Ihre Anhänger agieren mit einem neuen Bewusstsein für Komplexität, geleitet von einem Gefühl der Bescheidenheit und der tiefen Einsicht, dass man die Welt nicht nach den eigenen Vorstellungen und Kontrollideen verwandeln kann, sondern Rücksicht nehmen muss auf alle Beteiligten, auf das nie ganz durchschaubare Netzwerk der interagierenden Elemente. Das andere Extrem: Ihre Theorien werden seit einiger Zeit verstärkt als die Instrumente einer doch noch erfolgreichen Manipulation gehandelt. Das Motto ist hier: *Weil* man versteht, wie sich geschlossene Systeme irritieren lassen, vermag man diese Einsichten entsprechend zu benutzen. Diese beiden Extreme der Verwendung sind, so meine ich, in den beruflichen Biografien vieler Systemtheoretiker präsent. Drastischer: Früher befand man sich in der Nähe einer neuen Mystik, heute arbeitet man als Managementberater; früher ging es um einen anderen Geist, heute verdient man lieber richtig Geld.

MATURANA: Wenn Sie richtig liegen mit dieser Einschätzung, dann möchte ich ganz klar sagen, dass ich dies als eine Verzerrung meines Denkens empfinde: Das Verständnis meiner Arbeit wird in solchen Versuchen der Manipulation nicht dazu benutzt, eine menschlichere Lebensform zu schaffen, sondern man gebraucht die entsprechenden Einsichten zum persönlichen Vorteil, zur Bereicherung Einzelner, regiert von dem in unserer Kultur verbreiteten Effizienzdenken, der Kontrollsucht und dem Erfolgshunger. Und doch bleibt mir nichts anderes übrig, als auch eine derartige Entwicklung einfach hinzunehmen und gleichzeitig doch auch auf die menschliche Natur zu vertrauen und zuversichtlich zu bleiben, dass andere meine Arbeiten stärker zum Wohle aller einsetzen werden. Wenn ich versuchte, einen Missbrauch meiner Ideen zu verhindern, dann würde ich mich unvermeidlich in einen Tyrannen verwandeln – und damit selbst die Biologie des Erkennens und die Biologie der Liebe negieren.

2. Pädagogik

Die Paradoxie der Erziehung

PÖRKSEN: Immanuel Kant schreibt in einem Essay *Über Pädagogik*, dass das weite Feld der Erziehung von einer grundsätzlichen Paradoxie regiert wird: Einerseits will man freie, selbst bestimmte Menschen aus den Schulen entlassen; andererseits zwingt man den zukünftigen Individuen einen Lehrplan auf, verpflichtet sie zur Anwesenheit, bestraft ihr Versagen und verfolgt ihre Verweigerung. Ziel und Mittel pädagogischer Anstrengungen stehen somit, folgt man Kant, notwendig in einem Spannungsverhältnis. Sie widersprechen sich. Stimmen Sie dem zu?

MATURANA: Nein. Bei der Erziehung, dem Kommentar eines Beobachters, handelt es sich um einen Prozess der Transformation, der sich aus dem Zusammenleben mit Erwachsenen ergibt. Man wird zu dem Erwachsenen, mit dem man gelebt hat. Das heißt: Wenn man Freiheit und selbst bestimmtes Denken als Ziel des erzieherischen Handelns begreift, dann lebt man auf eine Weise zusammen, die von wechselseitigem Respekt für die Autonomie des anderen getragen wird. Das Paradox, von dem Kant spricht, existiert daher nach meiner Auffassung überhaupt nicht: Es ist die Lebensweise, die Art des Miteinander, die einen prägt und transformiert. Wer Autonomie und Reflexion lehren will, der kann nicht auf den Zwang als Mittel setzen, sondern er muss einen offenen Raum für das gemeinsame Nachdenken und Handeln kreieren. Es darf hier gerade keinen Widerspruch zwischen Ziel und Mittel geben.

PÖRKSEN: Aber sind nicht auch Zwänge nötig? Man muss doch festlegen, wann alle da sein sollen, was das Thema ist, wer als Lehrer und als Autorität auftritt.

MATURANA: Der Zwang wird genau dann auftauchen, wenn es dem Lehrenden nicht gelingt, seine Ausführungen spannend zu gestalten und die Schule zu einem attraktiven Ort des Miteinander werden zu lassen. Erst dann wird Druck nötig.

PÖRKSEN: Wer lehrt, ist so gesehen bis ins Letzte verantwortlich für das Geschehen im Unterricht. Ist das nicht ein überzogener Anspruch?

MATURANA: Nein. Wenn ein Lehrer sich respektvoll benimmt, seine Schüler nicht einschüchtert, wenn er zuhört, zur Zusammenarbeit und Reflexion einlädt, dann manifestiert sich hier eine besondere Form der Interaktion. Die Lehre, von der die Schüler profitieren, besteht eben in dieser Lebensweise, in der die besonderen Ziele des Lehrenden enthalten sein sollten. Das bedeutet auch, dass man sich in der Pädagogik über drei Fragen und Aufgaben verständigen muss: Zuerst erscheint es mir notwendig, sich über die Wahl des erzieherischen Idealbildes zu unterhalten – wie sollte jener Erwachsene aussehen, der eines Tages die Schule verlassen wird? Stellt man ihn sich als einen demokratisch gesinnten und verantwortungsbewusst handelnden Bürger vor? Oder sieht man ihn als einen autoritär denkenden und Befehle erteilenden Hierarchen, als einen *Lord*, der sich anderen überlegen fühlt? Dann ist es notwendig, eine Lebensform in der Schule zu verankern, die ein dem Idealbild entsprechendes Handeln und Nachdenken ermöglicht. Und schließlich wäre da noch die entscheidende Aufgabe, die Lehrer in einer Weise auf ihre Tätigkeit vorzubereiten, in der ebenso die gewünschten Ziele zum Ausdruck kommen: Es gilt zu leben, was man erreichen will.

PÖRKSEN: Das würde bedeuten, dass Lehren nichts, wie man gemeinhin glaubt, mit der schrittweisen Beseitigung von Unwissen zu tun hat. Primär geht es nicht um die Vermittlung von Wissen, sondern viel umfassender um eine besondere, das eigene Ideal enthaltende Lebensform, eine bestimmte Art des Miteinander, aus der heraus sich dann die jeweiligen Inhalte ergeben.

MATURANA: Genau. Das Kind in der Schule lernt nicht Mathematik, sondern es lernt, mit einem Mathematiklehrer zusammenzuleben. Vielleicht wird es dieses vergnügliche und aufregende Miteinander eines Tages in unabhängiger Weise fortführen – und selbst zu einem Mathematiklehrer oder zu einem Mathematiker werden. Ein Lehrer bringt einem nicht irgendeinen Inhalt bei, sondern man lernt eine Lebensweise kennen. In diesem Prozess wird man dann womöglich mit den Gesetzen des Rechnens, den Erkenntnissen der Physik oder der Grammatik einer Sprache vertraut. Meine Behauptung ist: *Der Schüler lernt den Lehrer.*

PÖRKSEN: Was ist mit Kindern, die sich systematisch verweigern? Was soll mit ihnen geschehen? Die klassische Antwort heißt ja: schlechte Noten, Sitzenbleiben, Ausgrenzung aus dem Kreis der Erfolgreichen.

MATURANA: Ein so genanntes schwieriges Kind, über das sich der Lehrer beklagt, kämpft oft nur darum, überhaupt gesehen und respektiert zu werden, aber man erwartet von ihm, dass es sich berechenbar verhält und sich fremden Ansprüchen unterwirft. Wer dieses Kind dann fragt, was es selbst gerne tun möchte, der eröffnet einen Raum für das Gespräch – und der Widerstand des Kindes löst sich auf. Es hat etwas zutiefst Heilsames, gesehen zu werden, die eigene Selbstachtung wiederzugewinnen und an einer Interaktion teilzuhaben, die von Liebe getragen wird. Und vielleicht entzieht sich auch einfach einer der Schüler, weil er das Gesagte für nutzlos und langweilig hält. Wenn der eigene Vater als Maurer arbeitet und man selbst für diesen Beruf vorgesehen ist – wieso soll man sich dann mit höherer Algebra beschäftigen? Eine solche Einschätzung auf der Seite des Schüler fordert das Geschick des Lehrers heraus, der nun die Tätigkeit eines Maurers mit der Mathematik verbinden muss. – Alles ist interessant, wenn man sich dafür interessiert.

DEM ZUHÖREN ZUHÖREN

PÖRKSEN: Sie meinen, dass sich, das entsprechende Präsentationstalent einmal vorausgesetzt, jeder begeistern lässt?

MATURANA: Natürlich. Ich erinnere mich noch gut an eine Lehrerin, die eines Tages zu einem meiner Seminare kam. Meine Ideen gefielen ihr sehr, so meinte sie, aber sie sei nun mal verpflichtet, den Schulkindern Grammatik beizubringen, eine ausgesprochen mühselige und langweilige Aufgabe. Wenn sie glaube, so erwiderte ich, dass der Grammatikunterricht unvermeidlich mühsam und öde sei und kein neues Verständnis des eigenen Sprechens erlaube, dann werde sie genau dies auch ihren Schülern vermitteln. Natürlich konnte und wollte ich ihr nicht sagen, was sie tun soll, denn dann hätte sie mir sofort geantwortet: „Das habe ich doch schon längst ausprobiert – es funktioniert einfach nicht!" Eines sagte ich ihr jedoch sehr deutlich: „Wenn Sie sich selbst und ihre Aufgabe so wenig achten und lieben, dann werden auch ihre Schüler die Grammatik hassen." Sie selbst sei es, die eine Lösung finden und ihre innere Einstellung verwandeln müsse, denn die Schüler kapieren sofort, ob der Lehrer ganz und gar und mit Freude bei der Sache ist.

PÖRKSEN: Aber die Frage ist doch, ob sich tatsächlich jeder für alles interessieren wird.

MATURANA: Das ist nicht das Problem. Kinder sind gewillt, sich für alles zu begeistern, immer vorausgesetzt natürlich, dass es da nicht jemanden gibt, der ihnen sagt und signalisiert: „Mathematik ist langweilig, Grammatik öde, Biologie uninteressant." Wer das einmal glaubt, ist blockiert. Und selbstverständlich bleibt es die Aufgabe, die jeweils behandelten Themen mit dem täglichen Leben des Schülers zu verknüpfen und eine Frage sichtbar werden zu lassen, die für ihn von Bedeutung ist.

PÖRKSEN: Gibt es aber nicht immer eine bestimmte Stoffmenge, die man – ohne ihre tiefere Verbindung zur eigenen Welt zu erkennen – schon aus Zeitgründen schlicht und einfach auswendig lernen muss? Der Psychologe Ernst von Glasersfeld hat einmal vorgeschlagen, zwischen *training* und *teaching* zu unterscheiden, zwischen der Dressur bzw. dem Auswendiglernen und dem aktiven, dem schöpferischen Aufbau von Begriffen und Vorstellungen. Beides, so seine These, sei in einem der Sache angemessenen Mischungsverhältnis notwendig.

MATURANA: Ein Lehrer braucht notwendig eine gewisse Flexibilität, sich – je nach Situation – für die adäquate Prozedur zu entscheiden. Und natürlich muss man manchmal auch etwas auswendig lernen und immer wieder üben. Allerdings kann diese einfache Wiederholung durchaus auch verständnisfördernd sein, weil sie doch mit einer Schärfung des Blicks und neuen Erkenntnissen einhergeht: Plötzlich fällt es einem leichter, die Gleichungen, die man bearbeiten will, zu lösen; mit einem Mal verändern sich, wenn man einen Basketball einige hundert Mal ins Netz geworfen hat, die Muskeln; der eigene Wurf wird präziser. Wenn man diese Praxis der Wiederholung als eine unvermeidlich öde Routine abwertet, dann verleiht man ihr eine zusätzliche Bedeutung, die sie nicht hat.

PÖRKSEN: Meinen Sie, dass einem nur gute Lehrer etwas beibringen können? Eines Morgens stand auf den Wänden der Schule, die ich selbst besucht habe, der Satz: „Wir hatten schlechte Lehrer. Das war eine gute Schule." Das scheint mir zu stimmen, weil es doch auch eine Dialektik des Lernens gibt. Man kann – gerade auch durch die Konfrontation mit Negativbeispielen – etwas lernen und in diesem Sinne selbst von der Begegnung mit begeisterungsresistenten Beamten profitieren.

MATURANA: Das sehe ich anders. Dass manche Schüler offensichtlich auch unter inakzeptablen Bedingungen zurechtkommen, heißt doch keineswegs, dass es die schlechten Lehrer sind, die ihnen in irgendeiner Weise helfen. In jedem Fall braucht ein Kind, das sich mit Missachtung und Grausamkeit konfrontiert sieht, noch einen Raum, in dem es sich selbst und andere respektieren kann. Ein peruanischer Psychologe hat in einer Studie gezeigt, dass schon ein einziger Erwachsener ausreicht, der dem Kind vollkommen vertraut: Er ebnet ihm den Weg, sich selbst zu achten. Und vielleicht sind es dann die eigenen Eltern, die an dieses Kind, das von seinen Lehrern schlecht behandelt wird, glauben, die ihm vertrauen und die es lieben. Erst dieser Rückhalt ermöglicht es ihm, sich – trotz einer schrecklichen Situation – noch zurechtzufinden und nicht zu verzweifeln, nicht zu zerbrechen. Die Schule kann dann nicht allzu viel kaputtmachen. Wenn jedoch diese Heimat und diese elterliche Unterstützung und die Ermutigung zu einer autonomen Existenz fehlen, dann ist die Schule in besonderer Weise gefordert: Wo, wenn nicht hier, soll dieses Kind Selbstvertrauen entwickeln?

PÖRKSEN: Sie haben kürzlich im Zentrum von Santiago de Chile ein Institut gegründet, das sich vor allem der Lehrerfortbildung widmet.

Welche Empfehlung geben Sie den Menschen, die Ihre Kurse besuchen?

MATURANA: Die Unterscheidung von zwei verschiedenen Arten des Zuhörens scheint mir für den Unterricht von elementarer Bedeutung zu sein. Zum einen kann man sich, wenn einem etwas gesagt wird, stets fragen, ob man mit den jeweiligen Aussagen einverstanden ist. Das zentrale und in unserer Kultur äußerst verbreitete Anliegen ist es dann, den Grad der Übereinstimmung mit den eigenen Auffassungen festzustellen. Wer jedoch auf diese Weise zuhört, der hört den anderen eigentlich gar nicht, sondern nur sich selbst. Die andere Art des Zuhörens dreht sich um die Frage, unter welchen Bedingungen das Gesagte gültig ist. In welchem Realitätsbereich stimmt es? Gefällt mir die Welt, die hier hervorgebracht wird? Den Lehrern, die in meine Seminare kommen, empfehle ich eine enorme Geduld und schlage ihnen vor, dem Schüler wirklich zuzuhören und seinem Zuhören zuzuhören. Sie selbst werden dann, wenn sie andere respektieren und ihnen einen Raum legitimer Präsenz eröffnen, zu liebenden Wesen im Fluss der Interaktionen. Was hört das Kind, so gilt es, sich zu fragen, eigentlich, wenn man mit ihm spricht? Was nimmt es wahr? Fürchtet es einen Akt der Aggression? Sieht es sich mit einer Drohung konfrontiert? Oder fühlt es sich zur Zusammenarbeit eingeladen?

WAHRNEHMUNG UND ILLUSION

PÖRKSEN: In der Schule der Gegenwart erscheinen Fehler immens wichtig, sie gelten als Indizien des Versagens, als Symbole des Ungenügens. Schulen sind, so könnte man sagen, Trainingsanstalten zur Fehlervermeidung: Man bestraft den Irrtum, korrigiert die falsche Antwort mit dem unvermeidlichen Rotstift und belohnt die fehlerfreie Perfektion mit der ausgezeichneten Note. Meine Frage ist jetzt: Was sind Fehler aus Ihrer Sicht? Wie lässt sich eine solche Orientierung der schulischen Aktivitäten kommentieren?

MATURANA: Man muss sich klar machen, dass alle Menschen intelligent sind und dass sie nur sehr selten tatsächlich einmal einen logischen Fehler begehen; insbesondere Kinder verwenden allerdings zahlreiche Unterscheidungen, die den Erwachsenen aus irgendeinem Grund nicht gefallen und die ihnen schon deshalb als falsch und kritikwürdig erscheinen. Wenn man beispielsweise meint, die Auffassungen eines Schülers seien unlogisch und falsch, dann bedeutet dies in der Regel nur: Das Gesagte gehört zu einem anderen Bereich der Logik als dem, auf dessen Grundlage man selbst zuhört und seine Einschätzung vornimmt. Das heißt: Ein Fehler ist eine Aussage, die man in einem Bereich der Realität macht und die von einem anderen Realitätsbereich aus gehört und bewertet wird.

PÖRKSEN: Gewöhnlich heißt es doch: Wer einen Fehler macht, der weiß etwas *noch* nicht; er sieht etwas falsch.

MATURANA: Wer den Weg der *Objektivität ohne Klammern* geht, dem erscheinen Illusionen und Fehler als ein strafwürdiges Versagen, man nimmt sie als ein Scheitern wahr: Jemand sollte etwas sehen und verstehen – und er tut es einfach nicht; er sieht die Dinge nicht, wie sie sind. Wer sich dagegen dem Pfad der *Objektivität in Klammern* verpflichtet fühlt, der nimmt die Erfahrung einer Illusion oder eines Fehlers ernst. Er fragt sich, wie es zu Illusionen und Fehlern kommt. Die Antwort lautet: Es wird etwas in einem strukturdeterminierten Organismus ausgelöst, das in einer bestimmten Weise und in einer beschränkten Hinsicht den eigentlichen Merkmalen des scheinbar wahrgenommenen Phänomens entspricht. Das bedeutet, dass man Illusionen und Fehler – ironisch gesprochen – als partielle Wahrheiten auffassen kann; sie korrespondieren teilweise mit einem Phänomen, aber man glaubt operational, dass sie der Gesamtheit des Phänomens entsprechen.

PÖRKSEN: Können Sie diese Überlegungen an einem Beispiel verdeutlichen?

MATURANA: Denken Sie nur an eine Forelle, die nach der künstlichen Fliege eines Anglers schnappt. Sie tut dies, weil der mit Federn bestückte Haken ein direkt über der Wasseroberfläche schwebendes Insekt perfekt vortäuscht. Die Einsicht, dass es sich nicht um eine Fliege handelt, kommt erst später zustande, im Falle der Forelle nämlich erst dann, wenn sie bereits am Haken hängt. Die Erfahrung der Illusion, so zeigt sich hier, wird im Moment des Geschehens als gültig aufgefasst – und schließlich auf der Basis anderer Erfahrungen abgewertet und als Wahrnehmungstäuschung eingestuft. Kurzum: Illusionen und Fehler entstehen im Nachhinein, a posteriori.

PÖRKSEN: Sind nicht aber manche Wahrnehmungen offenkundig illusionär? Was wäre, wenn ich zu Ihnen sage: „Professor Maturana, sehen Sie, da draußen vor dem Fenster steht ein Einhorn. Es beobachtet uns."

MATURANA: Es gibt verschiedene Möglichkeiten, auf das, was Sie mir nun erzählen, zu reagieren. Ich könnte zu der Vermutung gelangen, dass Sie sich über mich lustig machen; ich könnte – da es sich bei Einhörnern nach allem, was man weiß, um mythologische Entitäten handelt – zu der Auffassung gelangen, dass Sie momentan an Halluzinationen leiden. Es wäre auch denkbar, dass ich Ihren Hinweis auf das Einhorn da draußen als einen Versuch interpretiere, eine Diskussion über die Ununterscheidbarkeit von Wahrnehmung und Illusion zu eröffnen. Diese verschiedenen Deutungen haben jedoch eines gemeinsam: Sie werten die Erfahrung, von der Sie mir berichten, ab.

PÖRKSEN: Können wir für einen Moment annehmen, dass ich wirklich ein Einhorn sehe?

MATURANA: Das können wir. Wir sollten dann besprechen, warum es mir nicht gelingt, an Ihrer Erfahrung teilzuhaben – und ebenso das uns beobachtende Einhorn zu beobachten. Habe ich nur eine begrenzte Wahrnehmung? Oder gehört das Einhorn eventuell allein zu Ihrer inneren Welt, zu der ich keinen Zugang besitze? Aber eigentlich will ich auf etwas anderes aufmerksam machen: Es ist nämlich, so behaupte ich, *im Moment der Erfahrung* unmöglich, zwischen Wahrnehmung und Illusion zu unterscheiden. Wenn Sie mir im Ernst von einem Einhorn berichten, das da draußen vor dem Fenster steht, dann leben sie ganz in dieser Welt. Ihr gesamter Körper existiert in dieser Erfahrung, Sie gehen vollständig in ihr auf. Erst im Nachhinein ist es Ihnen möglich, das vermeintliche Einhorn als eine seltsame Bewegung der Blätter zu identifizieren, die ein paar Vögel verursacht haben. Das heißt: Eine Illusion ist eine Erfahrung, die man so lange für gültig hält, bis sie durch andere Erfahrungen entkräftet wird.

Pörksen: Wir wissen somit nie, ob es sich bei dem, was wir sehen und behaupten, um etwas Reales handelt.

Maturana: Im Moment der Erfahrung ist dies prinzipiell unentscheidbar. Wir brauchen immer den Bezug zu einer anderen Erfahrung, die ihrerseits nur dann als Wahrnehmung oder Illusion klassifiziert werden kann, wenn sie sich auf weitere Erfahrungen bezieht. Und so weiter.

Pörksen: Wollen Sie damit sagen, dass wir vielleicht unser gesamtes Leben in einer Welt der Illusionen existieren, ohne dies je mit Gewissheit feststellen zu können?

Maturana: Immanuel Kant könnte eine solche These äußern, wenn er von dem *Ding an sich* redet, das man nicht kennen kann, das aber gleichwohl existiert. Um zu sagen, dass alles Illusion ist, braucht man die letztgültige Referenz. Ich würde so nicht argumentieren.

Pörksen: Können wir, so wollte ich eigentlich fragen, in einem tiefen Sinn überhaupt nie sicher sein, ob das von uns Angenommene illusionären Charakter hat?

Maturana: Wir wissen nie, ob uns unsere heutige Wahrnehmung nicht schon morgen als eine Illusion erscheint. Eventuell bleibt sie jedoch auch unser gesamtes Leben hindurch gültig. Immerhin wäre es möglich, dass ich Ihnen schon morgen gestehe, dass alles, was ich gestern gesagt habe, falsch war. Woher wollen Sie wissen, dass Ihnen Ihre Reise nach Chile nicht schon zum Ende dieser Woche als ein Fehler erscheint? Vielleicht hören Sie die Kassetten noch einmal ab und stellen fest, dass Humberto Maturana vollkommenen Blödsinn daherredet.

Pörksen: Das glaube ich nicht, weil ich mich lange auf diese Zeit vorbereitet habe. Ich habe Ihre Bücher gelesen, ein Ticket gekauft, ein Hotel gebucht. Der plötzliche Verlust dieser Stabilität und der Kollaps bisheriger Auffassungen erschiene mir vermutlich ziemlich bedrohlich; schon allein deshalb würde ich nicht sagen, dass es ein Fehler war, nach Chile zu kommen.

MATURANA: Wir wissen nicht, ob Sie nicht doch noch eines Tages zu einer solchen Einschätzung gelangen; entscheidend ist aber, dass wir die Erfahrungen, die wir machen, stets als gültig begreifen. In diesem Sinne haben Sie Recht: Wir brauchen diese Stabilität im Fluss unseres Lebens, wir operieren in einem impliziten Vertrauen und begehen für gewöhnlich keine Fehler, weil wir in den Kohärenzen struktureller Kopplung dahinleben. Das heißt: Fehler sind selten, sie sind kein Indiz für ein Scheitern an einer beobachterunabhängig gegebenen Realität, sondern es handelt sich um nachträgliche Einschätzungen und Reflexionen eines Menschen, der in der Sprache lebt.

ALLE MENSCHEN SIND IN GLEICHER WEISE INTELLIGENT

PÖRKSEN: Sie selbst haben Ihr gesamtes akademisches Leben vor allem in der Forschung und nicht in der Lehre gearbeitet. Trotzdem: Was hat Ihnen die Zusammenarbeit mit den Studenten bedeutet? Gelegentlich kursiert ja an den Universitäten die Idee, die Einheit von Forschung und Lehre wieder rückgängig zu machen: Die Studenten könnten, so heißt es, schlicht nicht mithalten; zumindest die Spitzenforschung sei von der Pflicht zum Unterricht zu befreien.

MATURANA: Das halte ich keineswegs für erstrebenswert. Für mich war die Lehre immer außerordentlich wichtig, weil ich, inspiriert durch die klugen Bemerkungen der Studenten, die Seminare als eine Art Labor zum Durchspielen von Denkmöglichkeiten nutzen konnte. Gelangweilt habe ich mich nie; bei genauerer Betrachtung kann ja jede auftauchende Frage interessant sein und zu weiteren Überlegungen Anlass geben. Eine Abwertung der Studenten kann ich schon deshalb nicht mittragen, weil ich, ganz grundsätzlich gesprochen, der Auffassung bin, dass ohnehin alle Menschen in gleicher Weise intelligent sind.

PÖRKSEN: Stimmt das? Manche sind doch ein wenig gleicher als gleich – und eben doch etwas klüger als andere.

MATURANA: Nein. Intelligenz manifestiert sich in der Möglichkeit, das eigene Verhalten in einer sich verändernden Welt zu variieren. Wann immer man ein Lebewesen als intelligent klassifiziert, so meint man eigentlich, dass es sein Verhalten in adäquater Weise transformiert. Als in der Sprache lebende Wesen benötigen und besitzen wir eine derart gigantische Plastizität des Verhaltens, dass man mit Fug und Recht sagen kann: Allein dieses Faktum, dass wir in einem Bereich der Koordination von Verhaltenskoordinationen existieren, macht uns zu allesamt in gleicher Weise intelligenten Lebewesen. Natürlich gibt es unterschiedliche Erfahrungen und Vorlieben, Interessen und auch Fähigkeiten, das stimmt schon. Aber ich behaupte, dass jeder Mensch, wenn er nur will, zu lernen vermag, was ein anderer auch lernen konnte.

PÖRKSEN: Das klingt nun so, als könne sich jeder in einen Albert Einstein – in eine Ikone überragender Intelligenz – verwandeln.

MATURANA: Nicht jeder wird ein Albert Einstein, aber jeder kann, wenn er dies will, lernen, was Albert Einstein gelernt und gelehrt hat. Natürlich wird er nicht denselben Weg gehen wie Albert Einstein, er wird auch nicht dieselben Begriffe und Theorien erfinden, weil dies auch gleichartige Lebensumstände und identische Erfahrungen voraussetzen würde. Und selbstverständlich schränkt sich ein Mensch, der eine Lebensform und einen beruflichen Weg gewählt hat, in seinen sonstigen Fähigkeiten ein. Wenn ich als Bodybuilder Karriere machen will, dann konzentriere ich mich auf besondere Anforderungen – und andere tauchen erst gar nicht auf. Das bedeutet aber nicht, dass es diesem Bodybuilder, der sich für eine ganz bestimmte Existenz entschieden hat, an einer fundamental gegebenen Intelligenz fehlt.

PÖRKSEN: Wie erklären Sie dann, dass diese in gleicher Weise intelligenten Menschen doch sehr unterschiedlich erfolgreich sind? Den meisten Tests, die man machen kann, liegt ja die Annahme zugrunde, dass der Erfolg beim Lösen irgendwelcher Fragen ein Intelligenzindiz darstellt.

MATURANA: Was in Intelligenztests abgefragt und getestet wird, ist der Grad der Inklusion in eine Kultur. Es sind, so sage ich, die Emotionen, die bestimmen, ob und in welchem Ausmaß man seine eigenen Fähigkeiten und seine fundamentale Intelligenz zu nutzen vermag. Die jeweilige Emotion ist es, die intelligentes Verhalten entscheidend moduliert; vielleicht kann ein Mensch einfach aus Angst nicht folgen; er wird sich in jedem Fall anders verhalten als jemand, der deprimiert ist oder der sich schlicht und einfach langweilt und andere Interessen hat. Und schließlich ergibt sich eine ganze Variationsbreite unterschiedlicher Vorlieben und Fähigkeiten auch aus der besonderen Situation, in der jemand aufwächst. Wurde er als ein Kind geliebt? Hat man sich um ihn gekümmert? Gab es ausreichend Nahrung? Ich bleibe dabei: Intelligenz verstehe ich nicht als eine bestimmte Aktivität, sondern als eine generelle Befähigung, sich in flexibler Weise und mit innerer Plastizität in einer sich verändernden Welt zu bewegen.

PÖRKSEN: Aber es gibt doch zweifellos die Erfahrung, dass man sich sehr bemüht und anstrengt, etwas zu verstehen, und einem dies dann trotzdem nie und nimmer gelingt.

MATURANA: Wenn Sie sich bemühen und anstrengen müssen, könnte das ein Zeichen dafür sein, dass Sie sich eigentlich langweilen. Warum soll man sich auch mit bestimmten Themen beschäftigen? Nur um irgendwem zu zeigen, dass man intelligent ist? Wozu braucht man das Wissen, das man sich zu diesem Zweck aneignet, eigentlich noch? Eventuell ist es an der Zeit, dass sich derjenige, den solche Fragen umtreiben, in einen Bereich hineinbewegt, der ihn wirklich interessiert und in dem er gerne und mit entsprechender Aufmerksamkeit agiert. Denkbar ist aber auch, dass ihn die Furcht blockiert: Vielleicht ist da ein Kind, das die Strafe des Lehrers fürchtet und, kaum dass es die Schule betreten hat, von Versagensängsten gequält wird. Wenn das stimmt, dann ist es die Liebe, dann sind es Respekt und das Vertrauen, die ihm helfen werden.

III. Geschichte einer Theorie

1. Anfänge und Inspirationen

ERKENNTNISSE EINES KINDES

PÖRKSEN: Ihre Theorie hat ein zirkuläres Design, sie ist kreisförmig: Der Beobachter und das Beobachtete, der Erkennende und das Erkannte befinden sich in einer unauflösbaren Einheit. Wenn man einen Kreis betrachtet, dann sieht man: Er hat keinen Anfang und kein Ende, wenn nicht jemand einen Schnitt macht und einen Anfang setzt. Es muss daher unvermeidlich ein wenig unangemessen wirken, nach den Anfängen und Startbedingungen des zirkulären Denkens zu fragen. Die Form der Frage widerspricht dem Format der Theorie. Trotzdem: Was hat Sie inspiriert, welche Menschen haben Sie beeinflusst? Wo möchten Sie selbst beginnen und einen Anfang setzen?

MATURANA: Entscheidend geprägt hat mich meine Mutter. Sie war es, die mich gelehrt hat, Verantwortung für mein eigenes Verständnis der Welt zu übernehmen und mir selbst zu vertrauen. Eines Tages, so erinnere ich mich, spielte ich mit meinem älteren Bruder – und dann rief uns meine Mutter zu sich, ich war damals elf Jahre alt: „Kinder!", so sagte sie zu uns, „nichts ist an sich gut oder schlecht. Ein Verhalten kann angemessen oder unangemessen, richtig oder falsch sein. Und es liegt in eurer Verantwortung zu entscheiden, was jeweils zutrifft." Und sie fügte hinzu: „So, nun geht wieder spielen!"

PÖRKSEN: Warum ist Ihnen diese Episode wichtig?

MATURANA: Wenn sich ein Verhalten nicht an sich als gut oder schlecht einordnen lässt, dann muss man, so wurde mir klar, das Geflecht der Beziehungen, in das es eingebettet ist, beachten und sich autonom für eine Handlungsweise entscheiden. Für mich kommt hier eine bestimmte Haltung zum Ausdruck. Sie ist geprägt von dem Vertrauen in meinen Bruder und mich, sie handelt von einer Autonomie und Freiheit des Einzelnen, mit der es bewusst umzugehen gilt: Nichts hat eine unbedingt feststehende Gültigkeit – und ebendeshalb gilt es, abzuwägen, zu wählen und zu entscheiden.

PÖRKSEN: Die chilenische Gesellschaft ist sozial zerklüftet, sie zerfällt in arm und reich: Wer in den heruntergekommenen Hütten, in den *Poblaciones,* am Rande von Santiago existiert und wer in Providencia in einer der herrlichen Stadtvillen residiert, der lebt in einer vollkommen anderen Welt. Wie sind Sie selbst aufgewachsen? Zählte Ihre Familie zu der relativ schmalen Oberschicht?

MATURANA: Wir waren arm, obgleich es immer noch Menschen gab, denen es noch deutlich schlechter ging als uns. Ich werde nie vergessen, wie ich eines Tages meine Mutter bei der Arbeit begleitete. Sie besuchte eine kranke Frau und sollte – sie war als Sozialarbeiterin tätig – deren Hilfsbedürftigkeit und ihr Anrecht auf eine kostenlose medizinische Versorgung feststellen. Als wir in der Behausung dieser Frau ankamen, sah ich sie in Lumpen gehüllt auf dem Boden liegen, sie lebte in einem großen Loch, das man in die Erde gegraben und mit einem Dach versehen hatte. Neben ihr saß ein kleines Kind, das etwas jünger war als ich, vielleicht acht Jahre alt. Mein erster Gedanke war: „Um Himmels willen, ich könnte dieses Kind sein!" Es unterschied sich durch nichts von mir, aber ich wohnte in einem Haus mit geputztem Fußboden, meine Mutter hatte Arbeit, und dieses Kind, das mich da anschaute, lebte im Dreck. Als ich das sah, war ich sehr dankbar für mein unverdientes Glück und mein privilegiertes Leben. Trotzdem ging es uns natürlich nicht wirklich gut. Wir lebten ausschließlich vom Gehalt meiner Mutter, die sich heimlich als Tänzerin in einem Kabarett etwas Geld dazuverdiente. Im Winter half ich ihr gewöhnlich, bevor sie zur Arbeit ging, ihre Jacke mit verschiedenen Lagen Zeitungspapier auszustopfen, um sie zu wärmen. Das zeigt Ihnen unsere Situation.

PÖRKSEN: Hat Ihre Familie immer in dieser Weise am Rande der Armut existiert?

MATURANA: Nein. Der Vater meiner Mutter gehörte zu einer durchaus wohlhabenden Familie in Bolivien, er kam nach Chile und wurde, als er nach dem Studium der Medizin wieder zurückkehrte, ermordet. Meine Mutter war damals noch sehr jung – und man brachte sie aufgrund dieser familiären Tragödie für zwei Jahre in die Anden zu einer indianischen Gemeinschaft, bevor sie wieder ohne jeden Besitz in die Obhut ihrer Verwandten zurückkehrte. Diese zwei Jahre haben sie und auch mich stark geprägt, weil diese indianischen Gemeinschaften, die dort in den Anden leben, nicht auf eine patriarchal-autoritäre Weise organisiert sind; Männer und Frauen leben hier in einem Gleichgewicht, einem harmonischen Ausgleich, getragen von wechselseitigem Respekt. Meine Mutter hat mir erzählt, dass sie hier als ein noch sehr junges Mädchen eine andere Kultur des Teilens und der Kooperation kennen lernen konnte, in die jedes Mitglied der Gemeinschaft nach seinen besonderen Möglichkeiten eingebunden war. Diese Erfahrung, von der sie mir berichtete, war auch in meiner Erziehung präsent. Im Rückblick stellt es sich für mich so dar, dass ich eigentlich in einer matristischen Familie aufgewachsen bin, in der sich Selbstvertrauen und Selbstachtung entwickeln konnten. Schon bald nach meiner Geburt hatten sich meine Eltern getrennt. Mein Bruder und ich lebten dann zunächst bei meiner Großmutter, die uns im katholischen Glauben erzog, und nach ihrem Tod ausschließlich bei meiner Mutter. Heute würde ich sagen: Meine Mutter war es, die mich lehrte, was es heißt, Verantwortung zu übernehmen und in einer autonomen und doch gleichzeitig auch respektvollen Weise zu handeln.

PÖRKSEN: Wie kam es zu Ihrem Interesse an der Welt des Lebendigen? Sind Sie – wie man den Biografien anderer berühmter Biologen entnehmen kann – schon als Kind immer mit ein paar Fröschen in der Hosentasche unterwegs gewesen?

MATURANA: So ungefähr. Genau genommen faszinierte mich das Lebendige aus verschiedenen Gründen. Zum einen war ich, wie schon gesagt, sehr oft krank. Und ich wollte schon als ein Kind den Tod verstehen und musste daher versuchen, so mein Gedanke, das Lebendige zu begreifen, weil doch das Leben und der Tod zutiefst miteinander verwoben und verflochten sind. Zum anderen machte es mir ungemein viel Spaß, selbst etwas zu basteln und zu erschaffen. Als ich im Alter von elf Jahren an Tuberkulose erkrankte, war ich oft alleine zu Hause, hatte Papier, Schere und etwas Klebstoff vor mir liegen – und schuf in stundenlanger Arbeit Tiere, Autos und Häuser, eine ganze Welt. So bildete sich ein Verständnis dafür heraus, in welcher Weise die Form einer Entität – viel später würde ich von der *Struktur eines Systems* sprechen – bestimmt und festlegt, welche Operationen sich in ihm zu vollziehen vermögen. Welche Folgen hat, so fragte ich mich, die Form? Nachdem ich die Schule absolviert hatte, entschied ich mich für die Medizin als Studienfach, da es zu dieser Zeit noch nicht möglich war, sich für Biologie einzuschreiben. Wer sich für lebende Systeme interessierte, der musste sich damals mit Human- oder Tiermedizin beschäftigen. So kam es, dass ich mich 1948 an der medizinischen Fakultät der Universität immatrikulierte, mich aber gleichzeitig für Anthropologie, Ethnologie und zahlreiche andere Gebiete interessierte. Den Besuch der Universität in Santiago musste ich jedoch kurz darauf nochmals für zwei Jahre unterbrechen, da ich erneut an Tuberkulose erkrankt war. Erst 1950 galt ich nach längeren Aufenthalten im Krankenhaus und im Sanatorium wieder als geheilt.

Der warmblütige Dinosaurier

PÖRKSEN: Irgendwann haben Sie dann, so kann man in einer biografischen Skizze nachlesen, Chile verlassen, um in England weiterzustudieren. Und hier sind Sie einem Ihrer Lehrer, dem Neuroanatom J. Z. Young, begegnet.

MATURANA: Im Jahre 1954 erhielt ich ein Rockefeller-Stipendium und arbeitete bei Professor Young. Alle zwei Wochen, so sagte er mir, solle ich für ihn einen Aufsatz über ein Thema schreiben, das wir besprachen. Zu den zentralen Spielregeln, auf denen er unbedingt bestand, gehörte eine selbstständig erarbeitete Begründung der eigenen Argumentation; Young lehrte mich, wie dies auch schon meine Mutter getan hatte, meinen eigenen Überlegungen zu vertrauen. Eines Tages brachte ich ihm einen Essay, in dem ich behauptete, dass bereits die Dinosaurier Warmblüter waren. Manche meiner Mitstudenten verspotteten mich damals wegen dieser Theorie als den *warmblütigen Dinosaurier*. Ihnen schien meine Auffassung eine absurde Ketzerei, weil man damals allgemein glaubte, dass nur Vögel und Säugetiere, nicht jedoch Dinosaurier, die zu den Reptilien gehören, Warmblüter gewesen sein können. Dinosaurier waren, so die offizielle Lehrmeinung, als Reptilien allesamt Kaltblüter. Heute weiß man, dass dies keineswegs zutrifft. Als ich nun Professor Young meine Argumente vortrug, war er sehr interessiert – und schickte mich zu einem berühmten Paläontologen, um meine Theorie vom warmblütigen Dinosaurier mit ihm zu diskutieren. Das heißt: Er eröffnete mir einen Raum des ungezwungenen Nachdenkens, der autonomen Reflexion. Was er erwartete, war eine ernsthafte und verantwortungsvolle Auseinandersetzung, nicht aber, dass man sich irgendeiner verbreiteten Auffassung oder einer bloßen Lehrmeinung blind und ohne nachzudenken anschloss.

PÖRKSEN: Sie haben dann nur wenige Jahre später mit einer Arbeit an der *Harvard University* in der Biologie promoviert und waren dann für einige Zeit im unangefochtenen Zentrum der naturwissenschaftlichen Welt tätig, dem *Massachusetts Institute of Technology* (MIT). Wie ist es dazu gekommen?

MATURANA: Da gibt es eine hübsche Geschichte. Eines Tages lud man den renommierten Neurophysiologen Jerry Lettvin zu einem der üblichen Mittagstreffen in das biologische Labor der *Harvard University* ein. Er präsentierte eine Theorie über den Sehvorgang. Ich meldete mich, widersprach ihm und lud ihn in mein Labor ein, um ihm dort meine eigene Arbeit zu zeigen. Damals war ich gerade dabei, meine Dissertation abzuschließen, die von der Anatomie des Sehnervs und dem visuellen Zentrum im Gehirn von Fröschen handelte. Lettvin war sehr angetan und lud mich ein, mit ihm als Postdoktorand am MIT zu arbeiten.

PÖRKSEN: Die unterschiedlichen Auffassungen waren kein Grund, den Kontakt abzubrechen, sondern bildeten die Basis der Kooperation.

MATURANA: Genau. Bevor wir jedoch zusammenarbeiteten und Freunde wurden, bat ich ihn um etwas Bedenkzeit und erkundigte mich bei anderen über ihn. Was ich dann in Harvard zu hören bekam, war selten positiv. Jerry Lettvin galt als sprunghaft, er würde seine

Arbeiten nicht zu Ende bringen, hieß es, und er sei ein bisschen verrückt. Aber ich mochte diesen groß gewachsenen und geistig so freien und gleichzeitig so warmherzigen und fantasievollen Menschen, und so kam ich 1958 ans MIT. Und er wiederum war von meiner Dissertation begeistert, zeigte sie überall herum und half mir, ein eigenes kleines neuroanatomisches Labor zu bekommen – einen Platz nur für mich, einen Raum für meine eigenen Experimente. Gewöhnlich arbeitete ich dort bis etwa ein Uhr am Mittag, und dann kam Jerry Lettvin vorbei und fragte: „Humberto, wer von unseren Kollegen wird sich über unsere gestrigen Beobachtungen wohl am meisten aufregen? Wen sollten wir besuchen, um ihn ein bisschen zu ärgern?" Ich nannte ihm dann ein paar Namen und begleitete diesen großartigen Polemiker, der nie in einem intellektuellen Disput den Kürzeren zog, zu dem Kollegen, den wir uns an diesem Tag ausgesucht hatten. Während Lettvin von unserer Arbeit berichtete, hörte ich mit Genuss zu. – Es war eine herrliche Zeit.

PÖRKSEN: Vermutlich waren Sie ziemlich oft im Labor von Marvin Minsky, dem Star der künstlichen Intelligenz. Soweit ich weiß, war Marvin Minsky damals schon am MIT, und seine Theorien über den Menschen als ein „informationsverarbeitendes System" und den Vorgang des Denkens als „Datenverarbeitung" dürften Ihnen wohl kaum gefallen haben. Sie stehen in einem direkten Widerspruch zu Ihrer Auffassung von Kommunikation, Ihrer Beschreibung des Strukturdeterminismus und Ihrer Charakterisierung lebender Systeme. Hat Sie – vielleicht auch im Sinne eines Negativbeispiels – die Arbeit von Minsky beeinflusst?

MATURANA: Das könnte man sagen. Wenn ich abends nach Hause ging, kam ich notwendig am Eingang des Labors vorbei, in dem die Protagonisten der künstlichen Intelligenz arbeiteten. Dann lief ich etwas langsamer – und hörte einfach nur zu und lauschte den Gesprächen, die hier stattfanden. Was ich auf diese Weise mitbekam, schien mir alles andere als plausibel: Marvin Minsky und seine Mitarbeiter sprachen immer wieder davon, sie würden in ihren Laboratorien Modelle biologischer Phänomene erschaffen. Das schien mir jedoch vollkommen abwegig. Was diese Leute tun, so dachte ich mir, ist etwas ganz anderes: Sie kreieren Modelle des Erscheinungsbildes eines biologischen Phänomens, ohne jedoch das Geschehen im Inneren des Systems zu begreifen, das in der Konsequenz ebendieses Erscheinungsbild überhaupt erst hervorbringt und erzeugt. Und gestört hat mich auch damals schon der extrem formalistische und mathematische Ansatz, der hier vertreten wurde. Wann immer ich in einem der entsprechenden Laboratorien auftauchte, wurde ich regelrecht mit mathematischen Theorien, Argumenten und Formeln überschüttet.

PÖRKSEN: Woran entzündet sich diese Kritik? Sind mathematische Reflexionen geeignet, die Vielfalt des Lebendigen unsichtbar zu machen? Handelt es sich also um einen Reduktionismus, den Sie aus ästhetischen Gründen ablehnen?

MATURANA: Nein. Ich denke, dass ein Formalismus erst verwendet werden sollte, wenn man versteht, worum es geht und was eigentlich geschieht. Wer einen Formalismus gebraucht, der verleiht seinem momentanen Verständnis Ausdruck – und abstrahiert von diesem. Man hat etwas erfasst und begriffen, und durch dieses Verstehen einiger Kohärenzen konstruiert man mithilfe eines Formalismus ein Netzwerk von Beziehungen, die den Konsequenzen der bereits verstandenen Kohärenzen genügen. Ich würde daher sagen: Mein Argument ist nicht ästhetischer, sondern vor allem epistemologischer Natur. Ein Formalismus kann das genaue Verständnis eines Phänomens behindern und einen in die Irre führen. Als mir 1960 ein chilenischer Student die Frage stellte, was eigentlich vor vier Milliarden Jahren begann, so dass man heute sagen könne, dass damals das Leben entstand, wollte ich auf keinen Fall denselben Fehler machen und ein Modell des Erscheinungsbildes eines lebenden Systems erstellen. Welche Prozesse, so galt es stattdessen herauszufinden, müssen sich ereignen, sodass sich in der Folge etwas bildet, was wir dann ein lebendes System nennen?

WAS DAS AUGE DES FROSCHES DEM GEHIRN DES FROSCHES ERZÄHLT

PÖRKSEN: Woran haben Sie selbst am MIT gearbeitet? Was waren die Themen?

MATURANA: Sie müssen wissen, dass ich es sehr mag, wenn ich meinen eigenen Raum habe, um etwas zu tun, von dem nicht jeder wissen muss. Im Oktober des Jahres 1958 beschäftigte ich mich in meinem eigenen kleinen Labor am MIT, ohne irgendwem davon zu erzählen, mit den retinalen Zellen eines Frosches – und machte dabei eine entscheidende Beobachtung: Offensichtlich gab es, wie sich unter dem Mikroskop sichtbar machen ließ, zwei fundamental unterschiedliche Zelltypen. Manche wiesen sternförmig vom Zellkörper abstrahlende Fasern auf, die, wie ich mir überlegte, eigentlich auf visuelle Stimuli aus allen Richtungen reagieren müssten; bei anderen verliefern die Fasern lang gestreckt nur in eine Richtung; ein Stimulus würde dann entsprechend, so meine Annahme, auch eine unidirektionale Reaktion zeigen. Als Jerry Lettvin einmal für insgesamt fünf Tage nicht in sein Labor kam, dachte ich mir: Das ist die Gelegenheit! Nun kann ich meine These überprüfen, ob die Gestalt der Zelle mit der Art ihrer Reaktion korrespondiert. Das war damals eine vollkommen neue Idee, da man in diesen Jahren den Sehvorgang studierte, indem man das Auge mit einer Lichtquelle bestrahlte. Die Retina würde, so die gängige Lehrmeinung, die Informationen aus einer äußeren Welt, die sie als Lichtblitze erreichen, aufnehmen und dann die entsprechende Reaktion errechnen; das war das Dogma der Forschung.

PÖRKSEN: Ihre Beobachtung dieser besonderen Zellen und ihrer Gestalt stellen vermutlich einen ersten Schritt auf dem Weg zu Ihrer später entwickelten Epistemologie dar: Die Struktur des Sehorgans, nicht aber der Einfluss einer äußeren Welt erscheint als die Ursache einer besonderen Wahrnehmung.

MATURANA: Exakt. Im Labor verzichtete ich dann auf die Lichtquelle, weil ich mich mit den Apparaturen nicht auskannte und fürchtete, etwas kaputtzumachen. Stattdessen musste es genügen, meine Hand vor dem Auge des Frosches zu bewegen und mit einer Elektrode die Impulse einer isolierten Zelle des Sehnervs aufzuzeichnen. Und tatsächlich entdeckte ich eine Zelle, die unabhängig von der Richtung, in die ich meine Hand bewegte, reagierte. Dann veränderte ich die Position der Elektrode etwas – und stieß auf eine Zelle, die nur reagierte, wenn ich meine Hand in eine bestimmte Richtung bewegte. Sie zeigte also die erwartete Reaktion in nur eine Richtung. Das erschien mir als eine fantastische Entdeckung; und ich beendete meine Versuche. Als Jerry Lettvin zwei Tage später zurückkehrte, erzählte ich ihm von meinen Experimenten. Dieser wunderbar flexible Mensch war gleich begeistert und sagte: „Jetzt machen wir alles anders!" Und er begann sofort, das Labor komplett umzubauen, um eine völlig neue Art und Weise des Forschens und Fragens zu ermöglichen. Es waren diese Experimente, die schließlich zur Publikation der beiden Aufsätze *What the frog's eye tells the frog's brain* und *Anatomy and physiology of vision in the frog* führten.

PÖRKSEN: Selbst wenn man nur die Titel dieser Texte betrachtet, so fällt einem doch eine erkenntnistheoretische Tendenz auf, die sich in Ihren späteren Arbeiten noch verstärken wird: Das Äußere verliert allmählich an Bedeutung. Es geht nicht mehr um die Welt, die dem Auge des Frosches von ihrem Sosein berichtet, sondern das Auge selbst rückt ins Zentrum.

MATURANA: Es war gewiss ein Schritt in diese Richtung, nicht aber eine bereits zu Ende gedachte Umorientierung, die sich aus diesen Studien herauslesen lässt. Erst im Jahre 1965, als ich – wieder in Chile – meine Experimente mit den Tauben machte und ihre Farbwahrnehmung untersuchte, vollzog sich die entscheidende Verwandlung meiner gesamten Epistemologie.

PÖRKSEN: Sie sind am MIT auch mit Warren McCulloch und Walter Pitts zusammengetroffen. Beide gehören zu den frühen Kybernetikern in Amerika, beide tauchten regelmäßig bei den *Macy-Meetings* auf, die dem kybernetischen Denken überhaupt erst Kontur gaben. Im Zentrum dieses Denkens stehen die Figur der zirkulären Kausalität und das Schlüsselbeispiel vom Steuern eines Bootes: Ein Steuermann, der sein Boot sicher in den Hafen manövrieren möchte, absolviert, so die zentrale Beobachtung, kein ein für alle Mal festgelegtes Programm, sondern er variiert dies permanent. Wenn das Boot vom Kurs abweicht, schätzt er diese Kursabweichung ein, sodass er weiterhin auf den Hafen zufährt. Er korrigiert den Fehler – und steuert vielleicht etwas zu stark gegen, produziert also womöglich eine neue Kursabweichung, die ihrerseits die Notwendigkeit erzeugt, noch einmal gegenzusteuern. Das Steuern bedingt eine Wirkung, die zur neuen Ursache einer Wirkung wird. Und so weiter. Was sich hier zeigt, ist das Bild eines kausalen Zirkels, eines Kreises, das dem Format und dem Design Ihrer eigenen Erkenntnistheorie ähnelt. Deshalb die Frage: Hat Sie die Begegnung mit den Kybernetikern Warren McCulloch und Walter Pitts beeinflusst?

MATURANA: Eigentlich nicht. Natürlich habe ich McCulloch gelegentlich getroffen, aber wir haben kaum etwas zusammen unternommen. Zu dem Mathematiker Walter Pitts hatte ich eher ein persönliches Verhältnis; er kam des Öfteren in mein Labor, und ich schätzte seine Sensibilität und Zartheit, und ich war berührt davon, wie er jeden Tag zu dem Haus von Warren McCulloch ging, um Warrens Mutter – eine sehr alte und gebrechliche Dame – zu füttern und ihr zu helfen. Das war wunderschön. Zu 99 Prozent habe ich jedoch mit Jerry Lettvin zusammen gearbeitet, der mir allerdings eines Tages vorschlug, bei den gemeinsamen Publikationen der Aufsätze *What the frog's eye tells the frog's brain* und *Anatomy and physiology of vision in the frog* seinen Mentor McCulloch und auch Walter Pitts zu bedenken und beide als Ko-Autoren anzuführen, da Pitts damals Veröffentlichungen brauchte und Warren McCulloch für ihn die Rolle eines geistigen Vaters spielte. Dem habe ich zugestimmt. Intellektuell geprägt oder beeinflusst haben mich McCulloch und Pitts jedoch nicht.

PÖRKSEN: Aber war für Sie die Begegnung mit dem kybernetischen Denken nicht inspirierend? Als ich mich auf unser Gespräch vorbereitete, habe ich mir die Überlegung notiert, dass Sie dem kybernetischen Gedanken der Zirkularität eine epistemologische Wendung und ein philosophisches Fundament geben: Sie vertreten heute eine *kybernetische Erkenntnistheorie.*

MATURANA: Der Kybernetik im eigentlichen Sinn bin ich erst später durch die Freundschaft mit Heinz von Foerster begegnet. Und am MIT stand zu dieser Zeit keineswegs die Idee der Zirkularität im Vordergrund, sondern das Konzept der Information. – Wenn nun Warren McCulloch davon spricht, dass der Organismus von seinem Medium ein *Feedback* bekommt, dann erscheint mir dies auch noch keineswegs als eine vollkommene Manifestation von Zirkularität: Man hat nämlich, wenn man den Organismus und das Medium in dieser Weise beschreibt, beide voneinander getrennt. Ein solches Konzept, in dem der Organismus etwas bewirkt und dann ein Feedback des Mediums erhält, ähnelt dem fortwährenden Hin und Her zwischen zwei Endpunkten innerhalb einer linear gedachten Beziehung. Genau genommen handelt es sich hierbei um Pseudo-Zirkularität. Und schließlich kommt die Annahme hinzu, dass das Feedback eine irgendwie geartete Mitteilung über die Beschaffenheit des Mediums enthält, dessen Charakteristika somit für sich genommen von Bedeutung zu sein scheinen. Auch diese Auffassung ist mir, wie Sie wissen, vollkommen fremd.

PÖRKSEN: Wie würden Sie selbst die zirkulären Prozesse des Erkennens und Lebens beschreiben?

MATURANA: Wenn ich von Zirkularität spreche, so verweise ich auf eine zirkuläre Dynamik des Organismus (und das heißt: eine Zirkularität innerhalb des Nervensystems sowie eine Zirkularität in der Realisierung der Autopoiesis), die dazu führt, dass dieser Organismus dem Medium als eine zirkuläre Ganzheit begegnet. Durch die Begegnung mit dem Medium wird diese Zirkularität nicht aufgebrochen, sondern es ergeben sich strukturelle Veränderungen, die dann ihrerseits den Strom der Zirkularität verändern. Dabei handelt es sich jedoch nicht um ein Feedback des Mediums oder eine Beziehung nach dem Muster von Output und Input, sondern um eine wechselseitige Strukturveränderung von Organismus und Medium. Das ist eine vollkommen andere Situation. Und wenn die Zirkularität durch die Begegnung mit dem Medium zerstört wird, dann stirbt der Organismus.

Abb. 12: Die zirkuläre Weltsicht findet in der Figur des Ouroboros, der Schlange, die sich in den Schwanz beißt, ihren symbolischen Ausdruck.

2. Rückkehr nach Chile

KONKURRENZ BEDEUTET ABHÄNGIGKEIT

PÖRKSEN: 1960 findet sich ein Bruch in Ihrer beruflichen Biografie. Sie kehren in diesem Jahr nach Chile zurück und verlassen damit das Zentrum der westlichen Wissenschaft, obwohl Ihnen eine Karriere auf dem Parkett des amerikanischen Forschungsbetriebes durchaus offen gestanden hätte. Eine solche Entscheidung, aus den USA wegzugehen, muss auf den ersten Blick etwas merkwürdig wirken. Warum haben Sie das MIT überhaupt wieder verlassen? Der Computerkritiker Joseph Weizenbaum, der hier nahezu sein ganzes Berufsleben tätig war, hat mir einmal gesagt, er kenne Leute, die ihren rechten Arm geben würden, um überhaupt an diese Universität zu kommen. Das ist ein ziemlich blutiges Bild, das von der enormen Attraktivität des MIT handelt. Sie aber sind gegangen und haben Nordamerika den Rücken gekehrt. Wie ist es dazu gekommen?

MATURANA: Für diese Entscheidung gab es mehrere Gründe. Zum einen war ich in Chile vor der harten Konkurrenz des Wissenschaftsbetriebes geschützt. Ich bin überhaupt niemand, der gerne konkurriert, der darauf aus ist, seine Ideen in Opposition zu anderen zu entwickeln oder sie als Kritik bereits vorhandener Theorien und Konzepte zu präsentieren, sondern ich bevorzuge eine unabhängige Form der Existenz, die die Freiheit der Reflexion nicht einengt. Wer nicht konkurriert, der kann sich auf seine besondere Qualität besinnen und ist sich selbst und in eigener Verantwortung der entscheidende Maßstab. Es geht nicht mehr darum, ob man mehr Aufsätze publiziert als ein anderer, ob man weiterkommt, besser dasteht, mehr Experimente vorzuweisen hat, sondern man ist in seinem Denken autonom und orientiert sich nicht an den Erwartungen, die irgendwer haben mag. Wer dagegen konkurriert, der benutzt die Arbeit eines anderen Menschen als den auch für die eigene Person entscheidenden Qualitätsmaßstab.

PÖRKSEN: Konkurrenz heißt, wenn ich Ihnen folge, eigentlich Abhängigkeit.

MATURANA: So ist es. Man macht sich abhängig, verliert womöglich seine Autonomie. Für mich war Chile in diesen Jahren eine konkurrenzfreie Zone. Und zum anderen, auch das trug zu meiner Rückkehr bei, fühlte ich mich für mein Land verantwortlich, das mir seit meiner Kindheit so unendlich viel gegeben hatte: Als ich krank war, half man mir und heilte mich; als ich zur Schule ging, erlaubte man mir, der ich kein Geld hatte, zu lernen; als ich die Universität besuchte, musste ich nichts bezahlen.

PÖRKSEN: Wie haben Sie diesen Sprung in eine ganz andere Welt empfunden? Gab es nie die Sehnsucht, wieder in den nordamerikanischen Wissenschaftsbetrieb zurückzukehren?

MATURANA: Natürlich war auch mir sehr bewusst, dass ich in Chile nicht mehr an der vordersten Front der Forschung würde arbeiten können – und ich fragte mich, was ich tun sollte: War das der perfekte Anlass für eine Depression? Sollte ich den Beruf wechseln, um außerhalb der Universität ein Gehalt zu bekommen, das meinen Bedürfnissen stärker entsprach? Sollte ich doch in die USA zurückkehren, wo man mir eine Professur an der Universität von St. Louis angeboten hatte? Oder sollte ich einfach das, was ich begonnen hatte, fortsetzen? Ich entschied mich für Letzteres, das heißt, ich wurde nicht depressiv, beklagte mich nicht und ging auch nicht zurück nach Amerika, sondern blieb in Chile und an der Universität, um in der mir eigenen Weise weiterzuarbeiten.

PÖRKSEN: Sie selbst haben gelegentlich in Ihren Aufsätzen und Büchern angedeutet, dass Ihre Forschungsfragen durchaus auch Anfeindungen provoziert haben innerhalb des wissenschaftlichen Establishments. Als Sie die Farbwahrnehmung von Tauben studierten und begannen, von der Geschlossenheit des Nervensystems zu sprechen, da haben Sie sich wahrscheinlich nicht sonderlich beliebt gemacht. Und auch Sie selbst waren vermutlich zu einem früheren Zeitpunkt ein im Kern realistisch orientierter Wissenschaftler.

MATURANA: Das stimmt. Noch im Jahre 1965 schrieb ich für eine Zeitschrift der medizinischen Fakultät, an der ich nach meiner Rückkehr als Assistent tätig war, einen kurzen Aufsatz, in dem ich behauptete, dass die wissenschaftliche Tätigkeit auf zwei fundamentalen Annahmen basiere: Man müsse, so schrieb ich, voraussetzen, dass es überhaupt eine beobachterunabhängige Realität gebe und dass die eigenen Aussagen einen erkennbaren Bezug zu ebendieser Realität besitzen, auch wenn man vielleicht nicht in der Lage sei, diese jemals vollständig zu erfassen. Wenige Monate nach der Veröffentlichung dieses kleinen Artikels hatten sich meine Auffassungen jedoch komplett verwandelt. Ich entdeckte, dass sich keine eindeutige Korrelation zwischen einer physikalisch bestimmten Farbe und den Aktivitäten von retinalen Ganglienzellen von Tauben finden ließen. Und als ich meine Überlegungen bekannt machte und sie mit meinen Kollegen diskutierte, vertraten zahlreiche Mitglieder der Universität die Auffassung, ich sei verrückt geworden.

PÖRKSEN: Es heißt, dass man Sie eines Tages zum Direktor der medizinischen Fakultät rief und Ihnen dort mitteilte, Ihre wissenschaftliche Forschung habe nichts mehr mit der Realität zu tun. Offenbar kursierte das Gerücht, ein hochbegabter junger Forscher sei bedauerlicher Weise vom Pfad einer noch akzeptablen Wissenschaft abgewichen. Hat sich diese Episode so zugetragen?

MATURANA: Im Wesentlichen, ja. Es hieß, ich sei zwar talentiert, aber doch unproduktiv, eben nicht kreativ. Man sagte mir, ich hätte mich nicht auf das Thema der Kognition einlassen, sondern meine bisherigen Experimente einfach fortführen sollen, dann wäre ich schon längst im Besitz eines Nobelpreises. Ich fragte zurück: „Fordern Sie mich damit auf, die medizinische Fakultät zu verlassen?" Dies wurde bejaht. Natürlich schmerzte es mich etwas, dass man meine Arbeit so offensichtlich nicht verstand, aber eines Tages fragte mich ein Freund, ob ich denn eigentlich wirklich verstanden werden müsse, ob dieses Verständnis der anderen tatsächlich so nötig sei für mich. Eigentlich, so dachte ich mir, hat er Recht. Warum muss man überhaupt verstanden werden? Was mir wirklich wichtig erschien, war, ernsthaft weiterzuarbeiten – und in der Zwischenzeit ging ich keiner Auseinandersetzung aus dem Weg und vertrat unbeirrt meine Ansichten. Vielleicht bezeichnete man mich als verrückt, aber das hat mich nicht sonderlich beeindruckt oder irgendwie unter Druck gesetzt. Widerlegt war ich ja deswegen noch nicht.

PÖRKSEN: Wer die Geschichte der Wissenschaft studiert, der findet diverse Fälle eines Wahrheitsterrors, der die betroffenen Menschen manchmal vollkommen gebrochen hat. Immerhin wäre es denkbar gewesen, dass Sie als ein Unbekannter irgendwo an der Peripherie der Forschung Ihre Karriere beenden und niemand jemals wieder etwas von Ihrer Arbeit über die Farbwahrnehmung der Tauben oder die Biologie des Erkennens hört.

MATURANA: Vorstellbar wäre das schon gewesen, aber passiert ist es nicht. Schon zu Beginn der 60er-Jahre gab es in Santiago Bestrebungen, ein Zentrum zur Ausbildung junger Wissenschaftler an der Universität von Chile zu gründen. An dieser Gründung einer Fakultät der Wissenschaften arbeitete ich mit und wurde dort dann zu einem der Lehrenden gewählt und schließlich zum Professor berufen.

EINSICHTEN EINES OUTSIDERS

PÖRKSEN: Wir nähern uns, wenn wir für einen Moment auf die Chronologie achten, nun dem Ende der 60er-Jahre: Das war die Zeit des Aufruhrs zwischen Berkeley und Paris. Der Vietnam-Krieg brach aus. Und die Studentenproteste begannen. Wie haben Sie diese Phase der Geschichte in Chile erlebt?

MATURANA: Ich nahm – trotz massiver Kritik seitens meiner Kollegen und obwohl ich bereits Assistentenstatus besaß – an den hiesigen Protesten teil. Sie hatten an der katholischen Universität begonnen und sich schließlich ausgeweitet. Eines Tages hielten die Studenten dann die medizinische Fakultät besetzt, und ich bat sie, als ich mich mit der Besetzung konfrontiert sah, meine Tiere im Labor füttern und dann an ihren Treffen teilnehmen zu dürfen. Bald schon fiel mir bei diesen Zusammenkünften, bei denen es um die Zukunft der Universität gehen sollte, auf, dass niemand eine klare Vorstellung von dem hatte, was denn nun eigentlich zu tun sei. Schließlich meldete ich mich und schlug eine dreistufige Auseinandersetzung mit der universitären Ausbildung vor: Am ersten Tag sollte man sich, so meine Idee, ausschließlich der Kritik widmen und dann zum Abend die Ergebnisse in einer Plenumssitzung zusammentragen; der zweite Tag war den eigenen Wünschen und Zielen gewidmet; am dritten Tag galt es, ihre mögliche Realisierung zu besprechen. Die Professoren erklärten mich damals zu einem politischen Agitator, die Studenten hielten mich dagegen für einen der ihren und waren begeistert. Drei Tage lang hörte jeder dem anderen zu, und man entwickelte ernsthaft und doch auch mit Genuss gemeinsame Pläne, es ergab sich eine Kooperation, die schließlich einen ganzen Monat andauerte. Das war eine fantastische Erfahrung, weil sich die politischen Klischees – *Das ist ein Kommunist! Das ist ein Liberaler!* – allmählich auflösten. Mich selbst hat diese Zeit gelehrt, wie man durch das Zuhören handelt, wie sich das Zuhören im Verlauf von verschiedenen Zusammenkünften verändert und in welchem Moment einer Diskussion es sinnvoll sein kann, selbst etwas zu sagen.

PÖRKSEN: Sie sind verschiedentlich mit jenen Menschen in Kontakt gewesen, die in den 60er- und 70er-Jahren zu den Prominenten der Rebellion oder aber zur Avantgarde eines neuen Denkens gehörten. Der Kulturkritiker Ivan Illich hat Sie ins mexikanische Cuernavaca eingeladen, der moderne Zenmystiker und Psychotechniker Werner Erhard bat Sie, nach Kalifornien zu kommen. Und Sie haben am Naropa-Institut des tibetischen Lehrers Chögyam Trungpa in Boulder/Colorado unterrichtet. Würden Sie sagen, dass Sie das intellektuelle Klima der 60er- und 70er-Jahre – diese vehemente Suche nach Autonomie in der Sphäre des Politischen und des Privaten – beeindruckt hat? Oder handelt es sich hier um eine eher zufällige Sammlung von Vortragsgelegenheiten?

MATURANA: Ich würde sagen: Das sind eher zufällige Ereignisse, Einladungen, die man mir – manchmal auch durch die Vermittlung von Freunden – zutrug. Keineswegs handelte es sich um sonderlich einschneidende Erfahrungen. Am Naropa-Institut bat man mich zwar, ein Seminar zu geben, hielt aber gleichzeitig doch immer auch eine gewisse Distanz zu meinen Ideen: Im Zentrum standen hier eben die buddhistische bzw. die tibetische Psychologie. Als mich Werner Erhard einlud, sollte ich einen relativ kleinen Kreis von seinen Mitarbeitern mit der Biologie der Kognition vertraut machen und eine seiner Schulungen besuchen, um dann einen Bericht darüber zu schreiben. Und das habe ich gemacht. Auch die Zeit bei Ivan Illich in Cuernavaca war für mich nicht prägend.

PÖRKSEN: Warum nicht? Das ist doch eigentlich ungewöhnlich.

MATURANA: Sie müssen wissen, dass ich nie in meinem Leben Mitglied einer Gruppe oder einer politischen Partei war. Im Alter von elf Jahren verließ ich die katholische Kirche, weil ich – im Angesicht all des Leidens – begann, Gott für ungerecht zu halten. Wie konnte ein allmächtiger, allwissender und gütiger Gott die zahllosen Ungerechtigkeiten, die sich mir zeigten, zulassen? Seine Güte widersprach, so stellte ich fest, der Allmacht und der Allwissenheit, die man ihm zuschrieb. Seit diesem Kirchenaustritt als ein kleiner Junge ordne ich mich keiner bestimmten Religion mehr zu. Der Organisation von Werner Erhard habe ich niemals angehört; genauso wenig trat ich der tibetischen Gruppe in Boulder bei. Und ich verstehe mich auch nicht als einen Buddhisten oder als einen Anhänger der Ideen von Ivan Illich. Ich meine das gar nicht kritisch oder irgendwie abwertend, aber in gewissem Sinne bin ich immer ein Außenseiter geblieben.

PÖRKSEN: Sie waren da, aber in der Rolle eines Beobachters.

MATURANA: Vielleicht würde ich mich eher als eine Art Parasit beschreiben. Es gab mich, ich hörte zu und vertrat meine Sache, aber ich war nicht Teil der Organisation oder Religion. Ein Insider freundet sich dagegen mit allen wichtigen Menschen an, er adoptiert ihre Weltsicht, er wird zum Mitglied der Gruppe und Partei, deren Sache er dann vertritt.

PÖRKSEN: Aber ist der Insider nicht der glücklichere Mensch? Das Leben des Außenseiters hat doch notwendig etwas Einsames. Ihm fehlt die Heimat.

MATURANA: Nicht notwendig, denn womöglich findet er diese in sich selbst.

PÖRKSEN: Wie nennen Sie diese Heimat?

MATURANA: Autonomie, Selbstachtung.

PÖRKSEN: Was sind die Vorteile, die ein Außenseiter genießt? Kann man ihn nicht verletzen?

MATURANA: Das würde ich sagen. Und er führt sein Leben, wie er will, ohne den Zwang, irgendwelche Prinzipien zu verteidigen. Er fühlt sich keiner Ideologie verpflichtet und besitzt die Möglichkeit und Freiheit zur Reflexion. Ein Außenseiter partizipiert ohne Vorurteil, und er kann eben deshalb wahrnehmen, was sich ihm zeigt. All das hat er dem Insider voraus.

PÖRKSEN: Ist diese Position, die Sie beschreiben, eine eher zufällige Vorliebe oder doch mehr, nämlich der zur lebendigen Existenz gewordene Ausdruck einer Theorie? Ein Unterstrom Ihres Denkens scheint mir in der Distanz zum Gegebenen zu liegen. Sie beschreiben – ohne direkte Teilnahme, ohne die Verwicklung mit dem Konkreten – die Bedingungen der Möglichkeit, die jeder Erkenntnis zugrunde liegen.

MATURANA: Das stimmt. Und wer in dieser Rolle des beobachtenden Außenseiters agiert, der sollte in einer möglichst unvoreingenommenen Weise zu einem dreifachen Blick in der Lage sein: Er muss in das Innere des Systems hineinschauen können und seine Bestandteile und ihre wechselseitige Beziehung ausfindig machen – und dann doch auch im Bewusstsein behalten, wie sich das System in seiner Ganzheit im Bereich der Interaktionen darstellt und wie sich dieser Bereich nun seinerseits zum Bereich der internen Operationen in einem Metabereich verhält. Was sieht man, wenn man in dieser Weise beobachtet? Natürlich erkennt man nicht irgendeine objektive Gegebenheit, das ist klar, aber man entwickelt doch ein angemessenes Verständnis.

PÖRKSEN: Nun könnte man aber diesen distanzierten Blick des Beobachters als eine Form der Gleichgültigkeit verstehen.

MATURANA: Wer dies tut, der belegt eine solche Haltung mit einem emotional gefärbten Etikett. Er attackiert die Gleichgültigkeit und verlangt vielleicht die Hingabe. Aus meiner Sicht praktiziert ein Beobachter dagegen eine Form der Teilnahme, die man weder als gleichgültig noch als hingebungsvoll klassifizieren kann. Entscheidend ist, dass er sich nicht von den eigenen Ambitionen und dem Wunsch, ein bestimmtes Ergebnis zu erreichen, beeinflussen lässt. Ebendeshalb vermag dieser Beobachter überhaupt etwas wahrzu-

Abb. 13: „Bei den Tauben, mit denen ich im Labor experimentierte, habe ich mich bedankt. Das war eine Art Zeremoniell, eine Hilfe für mich, die es mir gestattete, ein Bewusstsein für das eigene Tun zu bewahren. Für den Tod dieser Tiere gab es keine transzendentale Rechtfertigung. Es ging nicht um die Wahrheit, den wissenschaftlichen Fortschritt, das Wohl der Menschheit oder irgendetwas Ähnliches. Was ich den Tauben – um das Nervensystem zu verstehen – zufügte, liegt in meiner Verantwortung."

nehmen, denn wer etwas sehen und verstehen will, der muss es geschehen und sich zeigen lassen. Das Motto für eine Wahrnehmung, die erst dieses Verständnis ermöglicht und die sich auf Liebe gründet, lautet: *Let it be!*

PÖRKSEN: Gibt es ein Beispiel aus Ihrem Forschungsalltag, in dem diese Haltung des Außenseiters sichtbar wird?

MATURANA: Ich will Ihnen einen kleine Geschichte erzählen: Eines Tages entschloss ich mich, fliegen zu lernen, da ich mich ja im Labor mit den Sehvorgängen, die sich bei Tauben finden, beschäftigte und verstehen wollte, wie diese Vögel in ihrem ureigenen Element die Welt erleben. Als ich in der Schule für Segelflieger auftauchte und mich zum Piloten ausbilden ließ, war ich erneut in der Rolle des Außenseiters, der an der üblichen Unterhaltung auf dem Flugplatz nicht teilnahm. Auch mein Ziel erschien merkwürdig und seltsam abwegig. – Wer will schon einen Vogel verstehen?

DER TRACTATUS BIOLOGICO-PHILOSOPHICUS

PÖRKSEN: Sie haben im Jahre 1968 Chile noch einmal verlassen und für insgesamt zehn Monate den Biophysiker und Kybernetiker Heinz von Foerster am *Biologischen Computer Laboratorium* (BCL) besucht. Das BCL an der Universität von Illinois war zu dieser Zeit eine kleine, interdisziplinär organisierte Gelehrtenrepublik: Hier arbeiteten Neurobiologen, Elektrotechniker und Delphinforscher mit Philosophen, Physikern und Logikern zusammen; hier entstanden zahlreiche Forschungsarbeiten, die noch heute in der Diskussion über erkenntnistheoretische Fragen stilbildend wirken. Auch Ihr sicherlich berühmtester Aufsatz mit dem Titel *Biology of Cognition* erschien zuerst als ein Forschungsbericht des BCL. Wie ist es zu diesem Text gekommen?

MATURANA: Wenige Wochen nach meiner Ankunft im November 1968 bat mich Heinz von Foerster, einen Vortrag für eine Tagung vorzubereiten, die unter dem Titel *Cognition: a Multiple View* in Chicago stattfinden sollte. Auch Anthropologen würden zu diesem von der *Wenner Gren Foundation* organisierten Treffen kommen. Meine Aufgabe sollte es sein, die Neurophysiologie der Kognition vorzustellen.

Natürlich würden mir, so mein erster Gedanke, diese Leute sicherlich freundlich zuhören, wenn ich über Nervenimpulse und Synapsen usw. spräche, aber dann würden sie zu einem anderen Thema übergehen und alles, was ich gerade gesagt hatte, blitzschnell wieder vergessen. Aber ich wollte nicht vergessen werden. Und daher erarbeitete ich eine allgemeiner zugängliche Synthese meines damaligen Verständnisses des Nervensystems und der Kognition und sprach über den Beobachter.

PÖRKSEN: „Alles was gesagt wird", so heißt es in dem später veröffentlichten Aufsatz, „wird von einem Beobachter gesagt."

MATURANA: Genau diesen Satz schrieb ich während meines Vortrags an die Tafel – und von diesem Moment an war der Beobachter in allen Gesprächen, die stattfanden, präsent. Da ich mich entschieden hatte, über den Prozess des Erkennens zu sprechen, rückte eben der Erkennende unvermeidlich als die fundamentale Bedingung der ablaufenden Prozesse in den Vordergrund. Das Gesagte, so wollte ich damals betonen, lässt sich unter gar keinen Umständen von demjenigen ablösen, der etwas sagt. Es gibt keine Trennung von Sprecher und Gesprochenem. Der Beobachter ist notwendig die Quelle von allem. Das war für die Anthropologen, die zu diesem Kongress kamen, eine fundamentale Einsicht.

PÖRKSEN: Wie kam es dann zur Veröffentlichung von *Biology of Cognition*?

MATURANA: Als ich wieder an das BCL zurückgekehrt war, arbeitete ich meinen Vortragstext in eine weitere Version um und gab sie Heinz von Foerster mit der Bitte, mein Englisch – er nannte es *Spanglish* – gemeinsam mit einem Studenten zu korrigieren und die Wiederholungen zu streichen. Als ich meinen Artikel zurückbekam, war ich außer mir. Mein Aufsatz schien mir zerstört. Er habe nur, sagte Heinz von Foerster zu mir, die Wiederholungen gestrichen, aber er hatte, wie ich fand, meine Form des zirkulären Diskurses linearisiert.

PÖRKSEN: Vermutlich haben Sie generell, so könnte ich mir vorstellen, Schwierigkeiten, kurze Artikel zu schreiben, weil die Kürze eines Textes keine umfassende Darstellung erlaubt. Und damit wird der zirkuläre Prozess der Wissensschöpfung unvermeidlich an einer bestimmten Stelle unterbrochen.

MATURANA: Dieses Problem sehe ich auch. Gewöhnlich spricht oder schreibt man doch über etwas, das eine beobachterunabhängige Existenz besitzt, aber genau das möchte ich gerade nicht – und versuche daher, auf eine andere Art und Weise zu sprechen und zu schreiben, die zeigt, dass nichts an sich Gegebenes besteht, das sich von einem Beobachter trennen ließe. Es erscheint mir tatsächlich schwierig, den Prozess der Entstehung von dem, was man gemeinhin für gegeben hält, auch im Moment des Schreibens sichtbar zu machen.

PÖRKSEN: Das würde bedeuten, dass ein neues Denken vielleicht auch nach einem anderen Sprechen und Schreiben verlangt. Allerdings gibt es da noch ein weiteres Problem: Wer ein Gespür für die Zirkularität allen Erkennens wecken will, der braucht schlicht und einfach Zeit. Er muss einen fest verankerten Alltagsrealismus Schritt für Schritt in eine andere Weltsicht umformen, die vielleicht auch ein neues Erleben erzeugt. Aber das kostet Kraft und Energie. Ist diese Überzeugungsarbeit in einer auf schnelles Verstehen getrimmten Welt nicht auch ermüdend?

MATURANA: Das ist nicht mein Problem; ich will niemanden überzeugen oder zu einer zirkulären Weltsicht bekehren. Ich bin kein Revolutionär und verstehe mich auch nicht als einen Missionar mit einem Auftrag zur Weltveränderung, sondern ich möchte lediglich vorführen, welche Prozesse eine bestimmte Entität hervorbringen, das ist alles. Ich lebe heute so, als ob ich unendlich viel Zeit hätte, ohne Eile, ohne Hast, meinem eigenen Tempo folgend. Das war früher – noch zum Beginn der 60er-Jahre – womöglich anders. Damals wollte ich andere Menschen von meinen Auffassungen überzeugen. Aber von diesem Ansinnen bin ich inzwischen kuriert, denn eines Tages sagte ein Freund zu mir: *Je mehr du versuchst zu überzeugen, desto unglaubwürdiger wirst du.* Ich denke, er hat Recht.

PÖRKSEN: Sie schreiben im Rückblick über Heinz von Foerster und Ihre gemeinsame Zeit am BCL: „Vielleicht haben wir nicht auf eine gewöhnliche Weise zusammengearbeitet, aber wir haben viel miteinander gesprochen und uns häufig umarmt, während wir die Idee zu einem Tractatus biologico-philosophicus entwickelten, für dessen Niederschrift wir nie die Zeit fanden." Wie sind Sie Heinz von Foerster überhaupt begegnet? Wie kam der Kontakt zustande?

MATURANA: Ich habe ihn nicht durch irgendeine komplexe intellektuelle Debatte kennen gelernt, sondern durch ein spielerisches und erheiterndes Zusammensein am Rande einer Konferenz von Physiologen im holländischen Leiden. Als die Königin von Holland im Rahmen der Eröffnungszeremonie dem Tagungsleiter dankte, ergriffen wir ziemlich zeitgleich die Flucht, trafen uns auf dem Weg nach draußen, stellten fest, dass wir beide überhaupt keine Zeremonien mögen, und entschieden uns, gemeinsam nach Amsterdam zu fahren, um dort die Museen zu durchstreifen. Das war ein herrlicher Ausflug, wir lachten viel und freuten uns wie zwei alte Spielkameraden.

PÖRKSEN: Wie gestaltete sich Ihre Zusammenarbeit am BCL?

MATURANA: Heinz von Foerster arbeitete damals gewöhnlich bis tief in die Nacht bzw. bis in die frühen Morgenstunden und war selten vor dem späten Vormittag überhaupt im Labor. Oft kam er dann gleich bei mir vorbei, wir sprachen ein wenig, ich nahm an seinem Heuristik-Seminar teil, das er gemeinsam mit Herbert Brün veranstaltete, und hatte hier, so glaube ich, die Funktion eines etwas seltsam wirkenden Orakels, das ziemlich wenig sprach. Manchmal sagte ich etwas über den Beobachter oder den doppelten Blick, mit dem man ein System betrachten kann, und alle schwiegen, bis das Gespräch dann wieder in Gang kam. Während meiner Zeit am BCL arbeitete ich mit verschiedenen Studenten zusammen, sprach gelegentlich mit dem Kybernetiker Ross Ashby oder dem Philosophen Gotthard Günther, die auch in diesen Monaten hier lehrten, schrieb an meinem Text *Biology of Cognition* und besuchte vor allem immer wieder Heinz von Foerster im Labor oder in seinem Haus in Illinois.

SYSTEMISCHE WEISHEIT

PÖRKSEN: In einer Festschrift haben Sie ihn einmal als einen Zen-Meister in der Kunst, mit Systemen umzugehen, beschrieben. Wie ist das zu verstehen?

MATURANA: Heinz von Foerster versteht Systeme in einer sehr tiefen Weise. Er erkennt ihre Matrix, er sieht die Lücken und offenen Stellen, die von dieser Matrix nicht berührt werden. In diesen Lücken vermag er sich vollkommen frei und mit einem vollendeten Selbstvertrauen zu bewegen und sich bei Bedarf auch unsichtbar zu machen. Ich erinnere mich, wie wir einmal etwas in der Stadt zu erledigen hatten und einen Parkplatz suchten. Heinz von Foerster stellte das Auto direkt vor dem Polizeirevier ab, wo man lesen konnte: „Parken nur mit Genehmigung." Er stieg selbstbewusst aus, und ich fragte ihn ängstlich, warum er ausgerechnet hier parken wolle und ob er

Abb. 14: Heinz von Foerster und Humberto Maturana am Rande einer Konferenz

denn wirklich die entsprechende Erlaubnis besäße. „Nein", sagte er, „aber da doch jeder weiß, dass man hier nur mit einer besonderen Genehmigung halten darf, wird selbst die Polizei glauben, dass ich diese selbstverständlich besitze. Sonst würde ich doch niemals mein Auto gerade an dieser Stelle parken!" – „Du liebe Güte", so meine Reaktion, „ich würde sofort auffliegen!" – „Stimmt", sagte er, „weil du selbst glaubst, dass du eigentlich kein Recht hast, dein Auto gerade hier abzustellen." Das war für mich ein erhellendes Gespräch, weil es einerseits das systemische Verständnis von Heinz von Foerster offenbarte – und gleichzeitig meinen eigenen Mangel an Selbstvertrauen zeigte. Wer in einem System agieren möchte, so dachte ich, der muss es nicht nur begreifen, sondern auch seinem eigenen Verständnis zutiefst vertrauen und dann entsprechend handeln.

PÖRKSEN: Nach den Monaten am BCL sind Sie – eine erste Synthese Ihrer kognitionswissenschaftlichen Theorie im Gepäck – wieder nach Chile zurückgekehrt. Hier haben Sie mit Francisco Varela zusammengearbeitet, mit dem Sie eine Reihe von Büchern veröffentlicht haben, darunter auch den Bestseller *Der Baum der Erkenntnis.*

MATURANA: Als ich wieder in Santiago war, unterstützte ich Francisco Varela, der in Harvard promoviert hatte, bei seiner Rückkehr nach Chile und schuf ihm einen Platz in meinem Labor. Wenn ich mit meinen Überlegungen zur zirkulären Organisation lebender Systeme richtig läge, so sagte er eines Tages zu mir, dann müsste man auch in der Lage sein, diese zu formalisieren. Ich entgegnete, dass vor jeder Formalisierung eine ausschließlich sprachliche Beschreibung erfolgen sollte, da man immer nur das, was man auch verstanden hat, in einem Formalismus ausdrücken sollte.

PÖRKSEN: Das bedeutet: Das Kriterium für den Gebrauch eines Formalismus ist der Zeitpunkt, zu dem man beginnt, diesen zu entwickeln und einzusetzen. Wer zu früh damit anfängt, der beraubt sich womöglich einer umfassenderen Einsicht, er blockiert sich in seinem Denken.

MATURANA: Ganz genau. Man übersetzt ja nicht das jeweilige Phänomen in einen Formalismus, sondern das gegenwärtige, das momentane Verständnis desselben, das man erworben hat. Daher war es mir wichtig, dass wir mit einer sprachlichen Beschreibung anfingen. Sie führte schließlich zur Publikation von *De Maquinas y Seres Vivos*, einem kleinen Buch über Maschinen und lebende Systeme.

PÖRKSEN: Francisco Varela sieht Ihr gemeinsames Nachdenken, das um die Organisation des Lebendigen kreist und letztlich in die Theorie der Autopoiesis mündet, vor dem Hintergrund des politischen Klimas in Chile. Der Kommunist Salvador Allende wurde in dieser Zeit zum Präsidenten gewählt; wer wollte, konnte eine allgemeine Aufbruchstimmung beobachten. „Es war uns klar", schreibt Varela im Rückblick, „dass wir uns auf eine Reise einließen, die entschieden revolutionär und unorthodox war, und dass sich der dafür nötige Mut aus der allgemeinen Stimmung in Chile ergab ... Die Monate, die zur Entwicklung des Konzepts der Autopoiesis führten, sind untrennbar mit dem Chile dieser Zeit verknüpft."

MATURANA: Dem möchte ich entschieden widersprechen. Mich interessiert es ganz und gar nicht, eine revolutionäre oder eine unorthodoxe Position zu besetzen und meine Arbeit an solchen Maßstäben zu messen. Vielleicht erscheinen meine Überlegungen manchen Menschen revolutionär, aber ich selbst war nie ein Revolutionär. Ich will meinen Job tadellos machen, das ist alles. Wenn Francisco Varela auf eine solche Weise über diese Zeit schreibt, dann spricht er für sich selbst. Er begann damals gerade, sich mit meinen Überlegungen zur Organisation des Lebendigen vertraut zu machen, er war mein Schüler, jemand, der etwas Neues kennen lernte und entdeckte, das mich bereits lange zuvor und eigentlich seit den Tagen meiner Kindheit beschäftigt hatte. Das soll nicht aggressiv klingen, aber ich hatte sämtliche Konzepte bereits entwickelt, als wir 1970 mit dem Schreiben begannen und in meinem Labor zusammenarbeiteten. Nochmals: Meine Überlegungen zur Autopoiesis lebender Systeme hatten überhaupt nichts mit dem zu tun, was sich zu dieser Zeit in Chile ereignete. Eher verhielt es sich umgekehrt: Ich benutzte mein theoretisches Verständnis, um zu begreifen, was in meinem Land vor sich ging.

PÖRKSEN: Können Sie von einem Beispiel berichten?

MATURANA: Kurz vor der Wahl von Allende nahm ich zusammen mit Francisco Varela und unserem gemeinsamen Freund José Maria

Bulnes aus purer Neugier am Treffen einer politischen Gruppierung teil, die sich *La O* (Die Organisation) nannte. Gegründet hatte sie ein Kommunist, ihr Ziel war es, die Arbeiter in den Fabriken über die Privilegien und die Gehälter einiger weniger aufzuklären. Zu diesem Zweck schuf man eine kleine Zeitung, die wir heimlich in der Nacht unter den Arbeitern verteilten, um ihnen so die Beobachtung ihrer eigenen Lebensumstände zu ermöglichen. Als Allende schließlich gewählt wurde, sprach man allgemein davon, dass nun die Linke einen demokratischen Zugang zur Macht besäße. Die Mitglieder dieser Gruppe trafen sich zur Beratung. Sollten sie sich, so ihre Frage, auflösen? Sollte man weiterhin im Untergrund tätig sein? Wäre es nicht sinnvoll, sich in eine der bestehenden Parteien zu integrieren? Mir gelang es, obwohl ich keineswegs zu den Entscheidungsträgern gehörte, an diesem Treffen teilzunehmen. Und irgendwann meldete ich mich und sagte: „Sie begehen einen Fehler. Sie reden so, als ob es sich bei Allende um einen gewählten Präsidenten handele, aber das stimmt nicht. Faktisch hat man Allende zum Präsidenten ernannt, aber das ist etwas anderes. Unter den drei Kandidaten besaß er doch nur eine winzige Stimmenmehrheit."

PÖRKSEN: Allende bekam damals gut ein Drittel der Stimmen.

MATURANA: So ist es. Und zwei Drittel des Volkes gehörten nicht zu seinen Wählern. Die rechnerische Mehrheit bedeutete keineswegs, so betonte ich, dass ihn auch eine Mehrheit der Chilenen gewählt hatte und nun auch unterstützen würde. Deshalb forderte ich: „Die Organisation, über deren Auflösung Sie hier gerade diskutieren, sollte in einer solchen Situation versuchen, mehr Macht zu erlangen und in jedem Fall weiterhin im Untergrund bleiben. Die eigentliche Auseinandersetzung steht erst noch aus." Natürlich löste sich die Gruppe auf – und eines Tages war dann die Opposition im Land so stark, dass sie den Putsch wagen konnte und alles vorbei war. Mir erscheint diese Diskussion noch heute als eine Lehrstunde: Diese Leute waren blind für die Dynamik, die sie in ihre momentane Situation gebracht hatte. Ihnen fehlte die Fähigkeit zur Beobachtung. Weil ich hier, wenn man so will, meine eigene *Theorie in Aktion* vorfand, handelte es sich um eine wichtige Erfahrung. Aber die fundamentalen Ideen, die schließlich zum Konzept der Autopoiesis führten, hatte ich bereits zu einem früheren Zeitpunkt entwickelt.

PÖRKSEN: Könnte die Kluft, die man zwischen Ihnen und Francisco Varela spürt, auch damit zu tun haben, dass Sie einen anderen Denkstil vertreten? Varela ist sehr daran interessiert, eine Idee in eine mathematische Sprache zu übersetzen, sie zu formalisieren. Und Sie selbst haben das Interesse an einer frühzeitigen Formalisierung auch in unserem Gespräch immer wieder kritisiert.

MATURANA: Das ist gewiss ein entscheidender Punkt. Ich war immer ein Biologe, er war dagegen eigentlich stets, so würde ich sagen, ein Mathematiker.

Das Gehirn eines Landes

PÖRKSEN: Sie haben sehr deutlich gemacht, dass Ihnen das politische Tagesgeschäft – die Rhetorik des Aufbruchs, die Idee der Weltveränderung, das fundamentale Element des Missionarischen etc. – eigentlich zuwider ist. Trotzdem waren Ihre Ideen, wenn ich richtig informiert bin, durchaus auch politisch einflussreich. Unter Allende wurde der gerade mal 26 Jahre alte Chilene Fernando Flores zum Wirtschafts- und Finanzminister und zuletzt zum Regierungssprecher ernannt. Er lud den Kybernetiker und Managementberater Stafford Beer nach Santiago ein und konzipierte mit ihm das Projekt *Cybersyn*. Es sollte die industrielle Produktion zentral erfassen, lenken und planen. Gedacht war an eine Art Frühwarnsystem, um Veränderungen in der Produktion rechtzeitig zu erkennen und dann entsprechend zu reagieren. Die Schlüsselidee von Stafford Beer, der ein Vorwort zu einem Ihrer Bücher geschrieben hat, war es, die gesamte Wirtschaft als eine Art Nervensystem zu betrachten und einen zentralen *Beobachtungsraum* zu installieren, in dem dann sämtliche ökonomisch relevanten Veränderungen registriert werden sollten. Würden Sie selbst sagen, dass Sie Stafford Beer und Fernando Flores beeinflusst haben?

MATURANA: Das kann man so nicht sagen, nein. Fernando Flores orientierte sich sehr stark an dem Buch *The Brain of the Firm* von Stafford Beer. Als Beer 1972 ein erstes Mal nach Chile kam, bat er um ein Treffen mit dem chilenischen Kybernetiker Humberto Maturana. Niemand hatte auch nur die leiseste Ahnung, wer dieser Maturana sein könnte, den der große Stafford Beer da kennen lernen wollte. Schließlich machte man mich dann doch ausfindig und lud mich ein.

PÖRKSEN: Das Programmsystem, das man baute, hat heftige Kritik provoziert. Es galt als ein früher Traum sozialistischer Planung und Kontrolle. Die gesamte Konzeption dieses kybernetisch inspirierten Informationssystems war offenbar streng zentralistisch und diente schließlich dazu, einen Streik von Lastwagenfahrern zu unterlaufen: Neu gebaute Lastwagen wurden frühzeitig ausgeliefert und mit Studenten als Streikbrechern besetzt.

MATURANA: Das war nicht der Zweck dieses Projekts und gewiss nicht die Absicht von Stafford Beer. Fernando Flores war es, der *The Brain of the Firm* auf der Ebene eines gesamten Landes umsetzen wollte. Und er lud Stafford Beer ein, um Ingenieure bei der Realisierung zu unterstützen und sie mit der Kybernetik vertraut zu machen. Tatsächlich wurde durch sein Engagement an vielen Orten des Landes die Produktion in Echtzeit überwacht, und die entsprechenden Daten liefen dann in einem so genannten Kontrollraum zusammen; hier sollte mit den entsprechenden Modellen eine sich gerade erst andeutende Entwicklung hochgerechnet werden, um die Möglichkeit zu besitzen, blitzschnell und im Moment einer erst noch entstehenden Schwierigkeit oder einer wie auch immer gearteten Veränderung und nicht erst Monate später die notwendigen Entscheidungen treffen und die entsprechenden Handlungsprogramme beeinflussen zu können. Das war die Überlegung von Stafford Beer. Er wollte ein zentralistisches Management etablieren, nicht jedoch ein Instrument der Beherrschung. Für ihn war nicht die Idee der Kontrolle zentral, obwohl dies vielleicht für Fernando Flores zutrifft. Aber dieser Kontrollraum war, wie Heinz von Foerster sagte, der zu dieser Zeit auch Chile besuchte, überhaupt kein wirklicher Kontrollraum, da die entsprechenden Kapazitäten zur Datenverarbeitung und die Möglichkeit, einzelne Situationen in ihren unterschiedlichsten Varianten modellhaft durchzuspielen, fehlten.

3. Erfahrung der Diktatur

DIE ENTSTEHUNG VON BLINDEN FLECKEN

PÖRKSEN: Das Projekt *Cybersyn* und die Pläne des Sozialisten Salvador Allende fanden am 11. September des Jahres 1973 ihr blutiges Ende. Am Nachmittag um zwei Uhr stürmten Soldaten des Putschisten Pinochet den Präsidentenpalast – und am Ende des Tages war Salvador Allende tot, Fernando Flores kam in der Nähe der Insel Sierra del Fuego in Gefangenschaft; und der General Pinochet regierte für lange Zeit als Diktator. Viele Mitglieder der Universität flohen wenig später ins Ausland und emigrierten in die USA oder nach Europa. Wie haben Sie sich verhalten?

MATURANA: Schon am Tag des Militärputsches rief ich meinen Freund Heinz von Foerster an und bat ihn, meiner Familie und mir beim Verlassen des Landes zu helfen. Die Situation war bedrohlich: Zahlreiche Menschen zählten mit einem Mal zu den Verfolgten, man sah Tote in den Straßen, es gab eine Ausgehsperre und Verhaftungen. Soldaten tauchten in der Universität auf. Heinz von Foerster versuchte, mir die Einladung einer amerikanischen Universität zu verschaffen. Das war jedoch alles andere als leicht. Ich galt als ein Dissident der Wissenschaft, der zu einem Zeitpunkt von der Geschlossenheit des Nervensystems sprach, zu dem doch jeder wusste, dass es sich eindeutig um ein offenes System handelt. Man kannte mich, aber ich gehörte keineswegs zum Mainstream. Insofern ist es kaum verwunderlich, dass mich trotz der Anstrengungen, die Heinz von Foerster unternahm, zuerst niemand haben wollte; auch die Universität von Illinois zeigte kein Interesse. Zehn Tage später war es dann doch gelungen, einen Neurophysiologen in New York für meine Arbeit zu interessieren. Aber zu diesem Zeitpunkt war ich bereits entschlossen, in Chile zu bleiben.

PÖRKSEN: Wie ist es zu dieser Entscheidung gekommen? Es gab ja damals einen Exodus der Intelligenz, eine Flucht vor Repression und Folter. Zehntausende Chilenen wanderten aus, und die Opposition war einer unerbittlichen Verfolgungsjagd ausgesetzt, die 3000 Menschen nicht überlebten.

MATURANA: Meine Motive zu bleiben waren vielfältiger Natur. Mein erster Gedanke war: Wenn alle demokratisch gesinnten Menschen das Land verlassen würden, dann gäbe es bald keine Erinnerung mehr an eine demokratische Kultur und eine andere, eine bessere Zeit. So gesehen, war jeder etwas ältere Mensch ein lebender Schatz. Dann beschäftigte mich das Schicksal der zahllosen Studenten, die mit einem Mal verlassen und entgeistert in der Universität herumirrten: Viele Professoren waren geflohen oder hielten sich versteckt, oder man hatte sie bereits gefangen genommen. Mit einigen traf ich mich jedoch eines Tages in der Universität, und wir schlossen eine Art Pakt und entschieden uns, in Chile zu bleiben. Diesen Pakt habe ich nicht gebrochen. Ich arbeitete weiter als ein demokratisch gesinntes Mitglied meiner Universität, weil ich mich verantwortlich fühlte für die Studenten und mein Land.

PÖRKSEN: Sie haben einmal geschrieben, dass es auch das Motiv gab, das Wesen einer Diktatur zu begreifen.

MATURANA: Das stimmt, auch wenn es vielleicht ein bisschen verrückt klingt. Aber ich wollte tatsächlich wissen, was es heißt, in einer Diktatur zu leben. Ich wollte die Deutschen und vor allem das Leben meines Freundes Heinz von Foerster verstehen, der die NS-Zeit dank seines Verständnisses von Systemen überlebt hatte. Er hat einmal zu mir gesagt: *Je ausdifferenzierter ein System ist, desto eher kann man es betrügen.* Und lässt sich, so fragte ich mich, in einem solchen diktatorischen System beobachten, wie man allmählich blind wird? Welche Ursachen hat ein solcher Wahrnehmungsverlust? Kann man, wenn man gewarnt ist und die Gefahren der ideologieverursachten Blindheit kennt, diese verhindern und seine eigene Seh- und Wahrnehmungsfähigkeit erhalten? Zu den Zielen eines Diktators gehört es ja, Menschen die Möglichkeit zu rauben, Beobachter ihrer jeweiligen Umstände zu bleiben oder zu werden – und ihnen auf diese Weise jede Chance zu nehmen, diese Umstände zu verändern und sie gemäß ihren eigenen Wünsche zu verwandeln.

PÖRKSEN: Sie wollten die Epistemologie der Ideologie verstehen.

MATURANA: So kann man das sagen, ja. – Als zahllose Deutsche nach dem Krieg behaupteten, sie hätten von den Schrecknissen der NS-Zeit nichts gewusst, war ich überzeugt, dass nicht jeder lügt. Vielleicht waren manche auch einfach nicht in der Lage, die schreckliche Wahrheit zu ertragen. Und was war, so wollte ich wissen, eigentlich in ihnen und ihrer Psyche vorgegangen? Wie lebt man, wenn man in einer Diktatur existiert, die es einem schwer macht, sich herauszuhalten? In welchem Ausmaß wird man selbst blind, auch wenn man dies entschieden nicht möchte? Wird man nicht blind, weil man weiß, dass man blind werden könnte? Wie und auf welche Weise wird Blindheit überhaupt erzeugt?

PÖRKSEN: Welche Beobachtungen haben Sie gemacht?

MATURANA: Niemand ist überall; und wenn man Ausgehsperren verhängt, dann nimmt man einem Menschen die Möglichkeit, bestimmte Dinge zu sehen. Er ist nicht dabei, wenn in der Nacht ein anderer in seiner Straße ermordet wird. Er sieht die Leiche nicht; alles geschieht hinter einem Vorhang. Und vielleicht wird er, wenn er am Morgen vor die Tür geht, den Gerüchten und Erzählungen keinen Glauben schenken. Man sieht ja nichts, nicht mal ein bisschen Blut; und das Geschehene wird von den Verantwortlichen systematisch geleugnet und abgestritten. Und womöglich wird er sich sagen, dass auch Soldaten Menschen sind und dass kein Mensch sich auf eine so bestialische Weise verhalten kann. Seine humanistischen Vorannahmen sind es also, die ihn blind machen: Sie schützen ihn vor dem Schrecken, sie lassen ihm das Vertrauen in den anderen Menschen. Und schließlich hat die neue Situation in einer Diktatur auch für manche ganz konkrete Vorteile: Plötzlich sind bestimmte Jobs verfügbar, weil andere sie aufgeben mussten und geflohen sind.

IDEOLOGIE UND MILITÄR

PÖRKSEN: Wenn man die chilenische und die nationalsozialistische Diktatur miteinander vergleicht, dann entdeckt man einen entscheidenden Unterschied: Adolf Hitler errichtete eine ideologische Diktatur. Er versuchte, Wahlen zu gewinnen, arbeitete zwar einerseits massiv mit den Mitteln der Einschüchterung, wollte aber andererseits auch überzeugen und die Massen begeistern, sie für seine antisemitischen Wahnideen und die Religion des Rassismus interessieren. Die Militärdiktatur in Chile stützte sich vor allem auf die Gewalt der Waffe und die Macht der Armee; ihr ideologischer Unterbau war ziemlich schmal.

MATURANA: Das ist ein zentraler Punkt. Wer in einer ideologischen Diktatur lebt, dessen gedankliche Bewegungsfreiheit wird in doppelter Hinsicht eingeschränkt: Man legt zum einen fest, was er glauben muss, und spezifiziert zum anderen, was er keinesfalls sagen und glauben darf, wenn er sich nicht mutwillig in Gefahr begeben will. Eine Militärdiktatur bestimmt dagegen primär, was man nicht tun darf. Verboten war im Chile dieser Jahre jede Form von Regierungskritik und das wie immer geartete Eintreten für die Ideale des Sozialismus. Ansonsten konnte man denken und lehren, was man wollte.

PÖRKSEN: Pinochet sagte immer wieder, die Linke sei gegen die Familie, gegen das Privateigentum, gegen die Freiheit und gegen das Vaterland. Er benutzte ein paar dürftige ideologische Formeln, mehr nicht.

MATURANA: Es handelt sich um eine *Antiideologie,* gerichtet gegen den Kommunismus. Und schließlich befinde man sich, so betonte Pinochet immer wieder, in einem Kriegszustand – und in einem Krieg muss man eben seine Feinde umbringen, das war sein Argument. Er benutzte diesen von ihm selbst ausgerufenen Kriegszustand, um die stattfindenden Menschenrechtsverletzungen zu rechtfertigen.

PÖRKSEN: Zu den zentralen Elementen der chilenischen Diktatur gehörte der *Miedo,* der Schrecken, die Verbreitung von Angst. Man sperrte den Sänger und Gitarrenspieler Victor Jarra ein, brach ihm die Hände und ermordete ihn schließlich. Man isolierte den Schriftsteller Pablo Neruda und durchsuchte seine Häuser, es gab Folterungen. Hat man davon gewusst?

MATURANA: Ja. Über ein Jahr lang musste zum Beginn der Fernsehnachrichten stets die Bombardierung des Regierungspalastes gezeigt werden, dann folgten Berichte, die von der Gefangennahme von *Revolutionären* handelten, von der Entdeckung geheimer Waffenlager. Und so weiter. Und gleichzeitig sollte man allerdings bei alldem auch nicht vergessen, dass Pinochet von einem bedeutenden Teil der Bevölkerung unterstützt wurde. Viele wurden unter seiner Herrschaft und der Privatisierung staatlicher Besitztümer ungeheuer reich, vermochten also sehr direkt von den Aktivitäten seiner Regierung zu profitieren.

PÖRKSEN: Mir fällt auf, dass Sie und verschiedene andere Autoren, die man heute zu den Begründern des Konstruktivismus zählt, allesamt unter einer Diktatur zu leiden hatten und mit dogmatisch vertretenen Wirklichkeiten konfrontiert waren. Heinz von Foerster musste sich vor den NS-Schergen verbergen; Ernst von Glasersfeld verließ Wien, als die Nazis an die Macht kamen; Paul Watzlawick hat immer wieder angedeutet, wie sehr ihn die NS-Herrschaft schockiert hat; Francisco Varela floh vor Pinochet nach Costa Rica, Sie selbst blieben all die Jahre in Chile. Meine Frage ist jetzt: Gibt es eine Verbindung zwischen den Theorien dieser Autoren und der Erfahrung der Diktatur? Oder ist diese biografische Gemeinsamkeit purer Zufall?

MATURANA: Sie ist nicht zufällig, sondern aus der Zeit erklärbar. Unendlich viele Menschen waren im vergangenen Jahrhundert – dem Jahrhundert der Russischen Revolution, des Faschismus und des Nationalsozialismus – mehr oder minder direkt mit autoritären Systemen konfrontiert. Natürlich kann ich nur für mich sprechen, aber mein eigenes Verständnis von Macht rührt nicht von den Erlebnissen her, die ich nach dem Militärputsch in Chile gemacht habe. Eher umgekehrt: Mein Leben in der Diktatur war geprägt von meinem Verständnis der Macht, das sich aus meiner steten Sehnsucht nach Demokratie ergab. Das Eintreten für die Demokratie bedingt selbstverständlich die Ablehnung der Diktatur; sie wird zum Feind, der fortwährend als eine Bedrohung im Hintergrund lauert. Wer sich für die Demokratisierung seines Landes engagiert, der bemerkt sehr schnell, wie schwer und mühevoll es ist, eine demokratische Kultur am Leben zu erhalten. Man muss sich mit dem weit verbreiteten und tief in unserer Kultur verankerten Ideal der Perfektion auseinander setzen – und dem Versuch, scheinbar perfekte und als demokratisch geltende Formen des Zusammenlebens auch mit den Mitteln der Unterdrückung zu erzeugen. Selbstverständlich befindet man sich in Opposition zur Diktatur – und engagiert sich demzufolge für das Individuum und nicht für die Ziele irgendeines Kollektivs. Gleichzeitig darf man jedoch, wenn man sich für die demokratietypische Partizipation des Einzelnen einsetzt, die Gesellschaft nicht aus dem Blick verlieren. Diejenigen, die Sie erwähnten, haben, so glaube ich, diese verschiedenen Schwierigkeiten verstanden und begriffen, dass es keinen Gegensatz zwischen dem Individuum und der Gesellschaft gibt. Darin besteht ihre Gemeinsamkeit.

Die Ohnmacht der Macht

Pörksen: Wenn man Ihre Arbeiten zur Systemtheorie und zur Biologie des Erkennens liest, dann erfährt man stets etwas über die Autonomie des Einzelnen, seine besondere Art, die Welt zu sehen und sich in ihr zu bewegen. Sie sagen: Jeder Mensch folgt in seinem Erkennen und Handeln ganz eigenen Gesetzen, er ist ein strukturdeterminiertes System. Das ist eine Auffassung, die dem Konzept einer direkten und linearen Steuerung enge Grenzen setzt. Ist nicht aber die Ausübung von Macht und Zwang in Diktaturen ein Paradebeispiel, das gerade zeigt, in welchem Ausmaß sich Menschen eben doch extern steuern und bestimmen lassen?

Maturana: Nein, das ist nicht der Fall. Da ich selbst in einer Diktatur gelebt habe, weiß ich, wovon ich spreche. Seltsamerweise entsteht Macht erst durch Gehorsam. Sie ist die Folge eines Akts der Unterwerfung, der von den Entscheidungen und der Struktur desjenigen abhängt, der sich unterwirft. Sie wird jemandem, der als Diktator auftritt, zugestanden, indem man tut, was er möchte. Macht gibt man einem Menschen, um etwas – das eigene Leben, die Freiheit, den Besitz, eine bestimmte Beziehung, den eigenen Arbeitsplatz usw. – zu erhalten, das man sonst verlieren würde. Ich behaupte: *Macht entsteht durch Gehorsam.* Wenn ein Diktator oder irgendein Mensch sein Gewehr auf mich anlegt und mich zu einer bestimmten Handlung zwingen will, dann bin ich es, der sich überlegen muss: Möchte ich diesem Menschen Macht geben? – Vielleicht ist es sinnvoll für einige Zeit, seinen Forderungen Folge zu leisten, um ihn dann in einem günstigen Moment zu besiegen.

PÖRKSEN: Gilt das, was Sie sagen, beispielsweise auch für die Diktatur der Nationalsozialisten? War es der Terror der Gestapo, der Adolf Hitler mächtig werden ließ? Oder haben sich die Menschen entschieden, einem drittklassigen Anstreicher aus Österreich die Macht zu schenken?

MATURANA: Es war eine bewusste oder unbewusste Entscheidung der Bevölkerung, die Adolf Hitler Macht gab. Jeder, der nicht protestiert hat, hat sich entschieden, nicht zu protestieren. Er hat sich entschlossen, sich zu unterwerfen. Nehmen wir an, dass ein Diktator auftaucht und jeden, der sich nicht fügt, ermordet. Nehmen wir an, dass sich die Menschen seines Landes weigern, ihm zu gehorchen. Die Konsequenz: Er mordet und mordet. Aber wie lange? Nun, im Extremfall wird er so lange morden, bis alle tot sind. Wo ist dann seine Macht? – Er hat sie verloren.

PÖRKSEN: Wie möchten Sie diese Neuformulierung des Verhältnisses von Macht und Ohnmacht verstanden wissen? Geht es um einen idealistischen Aufruf, der darauf abzielt, sich nicht zu unterwerfen? Oder meinen Sie wirklich, was Sie sagen?

MATURANA: Ich spreche völlig im Ernst. Man tut, so behaupte ich, immer das, was man will, auch wenn man behauptet, dass man eigentlich gegen den eigenen Willen handelt und zu etwas gezwungen wurde. Man wünscht sich dann die Folgen, die sich aus den eigenen Handlungen ergeben, auch wenn man vielleicht im Moment nicht mag, was man gerade tut.

PÖRKSEN: Können Sie diese Überlegungen an einem Beispiel veranschaulichen?

MATURANA: Niemand kann einen zwingen, einen anderen Menschen zu erschießen; aber es ist möglich, dass man sich entscheidet, das eigene Leben zu retten, und deshalb auf ihn schießt. Die Behauptung, man sei gezwungen worden, ist eine Ausrede, die das Ziel, auch um den Preis der eigenen Unterwerfung am Leben zu bleiben, verdeckt. Wenn sich jemand in dieser Situation entscheidet, einen anderen Menschen nicht zu erschießen, dann hört man vielleicht trotzdem das Krachen eines Schusses: Er wird selbst umgebracht – und stirbt in Würde.

Pörksen: Würden Sie sagen, dass es eigentlich keine Opfer gibt?

Maturana: Im strengen Sinne, ja. Ein Opfer verachtet sich, weil es einem anderen Macht zugestanden und sich in einem Akt des Gehorsams selbst in seiner Autonomie verleugnet hat. In der Selbstbeschreibung als ein Opfer werden die eigentlichen Prozesse der Machtentstehung unsichtbar.

Pörksen: Auch der chilenische Diktator Pinochet ließ, wie man weiß, viele seiner Gegner verschleppen, foltern und ermorden. Wie haben Sie sich selbst verhalten, als Salvador Allende tot war und das sozialistische Experiment ein blutiges Ende gefunden hatte?

Maturana: Ich habe den Entschluss gefasst zu heucheln, um am Leben zu bleiben und meine Familie und meine Kinder zu schützen. Gleichzeitig versuchte ich, mich auf eine Weise zu bewegen und zu benehmen, die jede Gefährdung meiner Würde und Selbstachtung zu vermeiden half. Ich ging bestimmten Situationen aus dem Weg, respektierte die Ausgehsperre, diskutierte manche Themen nicht mehr in der Universität. – Als die Soldaten kamen und mich aufforderten, meine Hände zu heben und mich an die Wand zu stellen, hob ich meine Hände und stellte mich an die Wand. Damals war ich mir jedoch ganz klar darüber, dass es einen Moment geben würde, in dem ich nicht mehr bereit wäre, dem Regime des Diktators Macht zu verleihen.

Pörksen: Möchten Sie von einer bestimmten Situation berichten?

Maturana: Eines Tages, es war im Jahre 1977, nahm man mich fest und brachte mich ins Gefängnis. Der Grund war, dass ich drei Vorträge gehalten hatte. Der erste handelte von der Genesis und dem Sündenfall: Ich behauptete, dass Eva, die den Apfel aß und ihn Adam gab, ein Vorbild sein könnte. Sie war ungehorsam, und ihre Rebellion gegen das göttliche Gebot schuf die Basis für die Selbsterkenntnis des Menschen und sein verantwortliches Handeln, für die Vertreibung aus dem Paradies, der Welt ohne Selbsterkenntnis. In dem zweiten Vortrag sprach ich über den heiligen Franz von Assisi: Seine Art und Weise, Menschen wahrzunehmen, erzeugt nach meiner Auffassung einen so tiefen Respekt vor ihnen, dass es unmöglich wird, sie noch als Feinde zu sehen. Und ich fügte hinzu, dass jede Armee den anderen Menschen erst in einen Fremden und in einen Feind verwandeln muss, um dann in der Lage zu sein, ihn zu misshandeln und zu töten. Der dritte Vortrag war Jesus und dem Neuen Testament gewidmet: Wie lebt man zusammen, so fragte ich meine Zuhörer, wenn man von dem Gefühl der Liebe ausgeht?

PÖRKSEN: Was genau geschah nach diesem letzten Vortrag?

MATURANA: Wenige Tage später sperrte man mich ein und behandelte mich wie einen Gefangenen. Man wolle mich verhören, hieß es. Irgendwann kam jemand, rief meinen Namen und sagte: „Sind Sie Professor Humberto Maturana?" Als ich das hörte, dachte ich mir, dass ich immer ein Professor bleiben würde, auch wenn diese Leute mich ermordeten. Der Status des Professors war das Schutzschild, das sie mir gewährt hatten. Dann brachte man mich in einen Raum, in dem drei Leute saßen. Ich setzte mich hin und stellte die Frage: „Inwiefern habe ich gegen die Grundsatzerklärung der Militärregierung verstoßen?" Das heißt, ich war es, der das Verhör begann und der die Spielregeln veränderte; ich würde nicht sagen, dass ich diese Leute manipulierte, aber das Verhör nahm einen Verlauf, der es mir gestattete, meine Würde und Selbstachtung zu bewahren. Ich gebärdete mich weiterhin als ein Professor und versuchte, die Vorwürfe, die man mir machte, zu entkräften. Und ich hielt diesen Leuten einen evolutionstheoretischen Vortrag und erklärte ihnen, warum sie den Kommunismus niemals vernichten würden, indem sie Kommunisten verfolgten. Man müsste – so sagte ich – die Bedingungen ändern, die den Kommunismus erst hervorbringen. Die drei Männer hörten mir mit wachsendem Erstaunen zu. Sie könnten mich, ließ ich sie wissen, jeder Zeit zu einem Vortrag einladen. Dann brachten sie mich zurück in die Universität.

DIE SELBSTACHTUNG ERHALTEN

PÖRKSEN: Ihre eigenen Erfahrungen in den Jahren der Diktatur sind mir sehr wichtig, weil ich glaube, dass ich Sie nun besser verstehe. Sie plädieren nicht für einen lebensgefährlichen Heroismus, Sie sprechen denjenigen, der sich unterwirft, nicht schuldig, sondern Sie plädieren für ein Maximum an Bewusstheit im Umgang mit der Macht.

MATURANA: Natürlich, ja. Es kann sehr dumm sein, sich nicht für eine gewisse Zeit zu unterwerfen und nicht ein bisschen abzuwarten, bis sich eine günstige Gelegenheit zur Gegenwehr ergibt. Mir geht es allein darum, sich verantwortlich zu bekennen und andere dazu einzuladen, bewusst zu handeln. Will man die Welt, die sich vor einem auftut, wenn man dem anderen Macht zugesteht? Möchte man vor allem überleben? Lehnt man die Welt, die im Zuge der Machtausübung entsteht, in einer unbedingten und kompromisslosen Weise ab?

PÖRKSEN: Glauben Sie, dass dieser andere Bewusstseinszustand wirklich das Entscheidende ist? Man könnte doch einwenden, dass die unbedachte und die bewusste Unterwerfung jeweils dieselbe Konsequenz haben: Der Diktator bleibt an der Macht.

MATURANA: Dieser andere Bewusstseinszustand ist entscheidend, denn er ist es, der es gestattet, zu heucheln. Zu heucheln bedeutet, dass man ein Gefühl vortäuscht, das man nicht hat. Man bleibt immer noch ein Beobachter, der eine innere Distanz wahrt und eines Tages wieder auf eine andere Weise agiert. Das heißt: Die Wahrnehmungsfähigkeit des Heuchelnden wird nicht zerstört; seine Selbstachtung und seine Würde bleiben erhalten. Und ihm ist aufgrund dieser entscheidenden und sehr bedeutenden Erfahrungen ein anderes Leben möglich. Wenn man diese Haltung des bewussten Umgangs mit der Macht aufgibt, dann ist man verloren. Man hat sich für die Blindheit entschieden.

PÖRKSEN: Wie kann man sich sicher sein, dass die Annahme, man selbst würde nur heucheln und beobachten, nicht eine raffinierte Form des Selbstbetrugs darstellt?

MATURANA: Nun, das erscheint mir als ein schwieriges Problem. Wirklich gefährlich wird es, wenn man behauptet, man selbst sei immun gegen die Versuchungen der Macht. Man ist dann blind für seine eigene Verführbarkeit, für den Genuss der Machtausübung, für die Freuden der unkontrollierten Ausübung von Kontrolle. Meine Auffassung ist, dass man niemals glauben sollte, man sei in moralischer oder irgendeiner anderen Hinsicht etwas Besonderes: Man ist dann auf die Situation, die einen vielleicht zu einem Folterer werden lässt, gedanklich nicht vorbereitet. Wer sich für immun hält, wird, so glaube ich, in einer bestimmten Situation am ehesten zum Folterer. Er ist sich seiner eigenen Verführbarkeit nicht bewusst. Was immer ein menschliches Wesen an Schrecklichem oder eben auch an Großartigem zu tun vermag – ein anderer, der man selbst sein könnte, kann dies auch. Eine solche Einsicht erlaubt es, das eigene Leben bewusst zu führen und sich zu entscheiden, ob man sich für die Demokratie oder die Diktatur engagiert.

PÖRKSEN: Sie waren in den insgesamt 17 Jahren der chilenischen Diktatur immer auch ein akademischer Lehrer und haben mit Ihren Studenten zusammengearbeitet. Wie offen sind Sie in der Universität aufgetreten? Wie gestaltete sich der Unterricht?

MATURANA: Ich erfand noch 1973 eine Vorlesungsreihe mit dem Titel *Biologie der Kognition*, aus der später das Buch *Der Baum der Erkenntnis* hervorging. Jahr für Jahr hielt ich diese Vorlesungen und beschrieb den Weg von der einzelnen Zelle zum Sozialen. Dabei vermied ich es stets, die Regierung in irgendeiner direkten Weise anzugreifen oder offen politisch zu agitieren, das war nicht meine Sache. Ich drängte meine Studenten niemals in eine bestimmte Richtung, aber ich wollte sie Schritt für Schritt zur Reflexion anregen.

PÖRKSEN: Wenn ich richtig verstehe, ging es Ihnen um eine Anleitung zum selbstständigen Denken. Können Sie noch ein Beispiel aus Ihrer Lehrtätigkeit nennen, das Ihr Vorgehen illustriert?

MATURANA: Einmal sprach ich etwa über meine Auffassung, dass Macht einem anderen durch Gehorsam zugestanden wird. Niemand hat Macht, so sagte ich, sondern er erhält sie, weil man sich unterwirft und seinen Forderungen Folge leistet. Ich war mit einer ziemlich realistisch wirkenden Spielzeugpistole in der Vorlesung erschienen: „Mit dieser Pistole", so sagte ich zu meinen Studenten, „kann ich Sie umbringen." Ich zeigte auf eine Studentin und meinte: „Steh auf, sonst erschieße ich dich!" Sie stand auf, obwohl sie natürlich wusste, dass ich sie niemals ermorden würde. – „Komm in die Mitte des Raumes!" Sie kam in die Mitte des Raumes. – „Leg dich auf den Boden!"

Sie legte sich auf den Boden. – „Zieh deine Kleider aus!" In diesem Moment sprang sie auf und rief: „Nein! Das werde ich nicht tun!" Ich wartete einen Moment und sagte dann: „Sehen Sie, diese Weigerung, sich zu fügen, hat mir meine Macht genommen. Meine Macht beruht auf Ihrer Bereitschaft zur Unterwerfung, nicht aber auf der Tatsache, dass ich hier mit einer Pistole herumfuchtele." Sie sehen also, dass ich meinen Studenten nicht sagte, was zu tun sei, sondern ich versuchte, sie zu anderen Möglichkeiten des Nachdenkens und der Wahrnehmung anzuregen. Meine Auffassung ist: Wer für eine bestimmte Art zu leben eintritt und möchte, dass diese Art und Weise des Lebens sich in der Beziehung zu ihm ergibt und offenbart, der sollte sie ohne Zögern leben. Abwarten bringt nichts.

PÖRKSEN: Strukturdeterminierte Systeme – Menschen – lassen sich, so Ihre Annahme, nur begrenzt steuern; man kann sie nur irritieren, nicht aber kontrollieren. Zwang erscheint prinzipiell chancenlos. Meine These ist: Sie haben eine Epistemologie entwickelt, die der diktatorischen Machtausübung die konzeptionelle Basis entzieht.

MATURANA: Mit dieser These bin ich sehr einverstanden und füge hinzu, dass ich die gedanklichen Grundlagen der Diktatur zerstöre, weil es meine Arbeiten erlauben, das Wesen der Demokratie besser zu verstehen. Demokratie muss, so glaube ich, täglich neu als ein Raum des Zusammenlebens geschaffen werden, in dem Partizipation und Kooperation auf der Basis von Selbstachtung und Achtung vor dem anderen möglich sind. Das Erste, was eine Diktatur vernichtet, ist die Selbstachtung und die Autonomie des einzelnen Individuums, da sie, wenn man am Leben bleiben will, Unterwerfung und Gehorsam verlangt.

PÖRKSEN: Könnte es sein, dass die immense Popularität, die Ihre Ideen heute besitzen, mit dem viel beschworenen Ende der Ideologien und dem Zusammenbruch des real existierenden Sozialismus zu tun haben?

MATURANA: Dieser Zusammenhang besteht. Was ich geschrieben habe, gibt der Möglichkeit der Selbstachtung eine neue Basis, die in Diktaturen prinzipiell negiert wird. Was die Leser meinen Arbeiten zu entnehmen vermögen, ist, das man an der Erzeugung der Welt, in der man lebt, unausweichlich seinen Anteil hat. Eine solche Sicht, zu der ich ohne jeden Zwang und irgendwelche Forderungen einlade, würdigt den Einzelnen. Und wer sich gewürdigt und respektiert fühlt, dem wird es möglich, sich selbst zu respektieren und zu achten. Er kann für das, was er tut, die Verantwortung übernehmen.

Begegnung mit Pinochet

Pörksen: Man hat mir erzählt, dass Sie selbst einmal mit dem Diktator Pinochet zusammengetroffen sind. Möchten Sie von den Umständen dieser Begegnung berichten?

Maturana: Eines Tages, es war im Jahre 1984, erhielt ich einen Brief mit dem Siegel des Präsidenten. Es handelte sich um eine Einladung zum Mittagessen mit Pinochet, die auch noch, wie ich dann herausfand, anderen Mitgliedern der Fakultät zugegangen war. Manche meinten, man solle auf keinen Fall absagen, andere warnten uns davor, zu diesem Essen zu gehen, aber ich entschied mich, diese Einladung anzunehmen. Meine Mutter bat mich inständig, mich immer daran zu erinnern, dass ich eine Familie habe, und ich versprach ihr, dies nicht zu vergessen. Als ich schließlich im Präsidentenpalast erschien, stellte sich heraus, dass insgesamt ungefähr 85 Professoren zusammengekommen waren. Wir standen ein wenig herum, sprachen miteinander und fragten uns, warum man uns eigentlich hierher gebeten hatte. Und dann erschien Pinochet. Jemand, der ihn begleitete, sagte ihm, während er uns willkommen hieß, unsere Namen. Als es an mir war, Pinochet zu begrüßen, dachte ich an meinen ältesten Sohn, der zu mir gesagt hatte, dass er Pinochet niemals die Hand geben würde. Und da stand ich nun und schüttelte diesem Mann die Hand. Danach gingen wir gemeinsam zum Essen in einen riesigen, prachtvoll hergerichteten Saal. Wir hatten uns kaum gesetzt, da stand Pinochet wieder auf, ergriff sein Weinglas und sagte: „Stoßen wir auf unser Vaterland an!" Und wir erhoben uns, prosteten einander zu, setzten uns wieder hin und aßen das köstliche Essen, das uns auf elegantem, eigens für den Präsidenten der Republik gefertigtem Porzellan serviert wurde.

PÖRKSEN: Sie saßen hier mit einem Mann zusammen, der eine Angst und Schrecken verbreitende Geheimpolizei unterhielt, der verantwortlich war für das spurlose Verschwinden von zahlreichen Regimekritikern und der foltern ließ.

MATURANA: So war es, genau. Noch bevor der Nachtisch gebracht wurde, sprach Pinochet, von dem ich nur wenige Meter entfernt war, dann erneut zu uns. „Meine Damen und Herren", so hörte ich ihn sagen, „dieses Treffen hat allein den Zweck, dass wir uns kennen lernen. Das ist alles. Sie können ganz beruhigt sein. Es wird keine wie immer gearteten Forderungen geben." Er setzte sich wieder hin, und ich ergriff in diesem Moment mein Glas, stand auf und sagte: „Meine Damen und Herren, auch ich möchte mit Ihnen auf unser Vaterland anstoßen!" Mit einem Mal wurde es totenstill, man konnte den tiefen Schrecken der Versammelten spüren, ihre Erstarrung und ihre plötzliche Angst. Pinochet schaute mich an und beugte sich etwas vor. „Wir sind heute hier in Begleitung des Präsidenten versammelt", so fuhr ich fort. „Und das ist unter jeder Regierung ein seltenes Ereignis. Deshalb will ich nun die Gelegenheit ergreifen, mit Ihnen und dem Präsidenten darauf anzustoßen, dass wir alle, die wir heute hier sind, zu der intellektuellen Freiheit und der kulturellen Autonomie unseres Landes Chile beitragen." Ich trank meinen Wein, Pinochet lehnte sich zurück und klatschte vier Mal in die Hände. Alle im Raum klatschten vier Mal in die Hände. Ein Freund beugte sich zu mir herüber und flüsterte: „Vielen Dank, das war wunderschön." Und das Gespräch setzte wieder ein.

PÖRKSEN: Der Diktator hat nicht begriffen, was Sie gesagt haben.

MATURANA: Einen Moment bitte, die Geschichte geht noch weiter. Kaum war der Nachtisch gegessen, gingen wir alle in einen anderen Saal. Ein Freund von mir, ein Physiker unserer Universität, sagte mir, Pinochet wäre allein, wir sollten zu ihm hingehen. Erst wollte ich nicht, aber dann drängte er mich, und schließlich ging ich mit ihm zu Pinochet, der mit einem seiner Generäle herumstand. „Herr Präsident", so sagte mein Freund, „ich habe das Vergnügen, Ihnen Professor Maturana vorzustellen, einen sehr renommierten Biologen." Wieder schüttelte ich ihm die Hand, und er sagte: „Ich teile Ihre guten Wünsche für dieses Land." – „*A dios rogando*", so antwortete ich, „*y con el mazo dando.*" Das ist ein spanisches Sprichwort, das so ungefähr bedeutet: Wer für etwas zu Gott betet, der muss auch entsprechend handeln; Gebete und fromme Wünsche allein reichen nicht aus. Das war wirklich eine irrwitzige Situation: Da stand Pinochet – und erzählte mir, dass er mit meiner Sehnsucht nach intellektueller Freiheit und kultureller Autonomie übereinstimmt. Seine gesamte Politik zielte ja exakt in die umgekehrte Richtung. Er wollte dieses Land von anderen abhängig machen, um jedes erneute Aufkeimen des Kommunismus mithilfe seiner Verbündeten sofort zu ersticken.

PÖRKSEN: Sie sprachen mit einem Menschen, den viele für ziemlich beschränkt hielten. Salvador Allende, der Pinochet ja überhaupt erst in die Machtposition gehievt hatte, von der aus er dann den Putsch wagen konnte, meinte einmal: Dieser Mann sei „zu doof, seine eigene Frau zu betrügen".

MATURANA: Das war eine krasse Fehleinschätzung. Niemand wird, wenn es ihm wirklich an der nötigen Intelligenz fehlt, zum General irgendeiner Armee der Welt. Er ist vielleicht fanatisch, engstirnig und ideologisch – aber dumm ist er nicht.

PÖRKSEN: Was glauben Sie? Wie hat Pinochet Sie verstanden?

MATURANA: Er hat mich sehr gut verstanden. Entscheidend war, dass ich ihn nicht als einen Vorgesetzten, sondern als einen ebenbürtigen Chilenen behandelte. Er war für mich der Präsident, der uns begleitete, er war für mich jemand, der zu dieser großartigen Aufgabe, die intellektuelle Freiheit und kulturelle Autonomie des Landes zu wahren, beitragen sollte. Er gehörte zu uns, und das war nicht beleidigend gemeint, überhaupt nicht.

PÖRKSEN: Sie haben die Beziehung zwischen dem Herrscher und seinen Untergebenen umgedeutet.

MATURANA: Das kann man so sagen – und gleichzeitig habe ich die Eröffnungsformel seines Trinkspruches übernommen. Auch ich stieß auf unser gemeinsames Vaterland an.

PÖRKSEN: Das erscheint mir sehr aufschlussreich. Sie haben die Eigenlogik eines geschlossenen Systems benutzt, um in dieses einzudringen und es zu verändern. Sie wussten, dass *Vaterland* dafür ein gutes Wort ist.

MATURANA: Ganz genau. Natürlich kann man einen Adolf Hitler nicht mit einer Tischrede beeindrucken, in der von Juden gesprochen und zu ihrer Verehrung aufgerufen wird. Ebenso muss man wissen, dass Beleidigungen in einer solchen Situation keinen Erfolg haben können. Wer das nicht sieht und versteht, der ist vollkommen blind.

PÖRKSEN: Das bedeutet aber, dass man – allgemeiner formuliert – die Eigenlogik eines Systems in subversiver Weise einsetzen kann.

MATURANA: Diese Orientierung an der Eigenlogik des Systems funktioniert genau so lange, wie sich die Bedeutung oder auch die Umdeutung des Gesagten nicht als eine Abwertung des Systems interpretieren lässt. Natürlich wäre jede Beleidigung (nach dem Motto: „Sie sind ein beschissener Diktator!") eine ziemliche Dummheit, weil Pinochet ja dann auf diese reagiert hätte, hätte reagieren müssen. Ebendeshalb war ich unheimlich darauf bedacht, ihn nicht in irgendeiner Weise zu brüskieren, sondern an eine gemeinsame Vision zu appellieren: Gegen das Engagement für unser geliebtes Land konnte er nichts haben.

PÖRKSEN: Wie ging die Begegnung zu Ende?

MATURANA: Während wir noch miteinander sprachen, kam ein anderer Wissenschaftler hinzu, der Pinochet in äußerst unterwürfiger Weise ansprach. Sofort nahm er Haltung an, verwandelte sich wieder in einen Diktator und antwortete barsch: „Was wollen Sie?" Mit dieser Form der Unterwürfigkeit wollte ich nichts zu tun haben und zog mich zurück. Als Pinochet dann aufbrach, kam er noch einmal bei mir vorbei, berührte mich am Arm und sagte: „Chao" Und ich sagte: „Chao!" Ich würde sagen: Er behandelte mich als einen gleichberechtigten Chilenen, weil ich mich ihm – ohne arrogant zu sein – nicht unterwarf und ihm keine Macht schenkte.

PÖRKSEN: Haben Sie sich je wieder getroffen?

MATURANA: Nein, niemals. Am Abend nach diesem Mittagessen erhielt ich zwei Varianten von Anrufen: Manche waren außer sich vor Wut, weil ich sie, wie sie meinten, alle in Gefahr gebracht hatte. Andere riefen mich an und dankten mir. Ein Kollege, auch er ein Professor, sagte, ich hätte ihnen mit diesem Trinkspruch ihre Würde zurückgegeben.

PÖRKSEN: Mich berührt dieses Erlebnis, weil es doch auch zeigt, dass es immer unterschiedlich zu nutzende Freiheitsgrade, wenn man so will: Leerstellen für das Individuum gibt. Gleichzeitig glaube ich, dass ein solches Verhalten unvermeidlich Talent braucht und Intelligenz voraussetzt.

MATURANA: Ein solches Verhalten ist keine Intelligenzfrage, nein. Vielleicht braucht man eine gewisse Portion Weisheit, die auf einer möglichst vorurteilslosen oder unvoreingenommenen Wahrnehmung basiert. Wenn man sich einem solchen Diktator in dem strikten Bewusstsein nähert, dass man hier einen entsetzlichen Idioten und einen Kriminellen vor sich hat, dann wird man sich in einer bestimmten Weise verhalten. Natürlich ist dieser Mann ein Verbrecher – keine Frage. Und natürlich erscheint er, wenn man seine gegenwärtigen Äußerungen betrachtet, vollkommen blind für seine eigene Verantwortung, für das Geschehen in Chile und die Schrecken der Diktatur. Aber wenn man allein von dieser Einschätzung ausgeht, dann wird man außerstande sein, auch den Menschen in seinem eigenen Gefangensein, seinen seelischen Konflikten und seinem immerhin verantwortungsvoll gemeinten Patriotismus zu sehen und sich an diesen Menschen zu wenden, wenn man mit ihm spricht.

PÖRKSEN: Die Jahre der Diktatur sind inzwischen endgültig vorbei. Bereits 1989 wurden wieder die ersten freien Wahlen in Chile abgehalten; das Land ringt gegenwärtig um eine angemessene Aufarbeitung der Vergangenheit. Wenn sich nun demnächst – Pinochet ist inzwischen ein weltweit verfemter und doch auch noch von vielen Chilenen verehrter Greis – wieder die Gelegenheit zu einem Treffen ergäbe, was würden Sie ihm heute sagen?

MATURANA: Ich würde ihm raten, sich wie Bernardo O'Higgins zu verhalten, das war der große chilenischen Freiheitskämpfer. Als man ihm eines Tages öffentlich vorwarf, sich in einen Tyrannen verwandelt zu haben, antwortete er den aufgebrachten Menschen: „Was auch immer ich getan habe – ich habe es im Vertrauen darauf getan, dass es zum Wohle unseres Landes sein würde. Wenn das Leid, das ich verursacht habe, nur durch mein Blut gemildert werden kann, dann bin ich bereit zu sterben." Letztendlich wurde O'Higgins nicht getötet, sondern ging 1823 ins Exil. Er war gewillt, die Verantwortung für sein Handeln zu übernehmen und sich dem Urteil anderer zu stellen. Genau das hat Pinochet niemals getan. Er behauptet nach wie vor seine Unschuld, und das ist sein größtes Verbrechen.

4. Welten der Wissenschaft

DAS PARADOGMA

PÖRKSEN: In all den Jahren der Diktatur waren Sie ja immer auch ein Wissenschaftler, dessen internationaler Ruhm spätestens Mitte der 80er-Jahre stetig anwuchs. Wie haben Sie, ganz allgemein gefragt, überhaupt das Echo der wissenschaftlichen Welt erlebt? Wie wurden Ihre Arbeiten aufgenommen? In einem Essay von Francisco Varela kann man lesen, dass Sie – als die ersten Aufsätze publiziert werden sollten – zuerst eine vollkommene Ablehnung erfuhren; niemand wollte Ihre Texte drucken.

MATURANA: Ganz so schrecklich war es nicht. Den ersten Aufsatz schickte ich direkt an Heinz von Foerster, mit dessen Hilfe er 1974 in *Biosystems* erschien. Natürlich gab es eine Phase des Unverständnisses, aber das war kein Problem für mich, überhaupt nicht. Als ich das erste Mal vor der *Gesellschaft für Biologie* über Autopoiesis sprach und meine Überlegungen vorstellte, kam nach dem Vortrag ein Freund zu mir und fragte: „Humberto, was ist los? Bist du krank?" Dass zahlreiche Wissenschaftler an dem, was ich vortrug, zuerst kein Interesse hatten, war mir, um ehrlich zu sein, ziemlich egal. Und die Kritik an meiner Arbeit erschien mir zu keinem Zeitpunkt als ein Problem, weil ich immer wieder zeigen konnte, warum die verschiedenen Einwände und Argumente nicht stichhaltig waren. Eines Tages sagte beispielsweise ein Kollege zu mir, dass es womöglich in anderen Teilen des Kosmos lebende Systeme geben könnte, die sich von den uns bekannten vollkommen unterscheiden. „Woher würdest du", so fragte ich zurück, „wissen, dass es sich um lebende Systeme handelt, wenn sie doch so komplett andersartig sind? Mein Thema handelt von dem, was allem Lebendigen gemeinsam ist." Das ist keine bloß scholastische Aussage, sondern ein epistemologisch einwandfreies Argument.

Pörksen: Das gängige Paradigma der Normalwissenschaft ist ohne Zweifel der Realismus: Eine Mehrheit innerhalb der Scientific Community glaubt nach wie vor an eine beobachterunabhängig gegebene Welt, deren Wesenszüge wir zumindest Schritt für Schritt zu erkennen vermögen. Ein solches Paradigma hat, um mit dem Philosophen Josef Mitterer zu sprechen, oft die Gestalt und die Härte eines *Paradogmas:* Es zeigen sich in der Geschichte der Wissenschaften zahlreiche Beispiele, wie man missliebige Ansichten marginalisiert, ihre Vertreter als unwissenschaftlich etikettiert oder aber sie schlicht und einfach ignoriert. Haben Sie sich nie an diesen Spielformen der Ausgrenzung, denen Sie ja gelegentlich auch begegnet sind, gestört?

Maturana: Nein, das hat mich nicht beschäftigt, weil ich mich nicht als einen revolutionären Wissenschaftler oder als den Protagonisten einer New-Age-Theorie begreife, der ein bestimmtes Paradigma wissenschaftlicher Forschung bekämpfen möchte. Ich habe mich auch nie nach Anerkennung oder nach einer Gemeinde von Verehrern gesehnt. Keineswegs war ich in irgendeiner Weise verstört oder beunruhigt, weil man meine Arbeiten vielleicht nicht verstand oder ihnen mit Desinteresse begegnete. Diese Geschichte trifft auf mich nicht zu. Ich war und bin ein kompromissloser Wissenschaftler, der durch die Jahre der Diktatur einfach hindurchglitt, immer darauf bedacht und auch darauf vertrauend, eine tadellose, keine logischen Fehler enthaltende Arbeit zu machen. That's it!

Pörksen: Hat Sie die Kritik und der schräge Blick von Kollegen oder Freunden nicht irritiert? Als ich vor knapp einem Jahr das erste Mal in Ihrem Labor in Santiago de Chile auftauchte, passierte etwas Merkwürdiges: Immer dann, wenn Sie ans Telefon gerufen wurden und wir das Gespräch unterbrachen, kam einer Ihrer Kollegen zu mir und meinte: „Sie verschwenden hier Ihre Zeit. Was zählt, sind Fakten. Vergessen Sie den Beobachter."

Maturana (lacht): Ich weiß, von wem Sie sprechen. So ist das eben. Manche Menschen können mit meinen Gedanken nichts anfangen, finden sie inakzeptabel, aber sind doch nicht in der Lage, sie zu widerlegen. Gelegentlich bekomme ich auch, wenn man mich kritisieren will, zu hören, ich sei eigentlich ein Philosoph, ein Poet, ein Mystiker. Und so weiter. Diese Etikettierungen sollen es dann erlauben, meine Überlegungen wieder loszuwerden und sich nicht weiter mit dem, was ich sage, beschäftigen zu müssen. Natürlich respektiere ich meine Kollegen zutiefst, aber die schlechte oder die gute Meinung, die andere von mir haben mögen, ist für mich in keiner Weise maßgeblich. Sie berührt mich nicht. Wenn ich kritisiert oder auch gelobt werde, dann frage ich mich: Wie sieht die Begründung für eine solche Einschätzung aus? Inwiefern fühle ich mich durch sie verstanden? Teile ich die Gründe, die der Kritik oder dem Lob zugrunde liegen?

PÖRKSEN: Sie haben gerade angedeutet, dass man sich immer wieder fragt, ob man Sie besser begreift, wenn man Sie eher als einen Philosophen oder stärker als einen Naturwissenschaftler versteht. Diese Unsicherheit, was die Einordnung Ihrer Ideen betrifft, wird auch in einer kleinen Anekdote deutlich: Auf den Schildern Ihres Instituts fand man für viele Jahre die Bezeichnung *Instituto de Neurobiología*, dann wieder las man *Epistemología Experimental*. Irgendwann tauchte schließlich die Mischformel *Neurofilosofía* auf. Meine Frage ist jetzt: Wie würden Sie sich selbst beschreiben?

MATURANA: Vielleicht könnte man mich am ehesten als einen humanistischen Philosophen charakterisieren, der – ausgestattet mit dem Wissen der modernen Zeit – wieder vor die Trennung von Naturwissenschaft und Philosophie zurückgeht. Als Galilei Philosophie und Wissenschaft voneinander unterschied, trennte er, wie ich sagen würde, Theorien voneinander, mit denen jeweils Unterschiedliches bewahrt und erhalten werden soll: In philosophischen Theorien geht es letztlich darum, Prinzipien zu bewahren. Erfahrungen, die nicht zum Erhalt dieser Prinzipien beitragen, gelten als unwichtig; man verwirft sie, sie bleiben unbeachtet. Ziel naturwissenschaftlicher Theorien ist es hingegen, die Kohärenz mit dem Erfahrbaren zu erhalten; es sind die Prinzipien, die sich daher verflüssigen lassen – und es entsteht auf diese Weise eine naturwissenschaftliche Theorie. Natürlich hat Galilei eine solche Unterscheidung nicht mit diesen Worten beschrieben, aber mit der faktisch vollzogenen Trennung, die er vornahm, verloren die Philosophen, die sich einem prinzipiengeleiteten Nachdenken verschrieben hatten, den Kontakt zur Welt der Erfahrung. In meiner Arbeit verbinde ich dagegen die philosophische Reflexion – d. h. die Auseinandersetzung mit den Grundlagen des eigenen Tuns – wieder mit Naturwissenschaft bzw. mit der naturwissenschaftlichen Theoriebildung.

ZWISCHEN PHILOSOPHIE UND NATURWISSENSCHAFT

PÖRKSEN: Wie sind Sie auf diese etwas ungewöhnliche Unterscheidung von Philosophie und Naturwissenschaft gekommen?

MATURANA: Sie geht auf ein Erlebnis in Bregenz zurück. Es waren Philosophen und Anhänger von Karl Popper, die mich eingeladen und gebeten hatten, die Evolutionäre Erkenntnistheorie von Konrad Lorenz zu kritisieren, aber das wollte ich nicht, weil ich kein Interesse daran habe, einen so ausgezeichneten Biologen wie Lorenz zu kritisieren, auch wenn wir selbstverständlich sehr unterschiedliche Auffassungen vertreten. Also behandelte ich in meinem Vortrag die Geschlossenheit des Nervensystems und versuchte, ganz allgemein und bezogen auf *jede* Erkenntnistheorie zu zeigen, warum niemand Zugang zu einer unabhängig gegebenen Realität haben kann. Als schließlich die Diskussion begann, ging es stets um das Problem der Realität. Jemand stand auf und fragte mich: „Haben Sie irgendetwas publiziert?" – „Natürlich", antwortete ich, „Sie können in verschiedenen Zeitschriften, die sich in Ihrer Bibliothek finden, meine Aufsätze entdecken." – „Werde ich dort", so wollte er dann wissen, „die *wirklichen* Aufsätze finden?" So ging das immer weiter. Zum Schluss meldete sich einer der Philosophen und sagte: „Ich bin nun, am Ende dieses Vortrags, voller Bewunderung. Niemals zuvor habe ich einen Menschen getroffen, der die englische Sprache in einer so wunderschönen Weise gebraucht, um absolut nichts zu sagen."

PÖRKSEN: Das klingt nicht gerade wie ein Kompliment.

MATURANA: Stimmt. Ich fragte mich also, was mir diese renommierten, zweifellos klugen und gebildeten Leute, die sich da versammelt hatten, eigentlich sagen wollten. Und schließlich kam mir der Gedanke, dass es eine fundamentale Differenz zwischen philosophischen und naturwissenschaftlichen Theorien gibt: Diejenigen, die diese entwerfen und ausformulieren, möchten jeweils Unterschiedliches bewahren. Ich kann es nur wiederholen: Wenn es darum geht, die Kohärenz mit dem Erfahrbaren zu erhalten, erzeugt man naturwissenschaftliche Theorien. Wenn man Prinzipien bewahren will, generiert man philosophische Theorien: Was an Erfahrbarem nicht zu diesen Prinzipien passt, wird verworfen, ausrangiert und abgewertet. Insofern hat eine philosophische Theorie unvermeidlich starke Ähnlichkeiten mit einer Ideologie: Was aus der Sicht dieser Philosophen unbedingt bewahrt werden sollte, war die Idee einer beobachterunabhängig gegebenen Realität, auf diese wollten sie nichts kommen lassen. Und ebendaher fragten sie dogmatisch nur in eine Richtung.

PÖRKSEN: Lässt sich das Mischungsverhältnis von Philosophie und Naturwissenschaft, das sich in Ihren eigenen Arbeiten findet, noch genauer bestimmen? Könnte man sagen, dass Sie philosophische Fragen stellen und dann aber naturwissenschaftliche Antworten geben?

MATURANA: Wer philosophiert, der denkt, so behaupte ich, über die Fundamente des eigenen Tuns nach. Und genau das mache ich natürlich, insofern kann man mich sicher mit einem gewissem Recht einen philosophischen Denker nennen. Aber bei der Suche nach einer Antwort gehe ich als ein Naturwissenschaftler vor, orientiere mich an der Erfahrung und entwerfe naturwissenschaftliche Theorien. Was sich in meinen Arbeiten findet, ist tatsächlich eine Mischung aus philosophischer Frage und naturwissenschaftlicher Antwort, das scheint mir eine zutreffende Beobachtung. Aber eigentlich würde ich mich, wenn man nach dem passenden Label fragt, lieber einen Biologen nennen, der sich stets darum bemüht, die verschiedenen Bereiche – den Bereich der internen Dynamik eines Systems und den Bereich der Interaktionen – auseinander zu halten.

PÖRKSEN: In Ihren Büchern berufen Sie sich so gut wie nie auf philosophische Vorbilder. Gibt es keine? Haben Sie Ihre *Neurosophie* entwickelt, ohne sich mit der Tradition zu beschäftigen?

MATURANA: Natürlich habe ich einige Philosophen gelesen. Ich habe mich etwa mit Platon und seiner wunderschönen Idee von der Uridee befasst, aber seine Überlegungen waren für meine Arbeit als ein Biologe, der sich für die Struktur eines lebenden Systems und die sich aus dieser Struktur ergebenden Prozesse interessierte, ohne Bedeutung. Ich fand die *Phänomenologie des Geistes* von Hegel und seine Beschreibung von Herr und Knecht faszinierend, aber ich habe meine Einsichten nicht von ihm. Auch die Lektüre von Nietzsches *Also sprach Zarathustra* war für mich äußerst erhellend, aber es gab keinen Grund für eine Quellenangabe in Form eines Zitats. Selbstverständlich habe ich ein wenig von Kant gelesen, Heidegger und Sartre studiert, mich mit Merleau-Ponty beschäftigt. Und doch ergeben sich meine Fragen nicht aus dieser Lektüre, weil all diese Autoren – selbst wenn sie von der Biologie sprechen – als Philosophen argumentieren, sich also bei der Generierung von Theorien um die Bewahrung von Prinzipien bemühen. Sie sind keine Biologen, und ich bin kein ausgebildeter Philosoph.

PÖRKSEN: Aber ließe sich nicht sagen, dass Sie als ein Naturwissenschaftler argumentieren, der zu denselben Schlussfolgerungen kommt wie die philosophische Erkenntnistheorie? Man hat beispielsweise verschiedentlich bemerkt, Ihre Ideen seien denen Kants verwandt. Kant konzentriert sich auf das *transzendentale Subjekt* – und spricht von der unvermeidlichen Geprägtheit jeder Wahrnehmung und der Unerkennbarkeit des Absoluten, des Dings an sich. Sie studieren und erforschen das *empirische Subjekt* – und beschreiben die Beobachterabhängigkeit allen Erkennens. Ihre Schlussfolgerungen ähneln sich.

MATURANA: Die Ähnlichkeiten, die sich in den Schlussfolgerungen finden mögen, sind kein Indiz einer tiefer gehenden Übereinstimmung. Dazu passt eine kleine Analogie: Man denke an zwei Kurven, die sich in einem Punkt schneiden; die Koordinaten dieses Schnittpunktes sind für sie dieselben. Und doch weisen diese Kurven eine unterschiedliche Neigung, einen unterschiedlichen Verlauf auf. Wenn Kant und ich also zu gelegentlich ähnlich wirkenden Schlussfolgerungen zu kommen scheinen, so machen wir doch fundamental unterschiedliche Aussagen und haben einen anders gearteten Hintergrund: Kant geht den Weg der philosophischen Reflexion, ich argumentiere als ein Biologe. Er spricht von der Unerkennbarkeit eines Dings an sich, einer absoluten, einer unabhängig gegebenen Realität, die ihm als ein ultimativer Referenzpunkt erscheint. Ich behaupte dagegen, dass es sinnlos ist, von einem Dings an sich zu sprechen, auch wenn man gleichzeitig seine Unerkennbarkeit konzediert: Die Existenz dieses Ding an sich lässt sich in keiner Weise validieren, weil man doch immer nur in Abhängigkeit von der eigenen Person und der eigenen Wahrnehmung von ihm zu sprechen vermag.

BEMERKUNGEN EINES BEOBACHTERS

PÖRKSEN: Ein Beobachter, der Ihre Theorien mit Jahreszahlen und Publikationsdaten versieht und sie dann an sich vorübergleiten lässt, der entdeckt vier verschiedene Stadien. Zuerst arbeiten Sie als ein empirisch orientierter Biologe, beschäftigen sich in Ihrem Labor mit Fröschen, Tauben, Salamandern und publizieren in der *Neuroanatomie*. Dann entwickeln Sie eine *Bio-Epistemologie*, die um die Frage kreist, wie ein Lebewesen seine eigene Welt hervorbringt und erzeugt. Schließlich folgt, als Ihre Kritik des Objektivitätsideals und des Wahrheitsfanatismus erscheint, ein Stadium der *Bio-Ethik*. Sie beschreiben, wie der biologisch gesehen unhaltbare Glaube, man sei im Alleinbesitz der Wahrheit, zur Unterdrückung Andersdenkender führt. Im vierten Stadium beschäftigen Sie sich mit den allgemeinen Grundlagen des Menschseins, einer Art *Bio-Anthropologie:* Hier geht es um die Liebe als die Basis und das Fundament des menschlichen Zusammenlebens. Was meinen Sie? Trifft eine solche Kategorisierung Ihrer Ideen die Sache?

MATURANA: Wenn ich Ihnen so zuhöre, dann kann ich diese verschiedenen Stadien meiner Arbeit durchaus erkennen, auch wenn eine solche Einteilung für mich selbst nie prägend war. Sie entspricht nicht meinem eigenen Erleben. Ich würde eher sagen, dass ich immer einen ganzen Satz fundamentaler Fragen mit mir herumtrug, schon als Kind den Tod und das Lebendige verstehen und begreifen wollte. Und es sind diese Fundamentalfragen, die mich während meines Studiums und während meiner Arbeit im Labor begleitet und zu der Suche nach einer tiefer gehenden Reflexion inspiriert haben. Was sind die Gründe, so versuche ich stets herauszufinden, die zu einer Annahme führen? Welche Prozesse sind es, die eine Einheit konstituieren? Woher weiß ich, dass ich die richtige Antwort auf eine meiner Fragen gefunden habe? Warum gefällt mir eine Auffassung und eine andere nicht?

PÖRKSEN: Regelrecht berühmt wurden Sie Mitte der 80er-Jahre, vorher kannte man Sie vor allem unter Biologen und Kybernetikern. Aber dann entwickelte sich *Autopoiesis* plötzlich zu einem universal eingesetzten Modewort; mit einem Mal griffen Soziologen, Managementberater und Psychotherapeuten an den unterschiedlichsten Orten der Welt Ihre Ideen auf. Mich hat diese Popularität immer etwas gewundert, weil Sie doch eigentlich ein schwieriger Denker sind. Ihre Sprache ist nicht leicht zu verstehen, Sie deuten viele Begriffe um, erfinden neue Wörter und verlangen Ihren Lesern sehr viel ab – kurzum: Sie zielen ganz und gar nicht auf das große Publikum.

MATURANA: Ich glaube nicht, dass meine Überlegungen besonders schwer zu verstehen, sondern eher, dass sie besonders schwer zu akzeptieren sind. Es stimmt auch nicht, dass ich besonders viele neue Begriffe erfunden habe, sondern mich möglichst umsichtig darum bemühe, einzelne Begriffe mit einer sehr eingeschränkten Bedeutung zu verwenden und auf Metaphern zu verzichten, weil diese das Verständnis des Gemeinten behindern und blockieren. Das heißt: *Das Verständnisproblem erscheint mir eigentlich als ein Akzeptanzproblem.* In den meisten Fällen meint man, etwas nicht zu begreifen, wenn man es eigentlich nicht mag, nicht hören oder lesen möchte. Dann fragt man nach, immer in der Hoffnung, dass sich das Gesagte, das man eigentlich doch weitgehend verstanden hat, aber nicht mag, bei einer erneuten Wiederholung nicht als das erweist, was man verstanden hat und eben aus irgendeinem Grund ablehnt.

PÖRKSEN: Sie schreiben sehr entschieden auf eine abstrakte Weise, verzichten auf ungewöhnliche Metaphern, Parabeln und persönliche Geschichten. Aber macht nicht auch Abstraktion den Beobachter unsichtbar? Abstraktion löst doch die These, die sich vielleicht einem konkreten Erlebnis verdankt, von diesem Erlebnis ab.

MATURANA: Dem stimme ich nicht zu. Natürlich schreibe ich abstrakt, aber es handelt sich um Abstraktionen, die sich aus den Kohärenzen des Erfahrbaren ergeben; ebendeshalb sind sie verständlich und regen andere an, die dann mehr wissen wollen. Die Alternative,

Geschichten, Metaphern und Bilder zu verwenden, scheint mir dagegen überhaupt nicht sinnvoll. Ich finde es keine gute Idee, den Beobachter Humberto Maturana mit seinen persönlichen Erlebnissen vorzustellen; das will ich auch nicht, weil es ja nicht um das Operieren eines einzelnen Beobachters geht, sondern um die Operation des Beobachtens insgesamt. Entscheidend ist die Einsicht, dass ein Beobachter das von ihm Wahrgenommene durch seine Unterscheidungen spezifiziert, darauf kommt es an. Auch Metaphern verwende ich nicht, denn in ihnen vermischen sich Bereiche: Sie scheinen leicht zu verstehen, aber beeinträchtigen faktisch das Verständnis. Ich halte Metaphern für irreführend – und habe deshalb vor einiger Zeit das Wort *Isopher* vorgeschlagen: Das sind Aussagen, die selbst ein Beispiel für dasjenige darstellen, das man gerade bespricht oder beschreibt. Es sind Aussagen, die selbst Fälle dessen sind, was sie veranschaulichen sollen. Hier gibt es nicht, wie eben im Fall einer Metapher, verschiedene Bereiche, die dann aufeinander bezogen werden, um ein Verstehen zu ermöglichen.

Pforten der Wahrnehmung

PÖRKSEN: Wie haben Sie selbst den Popularitätsschub in der wissenschaftlichen Welt erlebt? Eine Zeit lang verglich man Sie ja wahlweise mit Immanuel Kant oder Ludwig Wittgenstein, nannte *Biology of Cognition* den wichtigsten Aufsatz des letzten Jahrhunderts und sprach von Ihnen als einem „aufgehenden Stern". Teilweise trug die Verehrung Ihrer Person auch etwas seltsame Züge. Es heißt, dass der berühmte Kybernetiker und frühe Protagonist des systemischen und ökologischen Denkens Gregory Bateson noch auf dem Sterbebett gesagt haben soll, dass die wesentlichen Impulse zum Verständnis der lebendigen Welt fortan aus Santiago von einem gewissen Humberto Maturana zu erwarten seien.

MATURANA: Natürlich hat sich mein Alltag durch die Euphorie, mit der man meine Arbeiten aufnahm, ein bisschen verändert; es gab zahllose Einladungen, irgendwer nannte mich einmal die *Edith Piaf der Neurophysiologie*. Und ich reiste, als ich bekannter wurde, mehr herum, traf viele Menschen und konnte etwas Geld verdienen. Ganz grundsätzlich gesprochen, würde ich allerdings sagen, dass ich in vielen Bereichen eher ein vorbeiziehender Stern war: Zuerst lobte man meine Dissertation in der Neuroanatomie, dann meine Arbeiten in der Neurophysiologie, schließlich den Aufsatz *Biology of Cognition*. Und so weiter. Irgendwann erschien dann aber wieder ein ganz neues Thema zentral; der Enthusiasmus Einzelner ist immer von begrenzter Dauer. Das geht vorbei. Den Komplimenten, die man mir gemacht hat, habe ich nie eine besondere Aufmerksamkeit geschenkt. Ich höre sie mir an, bedanke mich – und lasse das Gesagte an mir vorüberziehen. Das sollte nicht als Zeichen von Arroganz missverstanden werden, aber ich bin mir mancher Versuchungen, auch der Versuchung des Ruhmes, bewusst. – Erinnern Sie sich an das Bild von Hieronymus Bosch, das am Anfang des Buches *Der Baum der Erkenntnis* abgedruckt ist?

PÖRKSEN: Man sieht hier Jesus, umgeben von einigen Menschen.

Abb. 15: Die Dornenkrönung von Hieronymus Bosch

MATURANA: Ich möchte es Ihnen überlassen, ob Sie das, was ich nun sagen werde, in unser Buch aufnehmen. Ich vertraue Ihrem Urteil. 1962 rief mich ein Freund an, der die bewusstseinserweiternde Wirkung psychedelischer Drogen studierte. Zu dieser Zeit waren viele Menschen von Aldous Huxleys Essay *Die Pforten der Wahrnehmung* beeinflusst. Dieser Freund lud mich immer wieder zu einem LSD-Experiment ein, aber ich lehnte dies ab, da ich keine Frage hatte, die ich gerne unter dem Einfluss dieser Droge beantworten wollte. Eines Tages – es war 1963 – rief er mich wieder an, und ich sagte nun zu, da mir inzwischen eine Frage eingefallen war. Ich wollte wissen, ob das Nervensystem eines Menschen normal weiterarbeitet, wenn man LSD eingenommen hat. Wir trafen uns dann an einem Abend in meinem Haus; die Kinder waren längst zu Bett, wir hörten Musik, ein paar Bücher lagen auf dem Tisch. Das LSD, das mir mein Freund gab, hatte die Form von getränkten Papierstückchen, auf denen verschiedene Bildchen zu sehen waren. Diese Bildchen – der Jaguar, die Sonne und der Mond – indizierten jeweils eine bestimmte Menge. Ich aß die Sonne, und mein Blick fiel auf ein Buch und das Gemälde von Hieronymus Bosch, die *Dornenkrönung*. Ich dachte mehrere Stunden lang über dieses Bild nach. Was wollten diese verschiedenen Menschen, so fragte ich mich, Jesus sagen? Schließlich hatte ich die Idee, dass diese vier Menschen für vier verschiedene Versuchungen stehen. Natürlich ist dies ganz und gar meine eigene Deutung, aber für mich verkörpert der alte Mann, der Jesus die Hand streichelt, die Versuchung einer unbeteiligten Oberflächlichkeit. Er scheint Jesus, der in einer immer Anteil nehmenden Weise doch ganz in sich ruht, zu sagen: „Halte dich aus allem raus, dann wirst du ein hohes Alter erreichen!" Ein anderer flüstert ihm offenbar etwas ins Ohr, er versteht sich als jemand, der ihm etwas erzählen kann; er steht für die Versuchung einer nur scheinbar bescheidenen Eitelkeit. Der Mann, der Jesus die Dornenkrone aufsetzt, verkörpert die Versuchung des Neides. Er scheint unzufrieden mit sich, wertet sich im Vergleich mit einem anderen ab. Die vierte Figur auf diesem Bild hält Jesus an seinem Umhang fest, zerrt an ihm, schränkt ihn in seiner Freiheit und seinen Möglichkeiten ein. Ich habe lange nicht verstanden, wofür diese Figur steht. Viele Jahre später kam mir der Gedanke, dass dieser Mensch die Versuchung der Gewissheit repräsentiert: Er lebt in einer Welt ohne Alternativen, in einer Welt ohne Reflexion.

Pörksen: Wie verbinden Sie diese vier Versuchungen mit der Frage nach den Chancen und auch den Gefahren des Ruhmes?

Maturana: Ich würde sagen, dass die Versuchung der Eitelkeit, der Oberflächlichkeit, des Neides und der Gewissheit immer präsent ist, wenn man plötzlich bekannt wird und einen andere Leute verehren. Vielleicht beginnt man, dem schmeichelhaften Katalog der Eigenschaften, der einem zugeschrieben wird, zu glauben und sich ihm gemäß zu benehmen. Es ist ja auch eine Form des Gefangenseins, für etwas Besonderes gehalten zu werden. Und wer die Zuschreibungen anderer als seine herausragenden Merkmale begreift, der scheint mir blind zu sein: Was immer ein anderer in einem sieht – es ist doch nie das eigene Ich, es ist doch nie die eigene Person.

IV. Ethik einer Theorie

1. Biologie der Liebe

DIE ZWEI IDENTITÄTEN DES WISSENSCHAFTLERS

PÖRKSEN: Am Schluss Ihres Aufsatzes *Biology of Cognition* schreiben Sie sinngemäß, dass sich jeder Wissenschaftler mit den Konsequenzen seiner Arbeit – kurz gesagt: mit ihren ethischen oder unethischen Folgen – befassen sollte. Das heißt: Wissenschaft erscheint Ihnen nicht als eine wertneutrale Betätigung.

MATURANA: Natürlich glauben zahlreiche Wissenschaftler, sie seien neutral und objektiv und hätten nichts mit dem Gegenstand ihrer Forschung zu tun. Aber diese Auffassung teile ich nicht. Wissenschaft ist kein Bereich objektiver Erkenntnis, sondern ein Bereich der subjektabhängigen Erkenntnis, definiert und bestimmt durch eine Methodologie, die die Eigenschaften des Erkennenden festlegt. Es spricht nicht die reine Wissenschaft zu uns, sondern es sind Wissenschaftler, die zu uns sprechen und die für ihre Aussagen die Verantwortung tragen. Kein Wissenschaftler beschreibt eine objektiv gegebene Welt, eine transzendentale Realität, sondern er erfasst, was er unterscheidet und erforschen möchte; er beschreibt, was er für relevant hält und in einer bestimmten Weise betrachten, zeigen und experimentell belegen will.

PÖRKSEN: Was ergibt sich aus einer solchen Einsicht? Oder besser: Was sollte sich aus ihr ergeben?

MATURANA: Derjenige Wissenschaftler, der sich bewusst ist, dass das Gesagte von ihm gesagt wird, weiß auch, dass sein Forschen nicht ohne Folgen für andere Menschen bleiben wird. Und er muss dann die Verbindung seiner Arbeit zur Ethik und der Welt, in der er lebt, offenbar machen. Er sollte somit eigentlich zwei Identitäten besitzen: Zum einen eben die Identität des Wissenschaftlers, der die Aufgabe hat, Erfahrung zu erklären, und entsprechend generative Mechanismen präsentiert; zum anderen die Identität eines Menschen, der die Konsequenzen seines eigenen Handelns reflektiert.

PÖRKSEN: Viele Wissenschaftler sprechen, wenn Sie von ethischen Fragen reden, von ihrer gesellschaftlichen Verantwortung. Das eigentliche, das konzeptionelle Zentrum Ihrer eigenen Reflexionen zur Ethik kreist jedoch um einen anderen, sehr ungewöhnlich wirkenden Begriff, der bisher nur sporadisch in unseren Gesprächen auftauchte: *Liebe.* Wie verbinden Sie Ethik und Liebe? Was ist Liebe?

MATURANA: Wann immer wir ein Verhalten wahrnehmen, dass dazu führt, dass man als legitimer anderer in Koexistenz mit anderen auftaucht, sprechen wir von Liebe. Bei der Liebe handelt es sich um eine fundamentale Emotion, die sich praktisch bei allen Lebewesen und insbesondere bei Säugetieren und Menschen im Fluss ihrer Beziehungen findet. Dieses Element der Liebe ist also immer schon da, es ist der Grund unserer Existenz und das eigentliche Fundament, auf dem wir als Menschen stehen. Wir fühlen uns wohl, wenn wir uns um andere kümmern. Ich sage: Liebe ist ein Merkmal des menschlichen Zusammenlebens. Sie eröffnet die Möglichkeit zur Reflexion und gründet sich auf eine Form der Wahrnehmung, die den anderen in seiner Legitimität sichtbar werden lässt. Auf diese Weise entsteht ein Raum, in dem Kooperation möglich erscheint und unsere Einsamkeit transzendiert wird: Der andere bekommt eine Präsenz, zu der man sich respektvoll in Beziehung setzt.

PÖRKSEN: Ein solches Verständnis des Begriffs klingt zunächst etwas schwierig. Wenn man alltagssprachlich von der Liebe spricht, dann tauchen eher romantische Bilder der Zweisamkeit auf: gemeinsam am Strand spazieren gehen, sich küssen, einander umarmen. Aber davon sprechen Sie nicht.

MATURANA: Nicht notwendig. Natürlich wird man manchmal auch einen anderen Menschen umarmen, weil man sieht und spürt, dass er sich nach einer Umarmung sehnt, aber diese Form der liebenden Intimität meine ich nicht, wenn ich von Liebe spreche. Vielleicht hilft hier ein Beispiel: Wenn Sie am Strand entlang spazieren und sehen, dass ein kleines Kind von einer Welle ins Meer gerissen wird, und wenn Sie dann losrennen und es vor dem Ertrinken retten, dann handeln Sie aus Liebe. Wenn Sie sich dann aber dieses Kind greifen, um es kräftig auszuschimpfen, dann ist dies kein liebendes Handeln: Sie sehen sein tiefes Erschrecken dann nicht mehr, sondern lassen sich von Ihren Ängsten leiten. Bei der Emotion, die in diesem Moment Ihre Aktivitäten regiert, handelt es sich somit um Ihre eigene Furcht. Ein Verhalten, das auf einer angemessenen Wahrnehmung des Kindes basieren würde, bestünde dagegen darin, dieses Kind zu streicheln, es in seinem Erschrecken zu beruhigen und ihm zu zeigen, wie es sich sicher am Strand bewegen kann.

PÖRKSEN: Wie weit reicht diese liebende Akzeptanz, die Sie beschreiben? Gilt Sie auch für das Verhältnis von Mensch und Tier?

MATURANA: Es finden sich zahlreiche Beispiele, die zeigen, dass es auch hier Verhaltensweisen gibt, die wir Liebe nennen. Das ist ganz offensichtlich, wenn wir an einen Hund denken, der schwanzwedelnd an einem hochspringt und dann von uns gestreichelt wird. Aber es findet sich ebenso auch eine weniger offenkundige Liebe zwischen Mensch und Tier. Dazu passt eine kleine Geschichte, die ich einmal bei einem Besuch in Bolivien erlebt habe. Wir saßen nach einem Abendessen noch in gemütlicher Runde zusammen, es wurde geraucht, man redete miteinander. Und plötzlich ließ sich eine Spinne auf den Tisch herab. Einer der Gäste meldete den Besuch dieses Tieres aufgeregt der Hausherrin: „Sieh nur, da ist eine Spinne!" – „Kein Grund zur Beunruhigung", so sagte diese, „sie kommt immer nach dem Abendessen, um die Reste einzusammeln, und klettert dann zurück in ihr Versteck." Ich behaupte, dass diese Frau und diese Spinne in einer sozialen Beziehung gelebt haben; der jeweils andere besaß hier eine legitime Präsenz. Die Spinne wurde in Ruhe gelassen; und sie erschien immer nur dann, wenn sie die Anwesenden nicht mehr beim Essen störte. Was sich beobachten ließ, war Liebe.

Vertrauen in die Existenz

PÖRKSEN: Sie haben einmal gesagt, dass 99 Prozent aller Krankheiten ihre Ursache in fehlender Liebe hätten. Einschränkend fügten Sie dann hinzu, dass Sie sich vielleicht auch täuschen: Es könnten auch 97 Prozent aller Leiden sein, aber keinesfalls weniger. Wie ist das zu verstehen? Welchen Zusammenhang sehen Sie zwischen fehlender Liebe und Krankheit?

MATURANA: Die fundamentale Bedingung der Existenz ist Vertrauen. Wenn ein Schmetterling aus dem Kokon schlüpft, dann vertrauen seine Flügel und seine Fühler, sein Rüssel und seine gesamte Körperlichkeit darauf, dass es in dieser Welt genug Luft und ihn tragende Winde und Blumen gibt, aus denen er Nektar saugen kann. Die strukturelle Entsprechung zwischen dem Schmetterling und seiner Welt ist ein Ausdruck impliziten Vertrauens. Wenn ein Samen nass wird und zu keimen beginnt, dann tut er dies im Vertrauen auf das Vorhandensein aller notwendigen Nährstoffe, die ein weiteres Wachstum ermöglichen. Und auch wenn ein Baby geboren wird, dann vertraut es vollkommen darauf, dass eine Mutter und ein Vater da sein werden, die sich um sein Wohlergehen kümmern. Aber dieses implizite Vertrauen, auf dem die Existenz aller Lebewesen ruht, wird immer wieder enttäuscht: Die Blumen sind mit Insektiziden vergiftet, dem Keim fehlt es an Wasser; und das Baby, das als ein liebendes Wesen in die Welt gelangt, wird nicht geliebt und nicht gesehen, sondern in seiner Existenz negiert. Ich behaupte, dass die fortwährende Negation eines anderen Krankheit erzeugt, d. h. den Verlust organischer Harmonie im Inneren eines Menschen und im Verhältnis zu den Umständen, in denen er sich befindet. Die systemische Dynamik eines Menschen wird sich, wenn man ihn dauerhaft negiert, in einer Weise verändern, die die ursprüngliche Harmonie zerstört und den Körper zerstörerischen Anforderungen und einem Stress aussetzt, der zu weiteren Disharmonien führt. Was sich ergibt, ist eine zunehmende Anfälligkeit für Infektionen, ein somatisches oder auch ein seelisches Leiden.

PÖRKSEN: Könnte man Ihre Beschreibung der Liebe dazu verwenden, die Art und Weise des Miteinander zwischen Menschen sichtbar zu machen? Ihr Verständnis der Liebe wäre – so gesehen – ein Instrument und Stimulus der Erkenntnis, eine Kontrastfolie für die genaue Beschreibung.

MATURANA: Selbstverständlich. Wenn man versteht, was Liebe ist, dann erkennt man natürlich auch unmittelbar, wann und unter welchen Bedingungen Liebe negiert wird. Man sieht diejenigen Eltern, die ihre Kinder permanent korrigieren, ihnen irgendwelche Fehler vorhalten und ihnen Strafen androhen. Und man nimmt die Charakteristika unserer Kultur wahr und begreift, dass die allgemein so sehr gepriesene Konkurrenz keine Quelle des Fortschritts darstellt, sondern Blindheit erzeugt und die Möglichkeiten der Koexistenz einschränkt, eben weil sie den anderen negiert. Ehrgeiz und Misstrauen und das kulturell verankerte Streben und die Sucht nach Macht und Kontrolle sind es, so wird einem bewusst, die die Liebe zum Verschwinden bringen. Die Ökonomisierung von Beziehungen – Ansprüche werden *ausgetauscht*, Bedürfnisse *verhandelt*, Zugeständnisse *erzwungen* – zerstören den Genuss des einfachen Zusammenseins, weil man das Miteinander nach dem Muster des kommerziellen Geschäftemachens organisiert. Die Basis einer Partnerschaft ist dann nicht mehr das wechselseitige Vertrauen, der gegenseitige Respekt, sondern man verhandelt mit Blick auf den eigenen Vorteil.

PÖRKSEN: Was geschieht, wenn der andere nicht gesehen wird? Lässt sich für diese Technik der Negation ein Beispiel finden?

MATURANA: Anfang der 60er-Jahre, als die Amerikaner begannen, sich an dem Krieg in Vietnam zu beteiligen, entdeckte ich in der *European Times* folgende Schlagzeile: „50 Amerikaner ermordet! 200 Rote ausgerottet!" Hier offenbart sich ein entscheidender Unterschied: Die Amerikaner besaßen für den Autor dieser Zeilen eine legitime Präsenz, die „Roten" nicht. Ihr Schicksal war ihm gleichgültig. Sie wurden nicht ermordet, sondern einfach nur „ausgerottet". Das heißt aber auch: Das ethische Betroffensein reicht nicht über die jeweilige Sphäre der gesellschaftlichen Zugehörigkeit hinaus, in der man lebt.

PÖRKSEN: Der andere erscheint, wenn man diese Schlagzeile betrachtet, nicht mehr als ein Mensch, mit dem man noch etwas gemeinsam hat.

MATURANA: So ist es. Eine Möglichkeit, ethische Regungen in den Kriegsparteien zu zerstören, besteht darin, dem jeweiligen Gegner die Merkmale eines Menschen abzusprechen: Der Feind wird dehumanisiert, er erscheint als „Untermensch" und „Extremist", als „Kommunist" oder „Nazi". Zu den Empfehlungen, denen ein Soldat im Krieg folgen soll, gehört, dass er zuerst tötet und später nachdenkt. Nur wer den Bereich der Legitimität des anderen, den Bereich der Liebe, auf alle Menschen ausdehnt und sich nicht von irgendwelchen diskriminierenden Bezeichnungen leiten lässt, der kann sich vom Schicksal jedes einzelnen Menschen berühren lassen und ihn in seine ethische Reflexion einschließen.

PÖRKSEN: In welcher Weise lebt man zusammen, wenn das eigene Handeln von Liebe geführt wird?

MATURANA: Es gibt dann die Möglichkeit, sich auszusprechen, miteinander zu diskutieren und nachzudenken und gemeinsam an einer Aufgabe teilzuhaben, die für verschiedene Menschen von Bedeutung ist. Man muss sich nicht für seine Existenz und für seine Erfahrungen entschuldigen, sondern existiert in einem Bereich der Kooperation, der sozialen Charakter besitzt. Grundsätzlicher gesagt: Es handelt sich um eine Demokratie, denn Liebe ist diejenige Emotion, die Demokratie konstituiert. Zu ihren fundamentalen Merkmalen gehört es, dass man hier mit sich selbst und einander achtenden Menschen – das sind: die Bürger – zusammenlebt und gemeinsam an einem Projekt und einer Form der Koexistenz arbeitet. Ist es nicht aufschlussreich und bemerkenswert, dass es in einer Monarchie oder Tyrannei keine Bürger gibt? Hier muss man, unabhängig davon, wie freundlich oder auch umsichtig sich der König eines Landes oder ein Tyrann gebärden mag, unvermeidlich und in jedem Fall gehorchen und sich unterwerfen; hier ist man Untergebener oder Sklave, nicht jedoch ein Bürger.

PÖRKSEN: Würden Sie sagen, dass eine von Liebe getragene Form des Zusammenlebens eine größere Stabilität besitzt als eine Diktatur? Man sieht ja immer wieder, dass tyrannisch gestimmte Geister zwar grauenhafte Verwüstungen anrichten, aber sich doch auf Dauer nicht halten können. Das 1000-jährige Reich eines Adolf Hitler dauerte gerade mal zwölf Jahre.

MATURANA: Das muss nicht so sein, weil ein System genauso lange besteht, wie die Bedingungen, die es konstituieren, erhalten bleiben. Eine perfekte Diktatur eliminiert systematisch Dissidenten und vermeidet auf diese Weise ihren Zusammenbruch. Wenn es den Menschen in einem solchen Umfeld jedoch gelingt, die Liebe zu entdecken, dann werden sie aufstehen und sich gegen ihre Unterdrückung und ihre fortwährende Negation als Individuen wehren. Eine Diktatur, deren Herrschaft über einen Zeitraum von 1000 Jahren andauern soll, muss letztlich die gesamte Welt in ihr eigenes System transformieren und jeden umbringen, der nicht mit ihr übereinstimmt und sich gegen sie erhebt. Es bedarf schon enormer Anstrengungen und massiver Gewaltanwendung, eine solche Herrschaft aufrechtzuerhalten, man braucht Polizei und Leibwächter und Instrumente der Manipulation, aber unmöglich ist eine langfristig stabile Diktatur deswegen noch nicht. Wenn jedoch auch nur ein Einziger übrig bleibt, dem es gelingt, die Idee der Liebe und der wechselseitigen Achtung zu bewahren und diesen Respekt andere zu lehren, dann wird sich erneut Widerstand ergeben: Die Liebe erzeugt ein solches Wohlbefinden und stellt eine derartige Befreiung dar, dass viele Menschen ihr Leben riskieren, um sie zu verbreiten und für sie einzustehen.

PÖRKSEN: Was folgt aus diesen Gedanken? Laufen sie auf die Forderung zu, die man einst unter den Hippies hören konnte: *Make love, not war*?

MATURANA: Nein. Wir Menschen sind es, die den verschiedenen Emotionen eine jeweils unterschiedliche Wertschätzung attribuieren und auf diese Weise gelegentlich das Auftreten ebendieser Emotionen verhindern. Gebote irgendwelcher Art haben die fatale Eigenschaft, einen immer an den Rand des Missionarischen und des Tyrannischen zu manövrieren. Sie eignen sich zur Diskriminierung: „Wir treten hier für die Liebe ein", so lässt sich dann mit dem Gestus der Überlegenheit sagen, „und die anderen ziehen in den Krieg!" Deshalb predige ich nicht die Liebe, ich formuliere keine Gebote, und ich empfehle überhaupt nichts, weder Liebe noch Gleichgültigkeit, weder Freundlichkeit noch Hass, aber ich sage: Wenn es keine Liebe gibt, gibt es keine sozialen Phänomene, keine sozialen Beziehungen und kein soziales Leben. Die Emotion, die soziales Leben konstituiert, ist nicht der Hass, ist nicht das Eigeninteresse und die Gier, nicht die Konkurrenz und die Aggression, sondern die Liebe.

Pörksen: Aber es ist doch offensichtlich, dass das menschliche Zusammenleben nicht allein von der Liebe geprägt ist.

Maturana: Selbstverständlich finden sich im gemeinschaftlichen Leben Wut, Hass und Neid und zahlreiche andere Emotionen, die unser Handeln und die unsere Beziehungen prägen. Und natürlich gibt es diverse Varianten gemeinschaftlicher Existenz, die nicht auf Liebe gegründet sind. Man denke nur an eine Monarchie, an irgendeine ideologisch oder religiös geprägte Sekte oder an eine Armee; sie konstituiert sich in Form einer Hierarchie, die zum Verschwinden der Individuen führt. Meine Behauptung ist, dass es in einer Armee keine sozialen Beziehungen gibt, wenn man von der Freundschaft mancher Soldaten und Generäle untereinander einmal absieht. Hier können sich mitunter kleine Inseln sozialer Beziehungen innerhalb eines anders organisierten Ganzen bilden. Aber das soziale Leben basiert, daran halte ich fest, auf der Liebe.

Soziale Systeme

Pörksen: Sehen Sie keinen Widerspruch zwischen dem Individuum und dem Sozialen? Wer vom Einzelnen redet und seine Individualität betont, der setzt doch in der Regel voraus, dieser sei autonom, eine Monade, unempfänglich für Außeneindrücke. Wer dagegen die Prägekraft des Sozialen hervorhebt, der behauptet für gewöhnlich die Durchlässigkeit dieses Individuums: Der Einzelne beobachtet dann, so die Annahme, mit den Augen der Gruppe und sieht die Welt vor dem Hintergrund seiner Herkunft. Beide Sichtweisen widersprechen sich doch.

Maturana: Das sehe ich anders. Aus meiner Sicht gibt es keinen Widerspruch zwischen dem Individuum und dem Sozialen, da eine Gesellschaft eine Ansammlung von Individuen darstellt, die auf der Basis einer fundamentalen Emotion zusammenleben. Als Mitglied einer sozialen Gemeinschaft muss man notwendig ein Individuum sein und bleiben. Wenn Menschen, wenn Individuen miteinander sprechen, sich verabreden und etwas gemeinsam machen, dann verlieren sie deswegen doch keineswegs ihre Individualität; sie ändern vielleicht ihre Auffassungen und gehen womöglich verwandelt aus der Begegnung hervor, aber sie bleiben eben doch als Individuen in ihrer autonomen Dynamik existent. Sie erschaffen in ihrer Interaktion etwas Neues, das sich nicht einfach auf eine der involvierten Personen zurückführen oder gar auf sie reduzieren lässt. Wenn ihre Individualität tatsächlich verloren gehen oder z. B. aufgrund einer Erkrankung gar nicht mehr vorhanden sein sollte, dann gelten sie auch nicht mehr als vollwertige Mitglieder einer sozialen Gemeinschaft. In einer Armee, bei der es sich eindeutig nicht um ein soziales System handelt, sind die Individuen dagegen unerwünscht. Gebraucht werden hier schlicht und einfach Handelnde, Agenten der Aktion und Ausführende, die ohne Reflexion agieren. Wer sich in einer Armee nicht fügt, der wird hinausgeschmissen.

PÖRKSEN: Sie gehören zu den wenigen gesellschaftstheoretisch interessierten Naturwissenschaftlern, die die Biologie nicht dazu benutzen, das Individuum abzuwerten. In der Geschichte des Sozialdarwinismus finden sich zahllose Beispiele für die umgekehrte Stoßrichtung: Es ist die Biologie, mit der man gerade die Dominanz des Kollektivs und die Degradierung des Individuums begründen will.

MATURANA: Derartigen Argumentationsmustern und Rechtfertigungsprozeduren liegt jedoch kein Verständnis biologischer Prozesse zugrunde, sondern es werden vielmehr Erklärungen und Ideen erfunden, die den besonderen Zwecken, die man hat, genügen sollen. Die eigenen Vorstellungen sind es, die man auf die Biologie und die Natur projiziert, um sie dann in einem zweiten Schritt wieder auf den menschlichen Bereich zurückzubeziehen. Auf diese Weise will man dann seine Vorannahmen stützen. Charles Darwin hat den Gedanken der Konkurrenz von den Ökonomen seiner Zeit in England übernommen. Später übernahmen dann seinerseits die Ökonomen die Idee der Konkurrenz aus der Biologie, um ihr eigenes Programm in der Ökonomie zu validieren. – Nehmen wir einmal an, dass man gerne eine Gesellschaftstheorie kreieren will, die von der Entbehrlichkeit des Individuums und der alles überragenden Bedeutung der Gemeinschaft handelt. Man erfindet dann einen Referenzrahmen, in dem die Gemeinschaft den höchsten Wert markiert. Und gleichzeitig muss man für die operationale Tatsache blind werden, dass die Komponenten eines sozialen Systems eben die Individuen sind, deren autonome Dynamik in der Interaktion mit anderen bewahrt bleibt. Nur in dem Ausmaß, in dem sie Individuen sind und bleiben, also an dem Erhalt und der Beförderung des Wohlbefindens der Gemeinschaft ihren Anteil haben, handelt es sich überhaupt noch um ein soziales System – und nicht beispielsweise um eine Armee, eine Monarchie oder eine Tyrannei. Deshalb sage ich, dass die Individuen nicht entbehrlich sind.

PÖRKSEN: Zur Begriffsklärung: Welche Form des Miteinander nennen Sie überhaupt ein *soziales System*? Für gewöhnlich bezeichnet man doch mit diesem Terminus in einem sehr umfassenden Sinn die Gesamtheit zwischenmenschlicher Beziehungsgefüge.

MATURANA: Wenn man genau zuhört, wann ein Verhalten als unsozial beschrieben wird, dann sieht man: Dies geschieht, wenn der Respekt für den anderen fehlt. Wir beklagen uns, dass jemand unsozial ist, wenn er sich nicht auf eine respektvolle Weise verhält, sondern etwa seinen Müll einfach über den Zaun in den Nachbargarten wirft. Die Klagen, die man dann zu hören bekommt, verweisen stets auf eine Emotion. Mit dieser Begriffsbestimmung gebe ich jedoch ausdrücklich keine Definition des Sozialen, sondern betrachte die Bedingungen, die dazu führen, dass wir ein Verhalten im täglichen Leben als unsozial oder eben auch als sozial beschreiben. Zum Selbstverständnis der Soziologie gehört es dagegen in der Regel, dass alle zwischenmenschlichen Beziehungen gleichzeitig auch sozialer Natur sind, aber das sehe ich entschieden anders. Es ist das jeweils unterschiedliche emotionale Fundament, das einer zwischenmenschlichen Beziehung ihr besonderes Gepräge verleiht. Wer das einmal verstanden hat, der erkennt auch, dass sich diejenigen Beziehungen, die wir alltagssprachlich als soziale Beziehungen erfassen, auf Liebe gründen.

PÖRKSEN: Wenn Systeme nur dann als soziale Systeme kategorisiert werden, wenn sie bestimmten Ansprüchen – Annahme und Akzeptanz des anderen – genügen, dann muss man sich fragen, was denn ein Soziologe, ein professioneller Beobachter der Gesellschaft, eigentlich zu tun hat. Was sind seine Themen? Welche Formen des Miteinander gelten noch als legitimer Gegenstand der Analyse?

MATURANA: Ein Soziologe sollte jemand sein, der sich mit den Emotionen befasst, die zwischenmenschlichen Beziehungen zugrunde liegen. Es ist dann seine Aufgabe zu zeigen, wie diese die Art und Weise des gemeinschaftlichen Lebens prägen und formen. Ich selbst habe einmal vorgeschlagen, den *Homo sapiens amans* vom *Homo sapiens aggressans* und diesen vom *Homo sapiens arrogans* zu unterscheiden. Dies alles sind Begriffe, die von fundamentalen Emotionen wie Liebe, Aggression und Überheblichkeit handeln: Sie haben die Art der Beziehungsaufnahme im Verlauf der menschlichen Evolution bestimmt und die Existenz des *Homo sapiens sapiens* – des in der Sprache lebenden Menschen – geprägt.

PÖRKSEN: Sie scheinen Emotionen, nicht jedoch rationale Erwägungen als die eigentlich bestimmende Kraft anzusehen.

MATURANA: Sie sind es, die uns leiten. Wer seine Beziehung zu einem anderen Menschen tief greifend verwandelt, der hat eigentlich, wie sich bei genauerer Betrachtung offenbart, die ihm zugrunde liegende Emotion fundamental verändert. Emotionen verstehe ich als Dispositionen für Handlungen, sie erscheinen mir als etwas vollkommen Elementares, das auch über die Annahme oder die Ablehnung eines rationalen Systems entscheidet. Alle rationalen Systeme und Diskussionen ruhen auf einem Fundament, das nicht rationaler Natur ist, sondern aufgrund von eigenen Vorlieben akzeptiert wird. Und es kann daher natürlich durchaus sein, dass wir unsere eigenen Aktivitäten, die sich aus diesen Vorlieben ergeben, nachträglich rationalisieren, um sie auf diese Weise zu rechtfertigen. Das heißt dann einfach, dass die Rationalität als eine Rechtfertigung dient. Ich würde sagen: Menschen sind emotionale Tiere, die ihren Verstand und ihre Vernunft einsetzen, um Emotionen zu leugnen oder auch um sie zu rechtfertigen.

PÖRKSEN: Bei einer solchen Beschreibung wird mir etwas unwohl. Vielleicht erscheint Ihnen dieses Unbehagen als das typische Ressentiment eines Geisteswissenschaftlers. Aber: Stellt eine solche Charakterisierung nicht eine Abwertung des Menschen, dieses vernunftbegabten Wesens, dar?

MATURANA: Ganz und gar nicht. Es gehört zu den Kennzeichen unserer Kultur, dass sie ihrerseits Emotionen abwertet und als Störung und als Bedrohung der Rationalität begreift; hier findet eine Abwertung statt. Ich spreche jedoch gerade von der Liebe als der fundamentalen Emotion, die überhaupt erst ethisches Verhalten – ein Sichkümmern um die möglichen Konsequenzen eigener Handlungen – ermöglicht. Die ethische Sorge taucht in dem Moment auf, in dem man sich seiner selbst bewusst wird und die möglichen Folgen eines Verhaltens für einen anderen bedenkt, der einem wichtig ist. Ethik begreife ich als eine Folge der Liebe; sie ereignet sich in der Sprache, die uns die Möglichkeit gibt, die von uns gewählte Handlungsweise zu reflektieren.

Ethik ohne Moral

Pörksen: Was ist, wenn Konflikte auftreten? Gibt es für sie keine rational gesteuerte Lösung?

Maturana: Jede gelingende Konfliktlösung ist emotionaler Natur. Das heißt nicht, dass ich dafür plädiere, die Diskussion einzustellen, die Gespräche zu beenden, überhaupt nicht. Was erreicht werden muss, ist die Kreation einer gemeinsamen Basis, die eine Versöhnung erlaubt und den Streitenden die Angst nimmt. Wenn man miteinander spricht und versucht, einen Konflikt beizulegen, muss man zuerst das wechselseitige Vertrauen und den gegenseitigen Respekt wiederherstellen. Vielleicht ist es angebracht, einen Fehler zuzugeben, sich zu entschuldigen und die Intelligenz des Gegenübers anzuerkennen. Man hört dann nämlich, wenn man sich wieder vertraut, auf eine Weise zu, die die Validität des Gesagten im jeweiligen Realitätsbereich der Äußerung anerkennt. Auf dieser Basis lässt sich erneut eine gemeinsame emotionale Dynamik entdecken, die die Beziehung trägt. Man gibt die eigenen Gewissheiten auf und kehrt zu einem Verhalten zurück, das ich Liebe nenne.

Pörksen: Es scheint mir, dass Ihre Reflexionen, die von der Liebe und der Macht der Emotionen handeln, immer mit einem Sprung einhergehen: Aus harter Wissenschaftlichkeit wird eine poetische, auf eine andere Praxis zielende Beschreibung, aus der Charakterisierung des Gegebenen ergibt sich ein Sollen, aus der Erkenntnistheorie eine Ethik. Sie wechseln den Diskurs.

MATURANA: Das ist falsch. Die Biologie sagt uns nicht, was wir tun müssen; und als Biologe und damit als ein Wissenschaftler sage ich niemandem, wie er handeln sollte, das wäre ein Missverständnis. In der Natur ist nichts gut oder schlecht. Die Dinge *sind*. Erst im menschlichen Bereich der Rechtfertigung und der Ablehnung eines bestimmten Verhaltens – d. h.: wenn es um unsere jeweiligen Präferenzen geht – tauchen wertende Attribute und Unterscheidungen wie gut und schlecht auf. Nochmals: Ich gebe keinerlei Empfehlung, aber ich kann etwa als ein Biologe feststellen, dass man, wenn man das Genom verändert, Monster erzeugt. Aber das heißt doch nicht, dass ich zur Genommanipulation auffordern oder von ihr abhalten will, sondern es bedeutet lediglich, dass ich die Konsequenzen beschreibe, die sich aus einer Handlung ergeben. Man hat dann die Wahl, sich zu entscheiden.

PÖRKSEN: Enthält nicht die Art und Weise der Beschreibung bereits eine Parteinahme und einen indirekten Appell?

MATURANA: Nein. Vielleicht wird das Zuhören von den eigenen Werten und Präferenzen bestimmt, aber das ist etwas anderes. Es ist dann schwer, das Geschehen einfach wahrzunehmen und sich zeigen zu lassen.

PÖRKSEN: Aber ist nicht der Begriff der Liebe bereits mit einer positiven Wertung versehen? Das Wort *Liebe* klingt einfach gut. Niemand, der bei Verstand ist, tritt offen für Ausbeutung und Diktatur ein.

MATURANA: Wenn ich die Wertung von der Beschreibung trennen will, muss ich nur eines tun: Möglichst klar und präzise argumentieren und sehr deutlich sagen, was ich meine und sagen möchte. Natürlich könnte ich auch, wann immer man ein Verhalten beobachtet, das es mit sich bringt, dass der andere als ein legitimer anderer auftaucht, von *Num* sprechen. Das wäre dann ein neues, noch unbelastetes Wort: *Num*. Aber dann würde ich vielleicht gefragt, warum ich einen solchen Ausdruck verwende, wenn doch *Liebe* der eigentlich gebräuchliche Begriff für dieses Verhalten und diese Spur im Fluss der Beziehungen darstellt. Ich möchte es noch mal wiederholen: Ich werbe ganz und gar nicht für die Liebe, aber behaupte sehr wohl, dass es ohne Liebe keine sozialen Phänomene gibt.

PÖRKSEN: Gleichwohl liegt der Gedanke nahe, Ihre Überlegungen in einen ethischen Imperativ umzumünzen. Man könnte doch sagen: *Handle stets so, dass Liebe bewahrt wird oder entsteht.*

MATURANA: Das könnte man sagen, aber wer einen Imperativ formuliert, der verkehrt Ethik in Moral. Ich möchte an dieser Stelle unseres Gesprächs vorschlagen, deutlich zwischen Ethik und Moral zu unterscheiden, auch wenn diese Trennung vielleicht auf den ersten Blick ein wenig künstlich wirken mag. Ein Moralist tritt für die Einhaltung von Regeln ein, sie erscheinen ihm als eine externe Referenz, die seinen Aussagen und seinen seltsamen Einfällen Autorität verleihen soll. Es fehlt ihm ein Bewusstsein für die eigene Verantwortung. Wer als Moralist agiert, der sieht den anderen nicht, weil er sich auf die Durchsetzung von Regeln und Imperativen konzentriert. Er weiß mit Gewissheit, was zu tun ist und wie sich die anderen eigentlich verhalten müssten. Wer dagegen als ein Ethiker handelt, der nimmt den anderen wahr: Er ist ihm wichtig, er wird gesehen. Selbstverständlich ist es möglich, dass jemand moralisch argumentiert und gleichwohl ethisch agiert. Es ist denkbar, dass er moralisch ist, ohne ethisch zu sein, oder dass er allgemein als unmoralisch gilt und doch gleichwohl ethisch handelt. In jedem Fall taucht die Möglichkeit der Ethik und des Berührtwerdens erst dann auf, wenn man den anderen Menschen als einen legitimen anderen sieht und sich mit den Konsequenzen befasst, die das eigene Handeln für ihn und sein Wohlbefinden haben könnten. Ethik gründet sich auf Liebe.

PÖRKSEN: Was sagen Sie denjenigen, die – trotz Ihrer entschiedenen Weigerung, Regeln und Imperative zu formulieren – doch eine Ähnlichkeit zum christlichen Gebot der Nächstenliebe entdecken?

MATURANA: Jesus war es, der von der Liebe zu seinem Nächsten sprach. Und das Christentum, das an Krieg und Zerstörung teilgenommen hat, versteht dies seit über 2000 Jahren als ein Gebot. Man könnte eher sagen, dass man, wenn man seinem Nächsten nicht zu vertrauen vermag, immer ein Gewehr griffbereit bei sich haben muss, den Finger am Abzug. Jetzt kann man sich fragen: Will man das? Will man Tag und Nacht ein Gewehr mit sich herumtragen und in einer Welt, in der Angst und Misstrauen regieren, leben? Wenn man das möchte, dann darf man seinen Nächsten nicht lieben und ihm auf keinen Fall vertrauen, denn dann wird auch er einem mit Misstrauen und Angst begegnen; die eigene Bewaffnung bekommt so scheinbar einen Grund. Umgekehrt formuliert: Wer sich auf eine Weise verhält, die dem anderen Menschen Respekt entgegenbringt, der wird auch von ihm respektiert werden. Wer einem Kind vertraut, dem wird dieses Kind vertrauen. Das bedeutet nicht, dass ich mich nun der Aufforderung anschließe, das, was man selbst nicht erleben und erleiden möchte, auch keinem anderen zuzufügen; das wäre einfach nur Opportunismus, das wäre keine Liebe. Ich sage nur: *Wir bringen die Welt hervor, die wir leben.* Was immer wir wünschen, sollten wir tun.

Über die Autoren

Humberto R. Maturana (1928–2021) studierte Medizin, promovierte in Biologie und arbeitete danach am Massachusetts Institute of Technology (MIT). 1960 kehrte er an die Universität von Santiago zurück, wo er als Professor für Biologie wirkte und das von ihm gegründete Laboratorium für experimentelle Erkenntnistheorie und Biologie der Erkenntnis leitete. Als einer der führenden Vertreter des modernen Systemdenkens ist er Autor zahlreicher Bücher.

Bernhard Pörksen, Prof. Dr., Jahrgang 1969, ist Professor für Medienwissenschaft an der Universität Tübingen. Er analysiert die Inszenierungsstile in Politik und Medien und beschäftigt sich – forschend, lehrend, beratend – mit der Macht digitaler Öffentlichkeit und der Zukunft der Reputation. Seine Bücher über das konstruktivistische und systemische Denken (u. a. mit Heinz von Foerster und Humberto Maturana) wurden in mehrere Sprachen übersetzt. 2008 wurde er zum „Professor des Jahres" gewählt und für seine Lehrtätigkeit ausgezeichnet. 2014 veröffentlichte er – gemeinsam mit dem Kommunikationspsychologen Friedemann Schulz von Thun – den Bestseller *Kommunikation als Lebenskunst. Philosophie und Praxis des Miteinander-Redens*.

Bernhard Pörksen | Friedemann Schulz von Thun

Kommunikation als Lebenskunst

Philosophie und Praxis des Miteinander-Redens

Lebensphilosophischer Ratgeber und Einführung in die Kommunikationspsychologie

217 Seiten, 25 Abb., Kt,
2. Aufl. 2016
ISBN 978-3-8497-0173-4

Warum funktionieren Kommunikationsrezepte nie? Was bedeutet Schweigen? Mit wie vielen Ohren hören wir zu? Warum sind Missverständnisse normal? Wie übt man Kritik, ohne den anderen zu verletzen? Ist das Miteinander-Reden eine Lebenskunst?

Dies ist ein Buch über die großen und kleinen Fragen der Kommunikation, ein Dialog zwischen dem Psychologen Friedemann Schulz von Thun und dem Medienwissenschaftler Bernhard Pörksen.

Gleichermaßen humorvoll und ernst, mit Lust an der Debatte und der erhellenden Zuspitzung entfalten die Autoren die zentralen Modelle der Kommunikationspsychologie: das Kommunikations- und Wertequadrat, die Metapher vom Teufelskreis und das Bild vom inneren Team, das Situationsmodell und das Ideal der Stimmigkeit. Es zeigt sich, dass sich humanistische Psychologie und systemisches Denken, die Betrachtung innerer und äußerer Kräftefelder produktiv verbinden lassen. Überdies wird deutlich, wie sich die verschiedenen Modelle und Perspektiven in der Praxis (Coaching, Pädagogik, interkulturelle Kommunikation) bewähren.

Den Schluss des Buches bilden ein Gespräch über das Glück und den Tod sowie die Frage, was Kommunikation im Angesicht der eigenen Endlichkeit zu leisten vermag. Offenbar wird so das Panorama eines Denkens, das keine Fertigrezepte der besseren Lebensführung bietet, wohl aber Reflexionswerkzeuge und gedankliche Geländer für individuell stimmige Lösungen.

 Carl-Auer Verlag • www.carl-auer.de

Rolf Arnold

Ach, die Fakten!
Wider den Aufstand des schwachen Denkens

178 Seiten, Gb/SU, 2018
ISBN 978-3-8497-0226-7

„Fake News", „postfaktisches Zeitalter", „Lügenpresse", „Verschwörungstheorie" sind nur einige der Kampfbegriffe aus den inszenierten Redekämpfen in Talkshows und anderen öffentlichen Auseinandersetzungen. Wie wenig mit ihnen gesagt ist und welche Folgen das dahinterliegende „schwache Denken" hat, entlarvt Rolf Arnold in wünschenswerter Deutlichkeit. Das Bedürfnis, „Experten" zu folgen, wird durchaus ernst genommen, die Gefahren, die daraus entstehen, aber genauso schonungslos reflektiert. Der Unsicherheit und der Suche nach Orientierung und Hilfe von Menschen oder Institutionen, die es „wissen müssen", setzt Rolf Arnold sog. metafaktische Kompetenzen entgegen.

In 10 Schritten entwickelt er Maßnahmen zur Vermeidung schwachen Denkens bei sich selbst und stellt Kriterien für den verantwortungsvollen Umgang mit der Wirklichkeit vor: Beteiligung, Selbstdistanz, Zirkularität, Reflexivität, Kontemplation sind einige davon. Gestützt auf seinen umfassenden Überblick über geistesgeschichtliche, wissenschaftliche und politische Entwicklungen gibt Rolf Arnold Handlungsvorschläge dafür, sich – ganz im Sinne klassischer Aufklärung – seines eigenen Verstandes zu bedienen.

Carl-Auer Verlag • www.carl-auer.de

Wilhelm Rotthaus

Wir können und müssen uns neu erfinden

Am Ende des Zeitalters des Individuums –
Aufbruch in die Zukunft

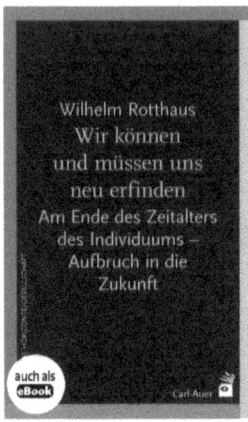

189 Seiten, Kt, 2021
ISBN 978-3-8497-0410-0

„Mit diesem ‚Weckruf' nutzt W. Rotthaus sein umfangreiches Wissen und seine vielseitige Erfahrung zu einer systemischen Impulsgebung für eine Transformation des heutigen westlichen Welt- und Selbstbildes hin zu einem wünschenswerten, neuen, planetar verträglicheren. Möge es uns anregen und ermutigen zu vielfältigen weiteren Impulsgebungen, u.a. in Form von dranbleibenden Hinterfragungen und Narrativen von Visionen, die einem solchen neuen Welt- und Selbstbild eine Chance geben."   systemagazin

„Irritationen sind wichtig, betont der Herausgeber der Reihe auf der ersten Seite, in der das Buch von Rotthaus erschienen ist, und reklamiert einen ‚Wechsel der Perspektiven und Beobachtungsweisen', schlägt ihn als ‚Denkstil' vor, der ‚Kreativität begünstigt.' Das leistet Rotthaus zweifelsfrei, und zwar in einer leser:innenfreundlichen Sprache, reiht sich ein in die breiter werdende Phalanx von Wissenschaftler:innen, die unter einer wie auch immer kritischen Optik Zeit und Umstände ausleuchten, mehr oder minder zaghaft an die Tür der Systemtranszendierung klopfen, ohne den Raum ernsthaft verlassen zu wollen. Sein Gegenstand ist das Individuum, er kreist es ein, indem er vor allem historisch, aber auch philosophisch, soziologisch und sozialpsychologisch ausgewiesen sachkundig anleiht, geschuldet der Anlage seiner Schrift teilweise selektiv. Und Rotthaus provoziert Einreden bis Widerspruch, z.T. konfrontative, womit er dazu beiträgt, eine konstruktive Diskussion um Aufnahme von Zukunftsgestaltung in Gang zu halten, die für praktisch-emanzipatorisches Handeln unerlässlich ist."   socialnet.de

 carl-auer Verlag • www.carl-auer.de